青豆書坊

—— 阅读·思考·生活 ——

新的青春期，
新的挑战

青春期已经变了，
别让孩子在迷茫中独自前行

[美] 卡拉·纳特森
[美] 瓦妮莎·克罗尔·本内特　著

美同　译

上海社会科学院出版社

图书在版编目（CIP）数据

新的青春期，新的挑战 /（美）卡拉·纳特森,（美）瓦妮莎·克罗尔·本内特著；美同译. -- 上海：上海社会科学出版社, 2025. -- ISBN 978-7-5520-4739-4

Ⅰ.G782

中国国家版本馆 CIP 数据核字第 20252XH664 号

This is so awkward : modern puberty explained
Copyright © 2023 Vanessa Kroll Bennett and Cara Natterson, MD
This edition published by arrangement with Rodale Books, an imprint of Random House, a division of Penguin Random House LLC
Simplified Chinese edition copyright: 2024 Beijing Green Beans Book Co., Ltd.
All rights reserved.

上海市版权局著作权合同登记号：图字 09-2024-1036 号

新的青春期，新的挑战

著　者：	［美］卡拉·纳特森　瓦妮莎·克罗尔·本内特
译　者：	美　同
责任编辑：	杜颖颖
特约编辑：	姜晓娜
装帧设计：	PIXOUT
出版发行：	上海社会科学院出版社
	上海市顺昌路 622 号　邮编 200025
	电话总机 021-63315947　销售热线 021-53063735
	https://cbs.sass.org.cn　E-mail: sassp@sassp.cn
印　刷：	河北鹏润印刷有限公司
开　本：	710 毫米 ×1000 毫米　1/16
印　张：	20
字　数：	240 千
版　次：	2025 年 6 月第 1 版　2025 年 6 月第 1 次印刷

ISBN 978-7-5520-4739-4/G·1422　　　　　　　　　定价：56.80 元

版权所有　翻印必究

当代青春期的
重大改变

1 与上一代人相比，现在的孩子平均提早两年进入青春期。整个青春期也大幅延长——几乎持续 10 年之久。

2 人体的成熟大约从 8～9 岁开始，而人脑的完全成熟（即理性决策的能力完全形成）要到 25～30 岁，这中间横亘着一条巨大的时间鸿沟。

3 在社交媒体的推波助澜下，关于身体形象的问题变得严重了许多：一半以上的青春期孩子表示存在这类问题，而且男孩和女孩受影响的程度一样大。

4 在青春期，大约一半男孩会出现乳房发育（即乳芽），但这些乳芽大多会在一段时间后自行消失。

5 ‖ 经期用品的需求更加多元化——除了传统的卫生巾和卫生棉条，月经杯和月经内裤在青少年中也越来越受欢迎。

6 ‖ 与婴儿潮一代（大约出生于20世纪40年代中期至60年代中期）和X世代（大约出生于20世纪60年代中期至70年代末期）相比，千禧一代（大约出生于20世纪80年代初期至90年代中期或末期）和Z世代（大约出生于20世纪90年代中期或末期至21世纪10年代左右）的孩子更有可能通过剃毛、打蜡脱毛或激光脱毛等方式对自己的阴毛进行大幅度的修整——有时甚至会将阴毛全部去除。

7 ‖ 男孩第一次接触色情制品的平均年龄仅为12岁，女孩也差不多。

8 ‖ 2021年的数据显示，40%的高中生表示他们长期感到悲伤或绝望；而在女生和属于性少数群体的孩子中，这一比例甚至更高（女生为60%，性少数群体孩子为70%）。

推荐序（一）

青春期是孩子和家长的共同挑战

青春期，是一个既令人向往又充满紧张的阶段。对孩子来说，这是成长的必经之路；而对家长而言，则是一个充满挑战的时期。青春期充满了变化、困惑和压力，同时也夹杂着父母的焦虑。我们该如何与孩子相处？如何提供支持？又如何避免让青春期成为一场战争？

读完《新的青春期，新的挑战》这本书后，我最大的感受是：青春期是一场孩子和家长共同面对的挑战。这本书不仅适合家长阅读，也适合青少年自己阅读。它不仅能帮助孩子了解自己的生理和心理变化，还能帮助家长学会理解孩子，并做好与孩子的沟通。

这本书涵盖了我们对青春期几乎所有的困惑，内容非常全面。作为家长，我们一定要理解，青春期的孩子正在经历翻天覆地的变化。我们不能仅仅依赖自己过去的经验来指导孩子，因为现在的青少年所处的环境与我们当年截然不同，尤其是社交媒体和网络世界带来的影响。因此，我们也要随着孩子的成长而成长，及时调整自己的育儿方式。

这本书有几点令人印象深刻：

第一，青少年经历着巨大的生理变化。

关于性征的变化和性行为等话题，往往是父母觉得难以启齿的，但这些恰恰是孩子们极为关注且充满困惑的。如果父母不主动提供科学的解释，青少年可能会从同伴或网络中获取信息，而这些信息往往是不准确的。因此，这本书不仅为父母和青少年提供了正确的信息，还为父母提供了具体的沟通技巧，希望父母能够成为孩子正确的信息来源。

第二，青少年还经历着特有的心理变化。

例如，青少年的大脑仍在发育中，体验情绪的脑区发育快于调整情绪的脑区，因此他们常常体验到激烈的情绪，但却难以驾驭。在外人看来，孩子们可能会显得"做作"或情绪多变。当我们了解了这些特点后，就能更好地理解和接纳孩子，多倾听，多共情。只有这样，孩子才会信任父母，愿意与父母讨论他们的问题，并一起寻找解决方案。

第三，这本书提供了大量的沟通技巧。

相信父母可以从这本书中学会如何与孩子对话。比如，青少年常见的睡眠问题、电子设备使用问题等，书中也提供了新的思路和方法。

如果你是一名家长或教育工作者，这本书会让你更好地了解青少年的心理和生理变化。如果你是一名青春期的孩子，想了解自己身上发生的变化，这本书也能为你提供答案。只要我们愿意学习，愿意理解，这本书就能帮助家长和青少年携手共度这一段旅程。

陈忻

发展心理学博士

《养育的选择》《整体养育》作者

推荐序（二）

成为学习型父母，陪孩子应对变化中的青春期

《新的青春期，新的挑战》这本书几乎涵盖了青春期孩子成长中所有生理发育的困惑，以及这些生理困惑后面如影随形的心理问题。它是一本非常实用的指导书，专为青春期孩子的父母打造。然而，我想强调的是，要真正用好这本书，父母还需要在教育理念上做好充分准备。换句话说，仅仅传递生物学知识是不够的，父母在价值观和教育理念方面同样需要不断学习和提升。

在从事青春期孩子教育的过程中，我注意到，面对青春期议题时，最常见的两类父母都容易陷入一个共同的误区：他们总是按照自己的理解去看待青春期的孩子。

第一类父母，早已忘却自己青春期时的困窘与求索，习惯用成年人的视角和标准去要求孩子。其中一些父母自身的人生经历并不完美，他们不想让孩子重蹈覆辙，于是以更严苛的态度去规训孩子。这种做法往往会给孩子带来较大的伤害，有时甚至是难以弥补的。

第二类父母则截然不同。他们能够回忆起自己青春期的心路历程，从而对孩子产生共情，采取相对宽容的态度。这听起来似乎不错，但其实远远不够。因为如今青春期孩子的成长环境，与他们父母当年所处的环境相比，已经发生了翻天覆地的变化。

正处于青春期的孩子的父母，他们的青春期大多处于 20 世纪 90 年代末或 21 世纪初。那时，互联网刚刚进入中国，青少年接触到的信息和价值观远不如今天多元。

在每年寒暑假的青春期孩子冬令营或夏令营中，我都会请孩子们列举他们所知道的性现象。尽管我从事性与性别研究已有三十多年，但每年仍会有学生写出一些我从未见过的名词，我需要向他们询问含义。为什么会出现这种情况？原因在于互联网促成了青少年亚文化的形成。

不同时代有不同时代的青少年亚文化，而成人往往被隔离在外。如果父母们不能认识到这种隔阂，便会想当然地认为孩子们面对的青春期议题与自己二三十年前面对的是一样的，从而认为自己可以轻易应对。

以性教育为例，在今天的互联网时代，孩子们接触到的性信息比父母更加多元。然而，绝大多数父母仍然假想孩子非常"纯洁"（准确地说是无知），或者最多认为孩子拥有和自己当年一样的性知识。这种观念已经远远脱离了当今青少年亚文化的现状。因此，父母在引导孩子面对青春期困境时，可能会感到无从下手，甚至南辕北辙。

但这并不意味着父母应该放弃对青春期孩子的引导。相反，这在提醒我们：父母必须转变养育方式了。

作为青春期孩子的父母，我们面临的最大挑战是从对儿童和少年阶段孩子的"规训"式养育，转向尊重青春期孩子的"赋权"式养育。

所谓"规训"，是指简单地告诉孩子什么是对的、什么是错的，什么可以做、什么不可以做。这种养育方式在儿童和少年期可能看似有效，但随着青春期的到来，许多孩子会开始故意违抗父母的规训，背离父母的期许。此时，规训不仅变得无效，甚至可能成为破坏亲子关系的"凶器"。

而"赋权"，则是赋予孩子力量，让孩子更有能力去面对生活的挑战。在我的赋权型教育实践中，我提出了"分享信息，推动思考，尊重选择"的"赋权三步法"。具体而言，父母不再直接告诉孩子对错，也不代替孩子做选择，而是给予青春期孩子充分的信任，致力于提升他们做出负责任选择的能力。这种能力，正是孩子成长的内在力量，而这种力量是无法通过简单的规训实现的。

如今，中国的孩子在多元文化的影响下，权利意识不断增强，这更要求父母的养育方式从"规训"转向"赋权"。

最理想的父母，是那些虚心学习、不断提升自身教育能力，努力成为具备一定专业知识的"准专业人士"。然而，我所见到的许多父母却恰恰相反：他们不主动学习，却自认为有资格对青春期孩子进行教育。这种现象令人费解，其结果往往是孩子无法健康成长，亲子关系也变得混乱不堪。

《新的青春期，新的挑战》这本书的一大优点是与时俱进，不断更新知识和价值观。新知识固然重要，但更重要的是观念。在我看来，这本书的教育理念是赋权的——即在尊重孩子的基础上，赋予他们成长的力量。因此，这本书可以成为家长学习成为"准专业人士"的起点。

对于许多习惯于规训的父母来说，向赋权式养育方式转变确实是一个不小的挑战。他们往往会在不经意间回归到熟悉的规训模式，而这种模式很容易让孩子感到被压抑，从而拒绝与父母沟通，更不愿意接受父母的"说教"。面对这样的困境，父母们常常感到无从下手。

幸运的是，《新的青春期，新的挑战》这本书提供了另一种思路。**它不仅是一本父母的育儿指南，更是一本非常适合青春期孩子的"自修读本"**。父母可以直接将这本书交给孩子，让他们自主阅读和学习。这种方式不仅避免了父母与孩子之间的直接冲突，还能让孩子以一种更独立、更自主的方式去获取知识和理解青春期的变化。通过这种方式，孩子们可能会更愿意接受书中的内容，甚至主动与父母分享自己的想法和感受。

总之，为了孩子的健康成长，父母需要成为不断学习新知识、新观念和新教育方法的学习型父母。《新的青春期，新的挑战》这本书无疑是一个很好的起点。它不仅能帮助父母更好地理解青春期孩子的心理和需求，还能为孩子提供一个独立思考和自我探索的空间。通过这本书，父母和孩子可以共同开启一段更加健康、更加和谐的青春期旅程。

方刚

青少年教育专家

赋权型家庭教育、赋权型性教育理论提出者

猫头鹰青春营创办者

扫码立即测试
你对青春期孩子的了解有多少？

目录 Contents

推荐序（一） 青春期是孩子和家长的共同挑战   i

推荐序（二） 成为学习型父母，陪孩子应对
变化中的青春期   iii

前言   青春期已经变了，你对待孩子的方式跟上了吗？   001

第一篇
理解当下青少年的真实困境，
陪孩子度过尴尬又充满挑战的青春期

第1章   为什么现在的青春期孩子面临更多挑战？   002
第2章   如何与孩子谈论青春期的一切？   011
       少说多听   013
       循序渐进   015
       卸下"包袱"   017
       再谈一次   018

第二篇
青春期孩子的生理变化，以及亲子对话指南

第 3 章　如何应对乳房的提前发育？　022

- 科学篇　青春期知识加油站　022
- 变迁篇　过去 20~40 年　024
- 实操篇　如何与孩子对话　027
  - 如果孩子需要穿戴文胸，却不愿这样做　029
  - 如果孩子无需穿戴文胸，却想要这样做　029
  - 如果孩子的衣服隐私性不足　030
  - 如果孩子不愿穿戴文胸　030
- 反馈篇　来自孩子们的心声　030

第 4 章　所有男孩的阴茎都会长大，但每个人都有自己的发育节奏　032

- 科学篇　青春期知识加油站　032
- 变迁篇　过去 20~40 年　035
- 实操篇　如何与孩子对话　038
  - 谈谈发育有早有晚　039
  - 睾丸也要谈谈　039
  - 在语言上适当"入乡随俗"　039
  - 强调尺寸不重要　040
  - 勃起可能发生在任何时刻　040
  - 手淫要在私密处进行　041
  - 梦遗没什么可羞耻的　041
- 反馈篇　来自孩子们的心声　041

第 5 章　月经什么时候来，该如何做好准备呢？　043

- 科学篇　青春期知识加油站　043
- 变迁篇　过去 20~40 年　048
- 实操篇　如何与孩子对话　050
  - 平常心看待月经　051
  - 谈谈阴道分泌物　052
  - 与孩子一起准备月经用品　052
  - 在学校如何应对月经　053
- 反馈篇　来自孩子们的心声　053

第 6 章　体毛越来越多了，该怎样清洁和护理呢？　057

- 科学篇　青春期知识加油站　057
- 变迁篇　过去 20~40 年　061
- 实操篇　如何与孩子对话　062
  - 体毛发育与自尊　063
  - 体毛发育与个人卫生　063
  - 脱毛　064
- 反馈篇　来自孩子们的心声　066

第 7 章　脸上到处都是痘痘，怎么办？　068

- 科学篇　青春期知识加油站　068
- 变迁篇　过去 20~40 年　071
- 实操篇　如何与孩子对话　076
  - 如果孩子说长痘痘无所谓　077
  - 如果孩子对自己的痘痘感到难为情　078
  - 如果孩子的负面感受很强烈　078

MODERN PUBERTY EXPLAINED

如果孩子不理会你的建议　078

如何为孩子提供信息　079

反馈篇　来自孩子们的心声　080

第8章　孩子出汗越来越多了，该如何减少体味？　083

科学篇　青春期知识加油站　083

变迁篇　过去 20~40 年　085

实操篇　如何与孩子对话　086

谈谈体味背后的科学原理　087

如果孩子坚决反对　088

平常心看待体味问题　088

和孩子一起挑选合适的止汗剂　089

不仅要给孩子具体的指导，还要以身作则　090

与购买护理品相比，后续的沟通也很重要　090

反馈篇　来自孩子们的心声　091

第9章　孩子在长高的同时，也开始担心体重和体形问题　093

科学篇　青春期知识加油站　093

变迁篇　过去 20~40 年　102

实操篇　如何与孩子对话　105

肯定而非忽视孩子的感受　106

不要对孩子的身体评头论足　106

如果孩子发育早　107

如果孩子发育晚　108

每个孩子都有自己的成长节奏　109

鼓励孩子多关注自己身体的感受　110

反馈篇　来自孩子们的心声　111

第三篇
青春期孩子的大脑与心理变化，以及亲子对话指南

第 10 章　大脑远没有外表成熟，该如何让青少年保持理智？　116

科学篇　青春期知识加油站　116

变迁篇　过去 20~40 年　121

实操篇　如何与孩子对话　122
　　　　出问题有时不是孩子能够控制的　123
　　　　与孩子聊聊如何理性决策　124
　　　　解释情绪和决策背后的科学原理　125
　　　　告诉孩子冷静片刻很重要　125

反馈篇　来自孩子们的心声　126

第 11 章　请不要因为孩子的情绪波动而给他们贴标签　128

科学篇　青春期知识加油站　129

变迁篇　过去 20~40 年　133

实操篇　如何与孩子对话　134
　　　　避免卷入与升级　135
　　　　避免错误的回应方式　135
　　　　不要以暴制暴　136
　　　　试试新做法，给孩子留足时间和空间　137

反馈篇 来自孩子们的心声 139

第 12 章　保持沟通，关注孩子精神健康 142

科学篇 青春期知识加油站 143

　　锻炼 147

　　营养 148

　　睡眠 149

　　正念与冥想 150

变迁篇 过去 20~40 年 151

实操篇 如何与孩子对话 155

　　协助孩子分辨正常反应与病态表现 156

　　别把孩子的情绪当"闹剧" 156

　　保持沟通渠道畅通 157

　　成为孩子的减压阀，而非施压源 158

　　养成关爱心理健康的好习惯 159

　　如何知道孩子是否处于危机之中 160

反馈篇 来自孩子们的心声 161

第四篇
青春期孩子的睡眠、饮食与运动，以及亲子对话指南

第 13 章　睡眠那么重要，为什么常常被青春期孩子忽视？ 166

科学篇 青春期知识加油站 167

变迁篇 过去 20~40 年 171

实操篇 如何与孩子对话　172
　　　关键在于强调孩子真正关心的问题：长高　173
　　　如何应对孩子熬夜学习　173
　　　打赢与电子设备的战斗　174
　　　让孩子知道睡不好会影响情绪　175

反馈篇 来自孩子们的心声　176

第14章　如何帮助孩子减少形体焦虑和进食障碍等风险？　178

科学篇 青春期知识加油站　179

变迁篇 过去 20~40 年　184

实操篇 如何与孩子对话　186
　　　不要说"你不胖，你很美"　187
　　　引导孩子批判性地看待媒体中的理想身材　187
　　　不要用体重秤上的数字来衡量理想身材　188
　　　瘦子也有可能对自己的身材不满　189
　　　密切关注"追求健康"的热潮　189
　　　如果你偶然在抽屉里发现空的零食包装　190
　　　神经性贪食症有时没有明显表现　190
　　　确保孩子穿着合身的衣服　191

反馈篇 来自孩子们的心声　192

第15章　青少年运动当然很重要，但也要注意适度　197

科学篇 青春期知识加油站　198

变迁篇 过去 20~40 年　202

实操篇 如何与孩子对话　207
　　　请在场边保持安静　209
　　　如果孩子有伤病迹象，请务必关注　210

如果教练存在虐待行为，请务必寻找新教练　210

请成为孩子的避风港，而非最苛刻的批评者　211

这是孩子的梦想，不是你的　211

(反馈篇)　来自孩子们的心声　212

第五篇
青春期孩子的友谊与性，以及亲子对话指南

第16章　换一种方式看待孩子的友谊和同伴影响　216

(科学篇)　青春期知识加油站　217

(变迁篇)　过去 20~40 年　221

(实操篇)　如何与孩子对话　224

表达共情　225

不要审问　226

不要强迫　226

分散注意力　226

监控电子设备的使用　227

如果你不喜欢孩子的朋友　227

如何帮助孩子应对同辈影响（或同辈压力）　228

(反馈篇)　来自孩子们的心声　230

第17章　如何与孩子谈论与性相关的话题？　237

(科学篇)　青春期知识加油站　238

(变迁篇)　过去 20~40 年　239

| 实操篇 | 如何与孩子对话　244

如何谈论性　244

如何与孩子谈论随性交友　248

如何谈论色情制品　250

| 反馈篇 | 来自孩子们的心声　254

第18章　给孩子更全面的性教育　256

| 科学篇 | 青春期知识加油站　257

避孕　258

性传播感染与性传播疾病　268

| 变迁篇 | 过去 20~40 年　275

在避孕方面　275

在性传播感染和性传播疾病方面　276

| 实操篇 | 如何与孩子对话　278

谈论怀孕就需要谈到性　279

不要只谈阴道性交　281

谈话要契合孩子的发育水平　282

不要让尴尬成为障碍　283

最重要的是经常谈　283

| 反馈篇 | 来自孩子们的心声　284

致谢　287

前　言

青春期已经变了，
你对待孩子的方式跟上了吗？

所有成年人都经历过青春期，然而对大多数人来说，即使过去了几十年，那些关于青春期的记忆仍旧异常鲜明：回想自己月经初潮时穿着借来的粉色芭蕾紧身裤（没有归还原主），瓦妮莎还是会感到不舒服；回忆起两个哥哥不停嘲笑自己："你太平了，连墙都嫉妒！"卡拉还是会皱起眉头。对于我们这些在1990年左右或者之前经历青春期的人来说，青春期一般从11岁左右开始，顶多持续3~4年，尽管当时感觉无比漫长。

那时的青春期，与如今孩子们所经历的青春期非常不同。今天，这一转变开始更早，持续更久，并且深受社交媒体和手机的影响。过去在中学里经历的那段有苦有乐，但主要是尴尬的日子，如今已经演变成了一场旷日持久的跋涉，时间长度足足翻了一番。

从广义上谈论青春期时，这点尤为明显。严格讲，青春期是性成熟（具备生育能力）的过程。女性有从乳房发育到月经周期逐渐规律等一系列表现，男性的睾丸和阴茎也开始发育，逐渐具备制造和运送精子的功能。但实际上，青春期的范围远远超出性成熟本身。一部分原因是，驱动这一转变的各种激素也会影响皮肤、骨骼等其他器官。另一部分原因是，这些激素还会进入人的大脑，对人的情感和社会互动产生深远影响。这就是我们把体毛发育、体味加重、鲁莽任性和喜欢翻白眼等诸多表现归因于（或归咎于）青春期的原因。虽然情绪波动并不能让人具备生育能力，青春痘（痤疮）、生长加速等青春期的其他特征也是如此，但它们仍旧是激素水平变化的结果，同时也是青春期孩子极为重要的生活体验。

所以，我们才把青春期定义得如此宽泛。青春期当然包括性成熟，但也涵盖了由促进性成熟的激素水平激增而在体内和体外所引发的一系列其他变化。从这个视角来看，今天的青春期基本等同于青少年期，不过这似乎已经是全球通行的界定。因为，青春期的一系列变化，不论是身体上的、情感上的还是社交上的，都要比过去花更多时间来完成。

因此，我们写了这本书来提供信息和指导，以便帮你理解这段看似没有尽头的尴尬的过山车之旅。青春期给人留下这种印象有许多原因，其中非常重要的一个原因是，进入青春期的孩子已经不再是过去那个小可爱了。当他们开始散发出体味、发牢骚，并且做出让我们难以理解的决定时，他们也在逐渐远离那种可爱而黏人的状态。不过，我们也不能被表面现象所迷惑！青少年仍旧需要（甚至比其他任何时候都需要）得到大人的关爱和支持。处于青春期的孩子可能会遇到许多困惑和不适，他们需要通过获得信息来得到安全感，也需要得到爱与关怀。即使是那些沉默寡言的孩子，也希望拥有一个不会受到评判的空间来提出问题。

本书旨在介绍青春期的新常态，并且为你与孩子在这个话题上的讨论提供借鉴和参考。

从第 3 章开始，书中的每一章都分为四个部分：

1. 关于青春期的科学知识以及孩子的身体在其间所发生的变化；
2. 如今的情形与过去有什么不同；
3. 如何与孩子谈论相关话题；
4. 来自孩子们的声音。

我们可以从这些年轻人的独到见解里，一窥当今孩子们的想法、感受和需求，这些刚刚经历过青春期的孩子们的讲述，或许能帮你解开不适与尴尬的绳结。

不过，请不要以为我们已经完全精通如何关爱青春期孩子这件事，我们得透露点信息：没错，卡拉是儿科医生，瓦妮莎是青春期教育专家，但我们也是父母，都犯过数不清的错误。我们这些来之不易的知识，不仅源自 20 多年来在工作中与孩子及其抚养者的接触，还来自我们在各自家庭的亲身经历。正是这种双重体验，使我们成为了真正的"专家"。最重要的教训是：**当我们允许自己不必事事皆知，允许自己偶尔犯错，并且给自己时间来适应这个世界的新常态时，孩子也会变得更容易被引导。**当我们把孩子的感受与我们自己的感受和经历分开看待时，效果会更好。

抛开你自认为了解的关于青春期的绝大多数（甚至一切）知识，因为与过去相比，如今的青春期已经变得更加复杂、更令人困惑，也更加需要我们去理解。

第一篇

理解当下青少年的真实困境，
陪孩子度过尴尬
又充满挑战的青春期

第 1 章

为什么现在的青春期孩子面临更多挑战？

如今，孩子们的发育加速期来得出奇地早！他们进入青春期的平均年龄，比他们的父母整整提前了两年。事实上，我们经常听说，有的孩子提前三四年，甚至五年，就迎来了他们的首次激素水平激增。

不仅如此，整个青春期的周期也显著延长。由于青春期的孩子情绪起伏不定，身体也会出现令人十分尴尬的变化，所以父母往往对孩子的这一人生阶段充满了恐惧和担忧。按理说，既然青春期已经提早开始，那就应该提早结束，不是吗？可事实并非如此。青春期反而像太妃糖一样，被拉得更长了。

因此，许多孩子还不到 10 岁便开始加速发育，而大多数孩子还要在痤疮和坏脾气等激素引发的变化中多挣扎好几年。从开始到结束，整个过程可能长达近十年。我们过去所经历的青春期，或许没有更温和、更轻松，但显然来得更晚，持续时间也要短得多。

青春期发育进程的测量是一个相对较新的科学领域，而对"正常"青春期的系统研究始于20世纪40年代。当时，儿科内分泌学家詹姆斯·坦纳（James Tanner）医生开展了一项历时30年的研究。从1948年开始，坦纳追踪记录了伦敦附近哈彭登市一家战后孤儿院里的孩子们的身体发育过程。这项研究放到今天是无法开展的，原因之一是，坦纳并非通过直接的身体检查，而是通过每年拍摄几次照片的方式来收集数据，这显然违背了今天的研究伦理。坦纳只追踪记录乳房、阴茎和睾丸的大小，以及阴毛的出现和生长，并据此制作了数值量表来对人体的性发育过程进行分期：一期表示尚未进入青春期，未见性发育；五期表示性发育完全成熟，达到成人水平；而二、三、四期则介于两者之间，各自具有特定的标志性特征。

由于坦纳分期法既简单又直观，因此被广泛接受并沿用至今。这解释了为什么时至今日，世界各地的医生仍旧在使用他的分期法来描述个体的身体发育情况。

坦纳量表在反映体内激素水平变化方面极具价值。人体从坦纳一期（尚未进入青春期）发育到坦纳二期的过程，充分证明了引发青春期特定身体变化的性激素确实存在。这也意味着，在实验室无法测量特定激素以及另一些激素尚未被发现的几十年前，医生们就已有了方法来确认人体性成熟之旅的开启。

除了对人体的性发育过程进行分期，坦纳还提出了孩子经历这些阶段的一般年龄。他记录的婴儿潮一代的数据显示，平均而言，女孩在刚满11岁后进入青春期，而男孩则是11.5岁。正是因为坦纳的分期系统，我们才会对今天孩子们进入青春期如此之早而感到惊讶。没有对比，就不会有"早"或"晚"。

当然，我们所说的进入青春期的时间只是一个大概的时间范围，没有人会把它精确到某一天。不过，孩子进入青春期的平均年龄确实是存在的，并且前后都有一个波动范围。任何早于或晚于这个范围的情况，都会被视作异常。我们很容易就能想起自己五年级时班里那个已经发育得像大人一样的孩子，以及高三了还没有发育的另一个孩子。那些提早发育的孩子通常被称为"早发育者"，而明显发育较晚的孩子则被称为"晚发育者"。在很长一段时间里，包括坦纳的研究发表之前以及之后的很长时间里，我们并没有一个公认的用来判断发育早或发育晚的标准，至少在医学界之外是这样。这两个标签常常被孩子和父母等普通人群随意地使用，而且往往带有贬义色彩。

坦纳研究的是孩子们的裸体照片，但是在现实生活中，青春期最明显的标志即使在孩子们穿着衣服时也能被观察到。对女孩来说，青春期的开始通常以乳蕾的出现为标志，它们似乎会从每一件T恤、针织衫，尤其是紧身衣中凸显出来。然而对男孩来说，青春期的身体变化通常要到稍后的阶段才会显现，例如生长加速、声音变粗和长出胡须。坦纳知道，阴茎和睾丸的生长是更准确的性发育指标，但由于孩子穿着衣服，这些变化往往被忽视。特别是随着激素水平的激增，男孩们也开始更加注重个人隐私，导致这些变化更加难以被察觉。因此，当男孩们把自己关在房间里，并且注重保护他们的个人隐私时，父母常常会忽视他们已经开始发育的事实。这就是为何即使学界已经把青春期研究得明明白白，但孩子（尤其是男孩）是否进入青春期却依然令人困惑的原因。

有个指标可能会误导你，那就是阴毛。几乎所有人都认为，阴毛的发育是青春期孩子性发育中的一部分。但是在内分泌学家和儿童发育研究者看来，阴毛的发育只是性成熟的一种表象，并不意味着生育能力的具备。阴毛的生长主要受肾上腺（位于肾脏上方）分泌的多种肾上腺雄激素调控。虽然这些激素开始大量进入循环系统的时间与雌激素和睾酮水平激增的时间大致相同，但它们的作用是独立的。它们可能与主宰青春期的激素同时出现，也可能更早或更晚出现。

肾上腺雄激素不仅能刺激毛囊，还能促使我们的毛孔分泌汗液和皮脂，这就是为何阴毛生长与痤疮和强烈体味会同时出现的原因。不过，这些现象并不是性发育的表现。坦纳把阴毛的发育视作性发育的标志之一，这说明他也没有完全搞清楚其中的区别。不知为何，我们体内的激素并不总是协同作用的，尽管表面看是这样。

在坦纳的开创性研究之后，对"正常"青春期的研究一度陷入停滞。这是可以理解的，因为一旦某种现象被定义为"正常"，它在研究者眼里就会失去吸引力。然而，在20世纪90年代初，一位名叫马西娅·赫尔曼-吉登斯（Marcia Herman-Giddens）的护理医师意识到有必要重新审视坦纳的研究。她发现，走进她诊室的患者常常突破坦纳所定义的青春期起始年龄。越来越多的女孩在未满11岁时，就已经达到了坦纳所设定的性发育二期。赫尔曼-吉登斯非常清楚正常的变异范围，知道有的孩子发育早，有的孩子发育晚，但她诊室里出现的这种趋势还是促使她申请资金对17000名女孩进行了研究。1997年，研究发表。结果显示，女性的青春期确实开始得更早了——不同种族普遍比预期提早了一年到一年半。赫尔曼-吉登斯证实了儿童性发育起点的巨大改变，这一发现登上了世界各地的新闻头条。

> ### 性早熟
>
> 许多人想知道早发育和性早熟之间的区别。性早熟是对性发育早于"正常"年龄的孩子的诊断名称。
>
> 随着孩子们进入青春期的平均年龄逐渐降低,我们判断性早熟的年龄依据也随之改变。目前,大多数医学文献将其定义为女孩在8岁前、男孩在9岁前开始性发育。然而,由于不同种族和族群在进入青春期的年龄上存在差异,以上数字也会发生浮动。例如,不少专家把针对特定群体的性早熟认定年龄下调至女孩7岁和男孩8岁。

2005年,包括儿科内分泌学家路易丝·格林斯潘(Louise Greenspan)在内的一组研究人员开始着手重复赫尔曼-吉登斯的研究。为什么要这么做呢?因为坦纳定义了什么是"正常",而赫尔曼-吉登斯对这一定义提出了质疑。在这种情况下,研究者们通常会通过重复实验来证实(或证伪)新的发现。格林斯潘及其同事仅用5年的时间就证实了赫尔曼-吉登斯的结论,同时也做出了新的发现:儿童进入青春期的年龄甚至比赫尔曼-吉登斯所发现的还要早。根据格林斯潘的数据,9岁时乳房开始发育的女孩超过半数。格林斯潘还证实了赫尔曼-吉登斯关于种族差异的结论。在格林斯潘的研究中,黑人女孩不仅进入青春期的时间最早,而且在7岁时出现青春期特征的黑人女孩占比接近四分之一,而在8岁时出现青春期特征的比例则达到了一半。

虽然研究结论出人意料——甚至你可能刚刚听说——但该研究早在 2010 年就已发表。

直到 2012 年，人们还认为青春期提前只是女孩特有的现象。这一观点之所以盛行，是因为由雌激素激发的性发育早期变化（乳房发育、身体曲线发育和情绪波动）比由睾酮激发的性发育早期变化（即阴茎和睾丸的发育）表现得更明显。但是最终，有人——准确说是马西娅·赫尔曼-吉登斯——决定研究男孩。赫尔曼-吉登斯从退休生活中挺身而出，在 2012 年发布了她的研究。研究显示，青春期提前的现象不仅见于女孩，男孩进入青春期的年龄也比坦纳的数据提早两年左右，约为 9~10 岁。而且，与同时期所有其他研究一样，该研究结果也显示出了明显的种族差异：黑人男孩性发育起步最早，72% 的黑人男孩在 9 岁前就出现了青春期的特征，这着实令人吃惊。

所以，我们可以说如今的青春期已经发生了变化，其中最直观也最重要的变化之一就是：**如今，孩子们进入青春期的正常年龄比过去提前了很多**。虽然不是所有孩子都是这样，但与当今父母和祖父母所经历的青春期相比，坦纳所提出的青春期"正常"年龄范围显然已经呈现出下降趋势。如今，医生们已经对出现性成熟迹象的 7 岁女孩或 8.5 岁男孩见惯不怪。这比坦纳提出的年龄（即女孩 11 岁，男孩 11.5 岁）提前了 3~4 年，而大多数孩子在一年级时刚好年满 7 岁。

接下来的问题是：为什么会这样？！遗憾的是，没有人知道确切的原因。关于各种化学物质（特别是那些被称为内分泌干扰物的化学物质）的研究已经汗牛充栋，这些化学物质来自我们吃的食物、喝的饮料、涂抹的化妆品以及呼吸的空气。最新研究显示，抗生素的过度使用（尤其在畜牧业中）和常年的心理压力也会导致这一现象。此外，全球如此多的人超重（医学界称之为肥胖流行病）也在其中发挥了作用，因为脂肪细胞能将某些激素（包括性激素）从一种形式转化为另一种形式。我们并不会在这本书里深入探讨所有这些现象背后的原因，因为还没有明确的答案。不过，一些研究者正在开展研究来回答这个问题，其中一些人还就这一主题撰写了经典之作，例如由路易丝·格林斯潘和朱莉安娜·迪尔多夫（Julianna Deardorf）合著的《新青春期》（*The New Puberty*）。

我们和你一样感到沮丧，因为我们也无法解释这背后的原因。但是，"我们该如何应对这个问题"仍旧亟待回答。我们到底该如何关照今天的青春期孩子，特别是他们这么小就进入了青春期？

如今，孩子们进入青春期的年龄比几十年前提早了许多。这意味着今天八九岁、十来岁孩子的模样，与父母所预期的差异巨大。这一身体外部特征和实际年龄的明显落差，可能给亲子双方带来许多不适和困惑。你很难把明明更像 14 岁的孩子当作 10 岁孩子来看待。

要想用正确的方式对待孩子，你就要记住一句话，一句我们将在这本书里反复强调的话：**要按照孩子们的实际年龄，而非看上去的年龄来对待他们**。大多数孩子只具有其实际年龄所该有的思维，而不会具有他们看上去的年龄所该有的思维。不管看上去有多大，真实年龄只有 10 岁的孩子很可能仍旧喜欢玩布偶，依偎在父母怀里，或者玩乐高积木。如果你仅仅因为孩子看上去像大孩子，就觉得他能用更加成熟的方式行事，那么你多半是要失望的，而孩子的感受也会非常差。当孩子的社交表现不及你的期望时，你要记得他实际上只有几岁；当孩子总是忘记带舞蹈鞋而让你大为光火时，你要记得她实际上只有几岁。只是看上去像大孩子，甚至有时做出大孩子的举动，并不代表孩子的高级认知能力已经成熟，或者能够在重要的事情上做出理智的决定。

这里要记住的另一个要点是：**孩子开始性发育，并不等于他们开始有了性冲动**。长期以来，我们的社会一直认为，人一进入青春期就会产生性冲动。这可以理解，因为性成熟的过程本来就包含性冲动和性欲的出现。只是，由于青春期提早到来，对于许多四年级左右就进入青春期的孩子来说，青春期的开启和性行为的出现已不再同步。实际上，两者从未真正同步过——与青春期发生的其他所有变化一样，性发育也是一个过程。并且，这一过程的推进并不仅仅源自身体的发育，还来自浸泡在调控青春期的各种激素中的大脑的指令。没错，青春期的生理变化提前启动了，但大脑的成熟并没有加速。因此，成年人不应仅仅因为某个六七年级的孩子看起来像高中生，就认为他拥有十七八岁孩子的性欲。一个11岁的女孩即便乳房和阴毛已经发育，臀部也变得丰满，在成人看来似乎已经做好了参与性活动的准备，但她仍然只有11岁。为了让这些外表成熟但内心仍需成长的孩子能够在准备好承担相应的情感和生理责任后再进行性行为，父母、亲戚、老师和教练等所有成年人都需要以身作则，用适合这些孩子实际年龄的方式来对待他们，这样做能减少这些孩子因为外表成熟而承受的无谓压力。

然而尽管如此，研究还是清晰地显示，提早发育的女孩也容易提早发生性行为。我们必须明确这里的因果关系。这并不是因为她们提早进入青春期于是便会提早寻求性经历，而是因为提早发育的孩子往往会被当作更大的孩子对待，并被期望以更加成熟的方式行事，于是也更易遭到性侵犯。早发育女孩受到性侵犯的风险显著升高。此外，早发育女孩也更易罹患焦虑症、抑郁症、饮食障碍，进行有风险的行为，例如过早接触酒精和毒品。所有这些情形都让这些孩子的父母忧心忡忡。不过需要再次强调的是，提早发育并不是导致这些问题的直接原因，这中间还涉及许多其他因素。

晚发育的孩子面临的则是相反的情形。这类孩子永远都会有，因为"晚"是一个相对的概念，即最后 2.5% 进入青春期的孩子。晚发育孩子也许要到十三四岁或更晚才能表现出青春期的外部特征。那时，大多数孩子的青春期已经走过了好几年，有的甚至进程过半！小学时还令家长、孩子担忧或紧张的性发育表现，到了初中却开始受人追捧。如果孩子升入高中后仍旧没有任何发育的迹象，那就可能在社交和情感方面遇到困难。因此，青春期的延长不仅给早发育的孩子制造了巨大的困难，也给晚发育的孩子带来了不小的麻烦。

与孩子就其尚未进入青春期的事坦诚地讨论是非常重要的。这样做能帮孩子释放压力，使其安心。对于那些不知道如何安抚孩子的父母来说，带孩子找儿科医生聊聊或许会很有帮助。无论具体怎么做，沟通都是最佳策略，哪怕孩子没有遇到任何问题。对晚发育的孩子来说，我们更要在问题出现前积极沟通。

没错，沟通是关键！而这恰恰也是许多父母面临的难点。父母不仅需要了解科学知识，掌握如何照顾青春期孩子的技能，还需要学会如何完成那些令人望而生畏的谈话任务。在青春期不断延长的背景下，我们首先需要为这类谈话制定一份真诚且切实可行的总体建议，然后再针对具体话题进行深入探讨。

第 2 章

如何与孩子谈论青春期的一切？

瓦妮莎第一次跟她的大儿子谈到性时的情形是这样的。那是一个星期天的早晨，瓦妮莎正忙着给她的四个孩子准备早餐，稍后还要赶去看其中一个孩子的足球比赛。她一边拿起牛奶冲麦片，从烤面包机里取出百吉饼，一边盘算着当天要做的各种杂事。就在这时，她10岁的儿子从报纸后面抬起头来，大声问她："妈妈，什么是强奸？"

瓦妮莎想都没想，就大声回应："就是一个男的强迫一个女的跟他发生性关系。"接着继续往饭桌上端早餐。

几小时后，当她开车带着这个10岁孩子返程时，她突然意识到，自己那样回答孩子是不对的。首先，她把强奸的定义完全搞错了。接着她又意识到，她的孩子很可能并不清楚"性"到底是什么，可她却没有为此解释半句。此外，她也没有追问孩子，他在"性"这个尴尬又复杂的话题上还有什么疑问。于是，瓦妮莎深吸了一口气，看着车内后视镜，向孩子问道："哎，你知道什么是性吗？我发现我早上跟你说到了性，可我从没真正问过你是否理解它的意思。"

"嗯，确实不太理解。"

与孩子谈话时，我们可能会犯许多错误，那个周日早晨的瓦妮莎正是如此。当时，她忙得像只没头苍蝇，稀里糊涂地回答了孩子的问题，既没有考虑孩子为什么要问这个问题，也没有想过自己的回答是不是超出了孩子的理解范围。她没有给孩子作必要的解释和说明，还画蛇添足地给一个原本无需强调性别的问题添加了性别元素。

不过，她此刻做了第二次尝试，谈话持续了整整一路。这一次，她不仅给孩子解释了几个术语的定义，还作了更加深入的探讨，例如女性是否可能强奸男性（当然可能）。上一次失败的谈话，成为她与儿子此后多年无数次成功谈论性话题的开端。这次经历也让她第一次意识到该如何与这个年龄段的孩子沟通。更重要的是，她发现一定要把用到的术语解释清楚，而不是假定孩子已经理解。

这些关于如何与孩子谈话的讨论，可能会带给你很多压力。特别是，我们很快就要谈到你需要与青春期孩子沟通的大量事项。好比你面前有一份长长的谈话清单，而清单上的内容几乎都是你最不愿意去触碰的话题。例如色情制品、月经、自慰、梦遗、电子烟、饮酒、形体焦虑、性、知情同意、失恋之痛等等。这些还只是我们与当今青少年交流的常规话题，我们甚至还需要与孩子讨论一些更加严重的情形，例如作弊、撒谎、偷窃、发送不雅照片、车祸等等。青少年可能面临如此多的问题，我们早上竟然还能从床上爬起来，想想真是不可思议！

有些谈话可以委托他人进行，例如老师、教练、咨询师或亲戚，有些则可以通过巧妙安排的文章或图书来传达。但是说到底，保护孩子的安全和健康，向他们传达我们的价值观和爱，帮他们平稳地度过青春期，仍旧是我们的责任。最关键的是：如果这些谈话能够顺利进行，让我们得以把孩子可以受用一生的关键知识传达给他们，那就是最有意义也最令人欣慰的结果了。与孩子谈论这些话题绝不是一件轻松的事。坦白说，其中大部分都是不敢展开谈、无法轻松谈，同时也是不知如何谈的话题。不过，只要你记住几条基本原则，结果就会是好的：这不是一次谈话，而是很多次，而且有时会谈崩。细水长流比长篇大论更有效。也就是说，在十几或二十年里，你会与孩子谈很多次。如果某一次或某几次没谈好，你还有很多机会再次尝试。你可能不信，让我们与孩子变得更加亲密的正是谈崩之后的修复。

这本书里的每一章都有一个名为"如何与孩子对话"的部分，因为父母总是问：这些事情我到底该怎么谈？我们针对每个话题都提供了非常具体的建议。有时，你很清楚你想传达给孩子什么，却不知该如何表达。有时，你被孩子的行为惊得目瞪口呆，或是对某个话题缺乏了解，完全不知该从何说起。这一章旨在为后面的内容提供一份总体指引，其中介绍的谈话技巧可普遍适用于解决你家中随时间推移而出现的各种问题。

没有药能包治百病，但有些原则却几乎适用于所有情形，这就是我们即将介绍的"与青少年交谈的四大要点"。

少说多听

我们热衷于说教，特别是在我们焦虑、愤怒或心情沮丧时。有时，我们确实有充分的理由这么做，例如孩子犯了大错，安全受到威胁，或者急需告知重要信息。如果你曾经说教孩子没完，却没有听孩子怎么说，那就说明你的做法非常主流。不过尽管如此，孩子还是告诉我们，大人少说多听效果会好得多。

这一章如此开头可能有点奇怪，因为这一章讲的是如何与孩子谈话，可我却在强调不开口有多重要。不过，这一点确实是有效谈话的关键。可问题是，洗耳恭听这种天赋极为罕见，大多数人必须刻意学习。如果这让你觉得腿肚子打战，那就请了解一下，倾听为何如此重要。

倾听让孩子觉得自己很重要： 从你的倾听中，孩子会发现自己的想法很重要；倾听能肯定孩子的感受，让他知道我们支持他。这虽是老生常谈，但真的非常重要。倾听能把单向的独白变成双向的沟通。倾听还能教给孩子如何关注他人，体察他人的感受，尊重他人的想法。也许最重要的是，当你闭上嘴巴听任孩子表达时，你就为谈话走向深入打开了空间。

倾听能让谈话走向正确的方向： 你有没有回答完孩子的问题后，才发现你根本没答到点上？搞明白孩子真正的好奇之处后再回答，效果会好得多。也就是说，先倾听，你才能回答到点上。如果你不确定孩子到底想知道什么，你就可以运用下面这个小技巧：用问题回应问题。例如，"有意思！你为什么问这个问题？"

倾听能让我们了解孩子的现状： 许多大人喜欢扮演专家的角色，但孩子有他们自己的不为大人所熟悉的语言和文化。如今的孩子们活跃在无数的社交媒体平台上，也刚刚经历了一场全球性的疫情，这些经历是我们所没有的。也就是说，我们无法切身体会今天孩子的内心感受。我们想帮孩子，可我们最好的向导正是孩子本身，因为在他的世界，他才是专家。

倾听可以为思考赢得时间：你可以借助倾听放松片刻，同时整理心情，梳理思路，这些都是你在跟孩子谈论敏感话题时特别需要留意的细节。倾听不是沉默不语，孩子需要我们跟他交流！但适当停顿往往能提升沟通效果。

循序渐进

虽然倾听极为重要，但交谈也非常关键。在青春期这一快速发育的动荡十年里，孩子需要吸收大量信息，而爱孩子的我们往往是他们最好的信息来源。但是，与说什么同样重要的，还有怎么说。我们的目标是在大家不欢而散前把孩子需要的信息成功传达。顺便说一句，有时候不欢而散也是避免不了的，甚至可能会发生许多次。

在我们的青春期研讨班上，我们有一套成熟的做法来展开敏感话题的交谈。不论谈话的原因是孩子提出了问题（"什么是强奸？"），你有重要信息向孩子传达（"我得跟你说说芬太尼的事。"），还是孩子犯了严重的错误（"你晚了两小时回来。"），你总要先找到切入点。初次尝试这套方法可能会有些不习惯，但做多了就会形成肌肉记忆，以后遇到各种复杂话题都可以应对自如。

深呼吸：不论谈话的原因是什么，首先深呼吸一次或几次，让自己静下心来，也给自己争取一些思考的时间。

小心探寻：如果谈话始于孩子提出的敏感问题，你就可以回应："有意思！你为什么问这个问题？"如果谈话由你发起，你就可以对孩子说："我想知道对于……你是怎么看的？"

不撒谎：永远不要撒谎。撒谎或许能帮你暂时减轻一些不适，但总有一天会让你尝到副作用。因此，你哪怕选择不予回应，也比大肆撒谎要好得多。人与人打交道，一旦一方撒了谎，破坏了信任的基础，他就无法再要求另一方诚实，哪怕另一方尚未成年。

承认尴尬：承认自己尴尬能释放压力，拉近双方的心理距离，也能证明这次谈话很重要，值得忍受这种不适，还能亲身为孩子示范如何克服不适。你完全可以这样说："跟你聊这个话题，我感到很尴尬，可这件事真的很重要，那我们就开始吧。"必要时，你可以通过避免眼神接触来缓解不适，所以全世界的育儿专家都建议你在汽车里跟孩子聊尴尬话题。

承认无知："我不知道"这句话非常重要！这样说既能在承认自己无知这件事上以身作则，也能防止你胡乱作答，或者促使孩子上网去查找信息（孩子越小，上网越危险）。你们可以一起查找信息，打电话咨询专家，或者暂时搁置这个问题，等你搞清楚了再回答孩子，但是别拖得太久。

不说教：我们在前面谈到过我们要少说多听的许多原因。

一次不说太多：孩子理解能力有限。谈话可以简短些，因为你们还要谈很多次！

问问题：即使你已经筋疲力尽，觉得自己终于挺过了一场艰难的谈话，你也还是要问问题，这说明你对孩子的事感兴趣，并且乐于提供帮助。

允许孩子慢慢消化：有些孩子需要几天甚至更长的时间来处理不容易理解的信息。孩子可能看起来没有在听，或者不再问问题，这时不要生气，人消化信息的方式本来就各不相同。很可能一周过后，当你们一起遛狗时，他就会提出一个让你大吃一惊的后续问题。

卸下"包袱"

对于我们许多人来说,青少年时期的记忆已经深深地烙印在脑海里,参与塑造了我们持续一生的长期行为模式。这些记忆已经固化在我们的神经系统里,像是一部反映我们成长经历的电影,其中的角色有痤疮,也有勃起。

青春期正是大脑疯狂建造神经"高速公路"的时期。在那一阶段,大脑内部那些数不清的羊肠小道转变成了一张庞大的五车道高速公路网。难怪几十年后,那些年月的记忆仍旧难以忘怀,甚至恍如昨日!

即使已经为人父母,这些青春期的经历依然深深地烙印在我们的大脑里。可是,为了更好地履行父母的职责,我们在引导孩子时必须把这些经历放到一边。虽然我们非常想与孩子分享我们青少年时期的伤痛或喜悦,但很多时候,孩子需要的恰恰不是这些。想要不提起这些陈年旧事可能得付出极大的努力,但我们还是要努力争取让孩子踏上属于他自己的人生旅程,而非详尽无遗地重现我们的过去。孩子有书写自己人生故事的特权,这是一件无比美妙的事。在孩子经历青春期的漫长过程中,你需要与他进行无数次谈话,而你也需要无数次地卸下你的"包袱"。现在让我们来学习如何做到这一点。

移除"包袱":回想你青春期时经历的一件重要的事,可以是高兴的事,也可以是难过的事,把它简单写在一张纸上。把这个"包袱"讲给另一个你信任的成年人听,然后把纸折好收起来,或者干脆揉成一团扔进垃圾桶,象征性地把它从你的生活中移除。这样做不是要把这段成长记忆从你的过往经历中抹除,而是要你在与孩子谈话时避免提及它。

不诉苦：看到孩子难过或挣扎，我们往往会想要倾诉自己过去的痛苦，于是我们便会说："我完全理解你的感受，我从前……"这种试图表达同情的行为，只会把焦点从孩子那里转移到我们身上。通常，孩子只是希望得到大人的倾听和支持，例如，"那真的很糟糕。我能想象得到，你现在一定觉得特别难过。"

找他人倾诉：有时，即使已经过去三四十年，有些问题仍然会让我们深受困扰，例如形象焦虑或痤疮。这时，我们要及时向其他成年人朋友倾诉，以防把这些困扰投射到孩子身上。

谨慎而幽默地分享：有时，大人确实有必要向孩子分享自己青春期的回忆，特别是在这样做能增加你的人情味，激发孩子的主动性的时候。在这件事上，幽默至关重要，例如下面的这段回忆："我知道，这次集体活动让你感到很紧张。我像你这么大的时候参加活动也特别紧张，第一天一句话都没说，别人还以为我不会说英语。我最终开口说话的时候，他们都激动坏了！"

再谈一次

在与孩子谈话这件事上，所有父母都会犯错。关键在于，我们要发现并且承认自己做错了，然后再谈一次，把错误改正。还记得瓦妮莎再次尝试与她的儿子谈论性话题吗？这是最简单的跟进措施，我们却常常忘记采用。

犯错要改正：这样做能为孩子示范，人是可以犯错的。如今，大人都信奉这一理念，但孩子却不一定这么看。（然而谁又能去责怪呢？）亲身做给孩子看，人可以犯错，承认错误，最终改正错误。这一点非常适用于你与青春期孩子在敏感问题上的谈话，因为有些话题肯定会谈崩，并且需要重新谈。

说出去的话不是泼出去的水：再谈一次并非总是因为我们犯了错。有时，这只是我们在育儿过程中做了新的选择。我们给孩子东西，例如给他手机、特殊优待或礼物时，很容易认为这些东西就属于孩子了。但我们这些做父母的都会时不时地溺爱孩子，或者做了决定又后悔。再谈一次，把东西拿回来。只是要告诉孩子你为什么要这样做，并且承诺将来会考虑再还给他。

一定要解释原因：如果你决定再谈一次，却不说明理由，那就会浪费一个引导孩子的机会。特别是在你想要收回某样东西的时候，无论它是某项承诺，还是一部手机。如果你想让孩子理解你为什么这么做，你就必须解释，但你不必道歉。

再谈一次永远不晚：再谈一次不必立即进行，而可以在事后几天、几周甚至几年后进行。只要发现有必要再谈一次，不管事情过去了多久，你都可以说："我当时太讨厌了，我很抱歉。"或者，"那件事我完全弄错了，我想澄清一下。"

坦然面对嘲笑：因为犯错或食言而被孩子嘲笑当然尴尬，但走下神坛、平视孩子也会让你感到无比轻松。你知道，要是再谈一次，孩子将来或许就会拿这件事来嘲笑你……放轻松，一笑而过就好。

这是一份长长的建议清单，但书中的每一个具体话题都会涉及这些谈话技巧。有些建议可能会对一些父母有用，但没有哪一条适用于所有人。不过，虽然了解孩子们的青春期已经迥异于过去很关键，但掌握面向青春期孩子的谈话技巧也同样重要。

第二篇

青春期孩子的生理变化，以及亲子对话指南

第 3 章

如何应对乳房的提前发育？

孩子的乳房似乎在一夜之间就开始了发育。乳房从乳蕾开始，到发育成完全成熟的乳房，这段敏感期（既是躯体上的敏感，也是心理上的敏感）要持续好几年。

青春期知识加油站
科学篇

乳腺组织生来就存在，只是基本处于休眠状态。直到女孩进入青春期，卵巢开始大量分泌雌激素和孕激素，乳腺组织才开始快速发育。这两类激素的上升，标志着女性青春期的开始。我们之所以说"基本"，是因为在出生后的几周里，许多婴儿也会出现乳头肿胀的情形，这是孕期中母体雌激素激增并通过胎盘进入婴儿体内的结果。出生后，这些来自母体的雌激素会逐渐减少。有趣的是，在此期间，许多婴儿也会患上婴儿痤疮。其实，这就是他们将在大约十年后激素水平再次变动时要面对的青春痘。

回到青春期的话题。青春期女孩的卵巢会分泌雌激素和孕激素，这些激素会随着血液流入休眠的乳腺组织，并刺激其生长。在发育过程中，女性的乳房会慢慢积累脂肪，并形成复杂的导管和腺体系统。只要身体怀孕，这一系统最终就会把乳汁输送到乳头。这一生产和输送乳汁的系统，要等到月经初潮后才能完全成形。事实上，只有到成功分娩并分泌乳汁时，这一系统才算真正成熟。所以，月经初潮并不等于身体成熟，它只是成熟过程中的一个重要节点。而且，任何有乳房的人都知道，乳房一直在变化，即使在"完全成熟"后也是如此。

刚开始发育的乳腺组织，只是乳头下方一个小而坚硬、高度敏感的隆起，外观像是一小撮一角硬币，俗称乳蕾。由于两侧乳蕾往往先后出现，于是先出现的乳蕾有时会被怀疑为乳腺癌而引发恐慌。不要害怕，一侧乳蕾首先出现完全是正常现象。

对有些女孩来说，从乳房开始发育到长到需要穿戴文胸的大小只需要几个月；而对另一些女孩来说，这个过程却需要好几年。与青春期的其他身体变化一样，乳房发育的速度也因人而异。但不同女孩在感受上也有一些共性，其中最显著的一条就是乳房非常敏感。发育中的乳房可能会有疼痛或酸胀感；乳房表面的皮肤可能会有瘙痒感，或者对衣物的摩擦极为敏感；如果不小心被别人的手肘或背包撞到，那种感觉就更别提了！

两侧乳房大小不一也是常有的事。首先，就像乳蕾总是先后出现一样，首先发育的一侧乳房在尺寸上自然也会有所不同，女性几乎都知道这一点，不过却很少谈论它。对于这个问题，卡拉常常打趣："它们之间缺乏沟通。"此外，一旦月经开始之后，乳房的尺寸就会出现周期性的波动。在乳房最为肿胀的那几天里，两侧乳房之间的尺寸差异可能会显著增加。两侧乳房不对称通常并不会造成实际的不便（例如文胸尺寸问题）或影响自尊，但有些女孩（包括成年女性）有时确实需要（甚至在任何时候都需要）应对乳房明显不对称的问题。

下面，我们来谈谈男孩的乳房发育。到了青春期的某个阶段，大量男孩（一些研究显示高达50%）会出现明显的乳房发育，从乳蕾到更加成熟的形态不等。在大多数情况下，乳腺组织生长后能自行消退，但也有孩子无法完全消退。男孩的乳房发育可以发生在一侧或双侧，症状可见于各种体形和身高的孩子，医学上称之为男性乳腺发育症。由于发病率较高，这一名称本应为人所熟知，但许多父母从未听说过它（甚至他们自己就曾罹患此症），而不明就里往往是羞耻感的温床。

男性没有卵巢来分泌雌激素和孕激素，他们怎么会发育出乳房呢？其实，无论是男性还是女性，体内都含有一定量的雌激素和睾酮。这是因为睾丸也能分泌雌激素，而卵巢同样也能分泌睾酮。此外，还有一种现象叫作"外周脂肪转化"，即体内的脂肪细胞能将一种激素转化为另一种激素，比如把雄烯二酮转化为睾酮。所以，体内各种激素的含量也会受到脂肪含量的影响。不过，男性乳腺发育症可能发生在任何体重的人身上。影响乳房等身体远端部位的不只有激素的绝对含量，还有不同激素间的平衡情况。

过去20~40年
变迁篇

这里的重点是：乳房发育的时间提前了。两代人以前，女性乳房大约从 11 岁开始发育；而现在，这一年龄大约提前到了 8 岁或 9 岁，具体还要看种族和民族。

为什么会这样呢？遗憾的是，目前还没有找到确切的答案。正如我们在第 1 章里提到的，我们的生活环境中充斥着各种能够干扰体内激素发挥作用的化学物质，而且情况日益严重。这些化学物质几乎无所不在，它们会进入我们的体内，或者附着在我们的皮肤上。但我们不确定，究竟是什么化学物质造成了这样的影响。倘若能找到这样的化学物质，我们就会建议大家避免接触它们。

影响乳房发育的另一个重大变化，是运动文胸的大规模推广。从积极的一面看，运动文胸的普及确实增加了女性（尤其是胸部丰满的女性）参与体育活动的可能性。锻炼身体的益处众所周知（这是过去几十年里的另一个变化），所以舒适度提升后，人们更可能去锻炼身体，进而增进健康。然而，运动文胸的普及也有弊端，那就是穿戴这种文胸的孩子的年龄越来越小，而且一穿就是一整天。在乳房发育的早期阶段，由于运动文胸的紧密裹缚，乳蕾所受的直接刺激会减少。在必须面对阻力来生长的情况下，穿戴者的乳房会不会变得越来越密实或出现囊肿？相关研究极度缺乏。不过可以肯定的是，大多数运动文胸所使用的合成材料可能会刺激皮肤并吸附异味。

肥胖率的改变也是影响乳房发育的因素之一，不过相关数据存在矛盾之处。研究者详尽记录了美国儿童和成人体重增加的情况。在过去的 20 年里，美国所有年龄段人群的肥胖率都出现了大幅升高，从 2000 年的平均 30.5% 增加到了 2020 年的平均 41.9%。儿童受到的影响相对较小，但肥胖率仍旧维持在 20% 上下。从全美范围看，这就是大约 1500 万儿童。如果按年龄组细分，我们会看到，肥胖率从幼儿的

12.7%升至学龄儿童的20.7%，再到中学生的22.2%。如果再考虑种族和社会经济状况，差异还会变得更大。我们将在第9章里对这些数据进行更深入的剖析。

由于激素的外周脂肪转化作用，人的体脂率越高，体内特定激素的基础水平也就越高。研究者认为，这一生化作用能促使儿童进入青春期。

不过，研究者们最近也开始探讨，脂肪组织中额外产生的激素是否直接促进了乳房的发育。根据对青春期孩子的一系列研究（这些研究测量了他们的体重、激素水平、坦纳分期和卵巢大小，并且借助超声成像记录了乳房发育的实际过程），最新的观点是：肥胖儿童乳房发育快可能只是一种表象。脂肪组织在乳房内部和周围积聚，会让人误以为是乳房发育，但这并不是真正的乳房组织的发育。孩子胸部的外观，甚至坦纳分期，可能与乳房内部组织的实际发育状况并不一致。可以预见的是，这方面的研究还会有很多，并且有可能得出截然相反的结论。

比如，一些研究发现，在青春期孩子的乳房里，脂肪组织的增长要多于乳房组织的增长。因此，也有一些科学家认为，这些孩子的坦纳分期结果是错的，他们其实并没有进入青春期，所谓的乳房发育只是脂肪沉积的结果。然而，这并不能解释为何青春期的其他特征也出现得越来越早，例如情绪波动、阴茎和睾丸的生长等等。路易丝·格林斯潘曾说，**大多数孩子进入青春期的最初迹象是摔门**。而如今，许多医生、老师、教练和家长都报告称，他们发现孩子们出现情绪波动的时间提早了。情绪波动并不是因为乳房里有脂肪沉积，而是因为大脑里的激素增加了很多。由于今天的孩子们更加注重自己的隐私，父母往往注意不到他们阴茎和睾丸的生长（详见第4章）。总之，假如乳房发育是孩子们进入青春期的唯一标志,那么我们会倾向于认为,青春期或许并没有提早来临。但是,由于青春期的到来还有许多其他标志,所以我们确信,青春期确实提早了。

尽管如此,在外界和孩子自己看来,不管是脂肪在乳头周围堆积,还是乳房组织本身发育,乳房增大都是事实,都会对孩子的心理和社交状况造成各种影响。这些孩子往往希望通过穿着文胸等内衣来掩盖胸部的发育。

如何与孩子对话
实操篇

毫无疑问,孩子的胸部已然成为父母担心的焦点,特别是在它们提早发育的当下。想象一下,当一个8岁女孩走进房间,胸前的乳蕾凸显在T恤衫上时,在场的人会有多么吃惊。虽然这一天迟早都会到来,但总觉得早了那么两三年。这种事或许出人意料,但并不值得大惊小怪。实际上,在场的成年人完全可以调整自己的反应,同时让孩子们更加自在,这一点非常关键。

我们得先从自身做起,调整我们的反应和期望。父母往往以为,孩子只有到了自己当年的年纪才会开始发育乳房、长阴毛、出现月经初潮。遗传因素固然重要,但如今的情形已然不同,许多新的因素都在影响青春期的开始和持续时间。因此,如果你家孩子的乳房比你当年早发育好几年,令你感到吃惊或担忧,那你要知道,这已经成为普遍现象。

孩子乳房的过早发育会让一些父母感到极度不适,因为成熟的乳房代表着性成熟和生育能力,甚至代表着成为性欲的对象。这些都是即将要面对的难题。那对肿胀、隆起的乳头虽然不大，却牵动着许多父母的心。发育早的父母往往希望孩子能够晚一些进入青春期，而发育晚的父母则可能恰好相反。有些父母觉得孩子过早发育是自己的过错，例如给孩子吃了太多垃圾食品，或者给孩子用了太多非天然产品。也有父母担心孩子因为乳房发育而遭到过多关注或评论。还有些父母则因为儿子的胸部发育而感到一头雾水。

所有这些反应都是父母在孩子进入青春期后所产生的正常且合理的心理活动。这里强调"心理"二字，是因为把这些想法随意说出来可能会给孩子带去不必要的压力。

例如，你心里想："唉，我女儿胸部开始发育了，好难过。"这时，你首先要做的是迅速认清自己的情绪——"我此刻是什么感受？"可能孩子长大让你感到有些悲伤，或许你担心孩子今后要面对更多困难，或者你自己在青春期时承受过诸多痛苦，不愿让孩子重蹈覆辙。

接下来，你可以向其他成年人寻求支持，建立新的渠道来倾诉内心的苦闷。寻找你可以表露部分隐秘想法和感受的成年人，哪怕只是一个人也好，比如配偶、密友或心理咨询师。

同时，你也要记住，孩子毕竟是孩子，我们得根据孩子的实际年龄而非外表来对待他们。看到孩子的身体发生变化，我们会感到些许落寞和伤感，这非常正常。不过，乳房发育并不等于孩子的童年就此结束。实际上，我们正好可以借此机会来学习如何帮助孩子接受自己身体的变化，这并不是一件容易的事。

那么，我们该怎么做呢？如何与不同性格的孩子谈论这个话题，同时避免让他们感到羞耻，或者背上我们过去的情感"包袱"呢？以下是一些实用的建议。

如果孩子需要穿戴文胸，却不愿这样做

孩子进入青春期后，父母常常会遇到这样的难题：孩子的身体已经出现变化，可他们要么对这些变化毫无察觉，要么有意忽视。同样的问题也出现在他们该使用止汗剂、剃须刀或痤疮膏的时候。他们往往会回避这些问题，有时甚至对它们表现出强烈的抵触情绪。我们不能强迫孩子去做他们不想做的事，这么做也无益于孩子理解这背后的原因。不过，我们仍旧可以为孩子准备好相应的物品。文胸并不是生活必需品，世界上有很多族群并不使用这种衣物。我们身边也不乏这样的人。然而，有些孩子在没有穿戴文胸的情况下参加某些活动可能会感到不适，因而会选择避开这些活动。还有些孩子会穿着宽松的衣物来遮掩身体的线条。遇到这种情况，你就要努力去了解孩子对于身体出现的变化的感受，包括身体上的感受和心理上的感受。你也可以试试这样说："我给你买了几种舒服的文胸，喜欢的话就穿上。告诉我哪一种穿着最舒服。"

如果孩子无需穿戴文胸，却想要这样做

"需要"是一个很主观的词。即便生理上不需要，我们也要考虑社交和心理方面。幸运的是，市面上有多种类型的文胸可供选择。其中，基础款文胸仅作为贴身衣物，无支撑或塑形功能，类似短款吊带。如果孩子发育较晚，身边的朋友们又因为生理上的需要一个个地穿上了文胸，那么她就可以穿这种轻便的背心式文胸。因为青春期孩子常常想通过这种方式来融入同龄群体。如果穿戴文胸有助于缓解孩子的社交压力，那么就可以提前准备几个价格适中的背心式文胸。

如果孩子的衣服隐私性不足

许多为孩子制作的衣物过于轻薄透明，容易泄露隐私。例如，凸显乳房发育的吸湿排汗衫，以及半透明的白色校服衬衫和球衣。如果孩子的服装有此类隐患且未被她们察觉，我们就有责任提醒她们注意保护自己身体的隐私（但千万不要让孩子觉得乳房发育是一件羞耻的事）。这样一来，穿衣就不只是好不好看的问题，还关系到安全和自尊。在这方面，我们有时要说得直接一些："如果你想（或必须）穿那件上衣，你就得在里面多穿一层，所以我给你买了这个文胸。"

如果孩子不愿穿戴文胸

Z世代的孩子常常不愿穿戴文胸，这是普遍现象。不论出于时尚追求还是政治立场，这一趋势都可能对秉持传统观念的父母造成较大冲击。在如何展现自己方面，每一代人都有自己的选择，从古至今都是如此。只要她们没有伤害到自己或他人，哪怕我们看不惯，也要尊重孩子的意愿。

来自孩子们的心声
反馈篇

小S，女，20岁

谈到第一次穿戴文胸

9岁那年的夏天，我当时正在参加夏令营。有一天妈妈来看我，给我买了件训练文胸，让我非常生气。因为营服已经够厚够热了，我可不想再穿一层。而且，我那时几乎还没有发育呢！虽然具体细节我已经记不清了，但我可以肯定的是，我当时告诉妈妈我会穿上它，可随后就把它塞到了床底下，直到夏令营结束。我承认，天气热是我讨厌文胸的原因之一，但我也特别想自己挑选文胸，把所有样式都试一遍，特别是在第一次穿的时候。回到家后，我跟妈妈说想去买文胸，于是我们一起去了附近的一家店，挑选了几款合适的文胸。

我的建议是：如果孩子不想穿文胸，那就不要强迫她穿。还有，虽然身体发育不受孩子控制，但你还是可以帮她培养对自己身体的掌控感。

谈到对乳腺癌的恐惧

读中学时，有一天，我收到了一个朋友的信息。她说："我的右边乳房疼得厉害，感觉得乳腺癌了。"我听了非常吃惊。13岁的她怎么会突然得乳腺癌呢？第二天，我又收到她的信息，说已经不疼了，看来她应该没事，这让我松了一口气。可是过了一个月，同样的事情又发生了。给医生打过电话后，我们才知道，她其实并没有得乳腺癌，她的疼痛只是月经来临前的生理肿胀所致。

我的建议是：给孩子讲讲月经可能给乳房带来的影响，并强调这些影响都是正常现象。

第 4 章

所有男孩的阴茎都会长大，但每个人都有自己的发育节奏

无论是与孩子还是与其他人交流，清晰明确的表达都能让谈话更加顺畅。即使在谈到阴茎这样的身体部位时也是如此。尽管大多数人都会谈论阴茎，但这并不意味着他们了解它的生理机制和发育过程。

青春期知识加油站
科学篇

阴茎是人类和其他哺乳动物的雄性外生殖器官。它的主要功能是在不同的时间将精子或尿液排出体外。阴茎最长的部分是从骨盆延伸至顶端附近的阴茎体。阴茎体内有可充血的组织，充血后能使阴茎变硬。此外，阴茎体里还有一条名为尿道的管道，它负责在不同的时间将精子或尿液从体内排出。阴茎顶端的膨大部位是阴茎头，外覆一层

皮肤，称作包皮。

通过包皮环切术切除多余的包皮后，阴茎头便可露出。在美国，包皮环切术通常在婴儿出生后的几天内进行，但遇到特殊情形时也会推后进行，例如阴茎头炎反复发作、包茎（包皮口过紧，牢牢包裹阴茎头，使后者无法露出）、嵌顿包茎（包皮下翻并卡在冠状沟，导致阴茎头肿胀）、阴茎癌（有时由人乳头瘤病毒，即 HPV 引起）或者主动选择等。

现在我们来谈谈睾丸。睾丸是两个椭圆球体，位于被称为阴囊的皮肤囊袋之中，紧挨着阴茎且位置略微靠后。两个睾丸通常大小相近，悬挂高度也大致相同，但也不绝对。睾丸的主要功能是产生睾酮和精子。睾酮分子很小，从睾丸分泌后就会直接进入血液。与睾酮相比，精子要大得多，只能通过一个名为附睾的小而曲折的结构离开睾丸，随后经由输精管传输，并且经过分泌精囊液的精囊。最终，含有精子的精囊液到达前列腺，与前列腺液混合，形成精液。射精时，精液通过尿道并从阴茎顶端排出。

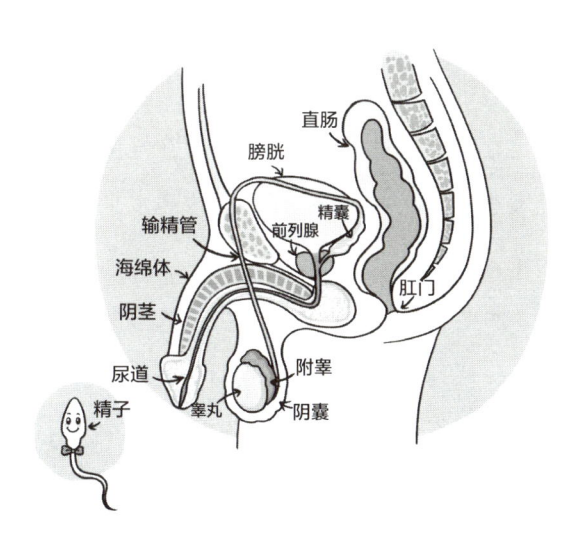

对男性来说，青春期最早出现的身体变化就是阴茎和睾丸的发育。实际上，在睾酮水平开始上升的头几年里，这往往是一些男孩进入青春期的唯一可见的变化。由于许多孩子在激素水平改变的同时也会开始注重保护自己的隐私，所以这些变化很难被他人察觉。

随着时间的推移，阴茎的长度会增长一倍，从大约 5～7.5 厘米长到 10～15 厘米。需要说明的是，这里所说的长度是指拉伸后的长度（即轻轻拉伸阴茎后，从耻骨量到阴茎顶端），而不是勃起时的长度。与身高和体重这些常规测量指标不同，儿科医生几乎从不测量阴茎在拉伸状态下的长度。这主要是因为，我们无法借助这一数据来评估孩子的健康状况，甚至无法用它来评估孩子的性成熟水平。（此外，根据卡拉多年的临床经验，绝大多数青少年都不会喜欢有人给他们测量这一指标。）

不过，睾丸的大小倒是判断性成熟水平的一个较为准确的指标。医生通常会使用睾丸计来测量睾丸的尺寸。它是一串大小不同的椭圆形珠子，一般有 12 颗，从小到大排列，像一条项链。最小的珠子代表青春期前的睾丸，体积通常为 1～3 立方厘米。最大的珠子代表成年后的睾丸，体积通常为 15～25 立方厘米。不过，与阴茎一样，睾丸的大小和形状也存在个体差异。注意，不要在好奇心的驱使下自行测量孩子的睾丸大小，以此来判断孩子的性成熟水平，即使是儿科医生卡拉也不会这样做！

在青春期，阴茎和睾丸的功能会发生很大改变，这在其他器官中非常少见。因此，谈到阴茎和睾丸，我们就不能不谈勃起和梦遗。对许多正在经历这些改变的青少年来说，这是两个难以启齿的话题。然而，成年人对此类话题的回避似乎更为严重。

勃起并不是青春期才出现的新现象，婴儿也会勃起，但是到了青春期，勃起的频率会大幅增加。勃起是血液充盈阴茎海绵体的结果。血液流出后，阴茎会缩小，恢复柔软的自然状态。有时，勃起确实产生自特定的想法（一些性教育老师称之为"性幻想"，这是个虽然令人尴尬却颇为贴切的词），然而随着青春期的推进，勃起的发生常常缺少明显的诱因。多项研究显示，勃起甚至有自己的节律，每60~90分钟就会出现一次。

梦遗，也叫遗精，是指在睡眠中精液自行流出的现象。由于在这种情况下，人既没有意识，也没有快感，所以它不是性高潮。如果说青春期有什么口头禅的话，那一定是"一切皆有可能"，这句话非常适合拿来描述梦遗这种现象。因为有些男孩没有梦遗，有些男孩则频繁梦遗。关于梦遗的经典说法是，早上醒来会发现床单湿了一块。不过，有些人睡觉时会穿紧身的内衣，这么做虽然不利于腹股沟部位的空气流通，却可以防止精液弄脏床单。此外，有些男孩梦遗后会误以为自己尿床了，但尿床通常会把床单弄湿一大片，并且两者味道也不同。梦遗是否是因为孩子做了与性有关的梦呢？答案是不一定。实际上，没有人确切知道。

过去 20~40 年
变迁篇

许多人（包括儿科内分泌学家路易丝·格林斯潘和许多父母）认为，不论男女，孩子进入青春期最早的行为表现通常是摔门。不过对于男孩来说，青春期最早的生理变化其实是阴茎和睾丸的发育。由于大多数孩子的青春期已经提早到来，阴茎和睾丸的发育也因此提早启动。根据马西娅·赫尔曼-吉登斯发表于 2012 年的研究报告，平均而言，孩子一般在 9 ~ 10 岁进入青春期。不过这已经是十多年前的数据，现在的数据也许会更早。

不要慌，容我先澄清几点。首先，阴茎和睾丸发育得早不等于发育得快。实际上，这一过程通常非常缓慢，乃至孩子自己都很难察觉得到。生殖器官的成熟可能需要好多年。其次，父母往往对孩子身上的这些变化一无所知。因为这个年龄段的孩子，特别是男孩，往往会变得异常害羞。你是不是已经有好几个月（甚至好几年）没见过孩子的裸体了？这种现象非常普遍。最后，在阴茎和睾丸缓慢生长的同时，孩子在生理上通常不会出现其他变化。你根本察觉不到肌肉的隆起、嗓音的变化，或者身高的急剧增长。很多父母在听到我们说，他们 10 岁的儿子很有可能已经步入青春期时，感到难以置信。

然而事实上，在男孩成长至 10 岁之际，至少一半会经历睾酮水平的急剧上升等一系列生理变化。这与我们童年时期的情况大相径庭，这些变化提早了两年左右。有些父母认为没必要去了解孩子的身体究竟发生了哪些变化，以及这些变化在什么时间出现。他们表示，等到生长加速、嗓音改变等更为明显的改变出现时，再跟孩子聊也无妨。可问题是，激素不只在脖子下方循环，还能进入大脑，进而影响孩子的决策方式和情感反应。虽然我们在第 11 章专门讨论了情绪波动，但是你要知道，当孩子开始摔门和少言寡语的时候，或许也是他的阴茎和睾丸开始加速生长的时候。只有了解了四五年级孩子体内激素水平的上下波动，我们才能更好地理解、关爱、引导和支持他们。因此，激素水平的提前上升确实不容忽视。

同时，我们也需要知道，有些孩子长到 9 岁、10 岁，甚至 12 岁、

13岁，激素水平仍旧没有变化。其中那些发育最晚的孩子，被称为"晚发育者"。了解孩子尚未进入青春期，或许与及时了解孩子已经进入青春期同样重要。为什么？因为晚发育可能会让孩子在身心或社交方面遭遇困境。如果其他孩子的青春期都提早了，可你家的却没有，那么相对而言，你家孩子就是"晚发育者"了。

发育晚到何种程度，才能被定义为晚发育？

当个体较预期年龄提前进入青春期，便被认定为早发育者；而晚发育者则相对延后进入。二者存在两大区别：其一，早发育的认定年龄大幅提前，而晚发育的认定年龄却几乎没有改变。其二，男孩进入青春期的最初迹象是阴茎和睾丸的发育，不少看似发育迟缓的孩子实际上已进入青春期，却浑然不知。而且，由于种种原因，他们的父母也未能察觉这一点。

在医学领域，若男孩到14岁时睾丸仍未明显发育，则被视为晚发育者。但需注意，从睾丸开始发育到第二性征开始出现，其间可能相隔数年。因此，晚发育的判断通常需由医生通过身体检查来确定。若担心孩子发育晚，即便孩子尚未满14岁，也应立即带其就医。

如何与孩子对话
实操篇

我们的社会对青春期男孩存在刻板且片面的认知，把他们简单地描绘为躁动不安、满脸痤疮、阴茎勃起、一有机会就疯狂手淫的人。这一夸张图景确实在一定程度上反映了现实，我们也在这本书中针对这些方面进行了许多讨论。但是，这种泛泛的描述并未揭示青春期男孩复杂而细腻的一面。实际上，对于自己的身体所出现的各种变化，这些男孩抱有许多疑问、忧虑以及复杂的感受。

男孩阴茎和睾丸的加速发育，有的始于小学阶段，大多始于初中阶段，结束于高中阶段，甚至有些会延续至大学阶段。这一过程与女孩的乳房发育颇为相似，也存在可明确测量和评估的不同阶段（这里要感谢坦纳医生的贡献）。然而，人们却鲜少以同样的方式讨论男孩的生理变化。这种缄默导致男孩们习惯于不去询问关于阴茎和睾丸发育的问题，而只是拿这件事开开玩笑，似乎这并不是什么大不了的事。

这一点可能会让人误以为，男孩们对自己的生理变化没有丝毫困惑，然而事实远非如此。这就是我们想通过这一章所传达的信息——眼见不一定为实。

实际上，大多数孩子都对自己的身体即将发生的转变充满好奇。有些孩子特别关心自己的阴茎最终能长多大，却总是得不到确切的回答。而大多数孩子只是希望自己能够理解这个既神秘又漫长的发育过程。如果我们对这个话题保持沉默，一些男孩可能就会幻想，自己某天早上醒来就会拥有成人的阴茎和睾丸，以及浓密的阴毛。通过谈话，我们能帮助孩子缓解焦虑，转移对自己的过度关注，让孩子心中有数。

尽管到了青春期，男孩们往往会变得沉默寡言，但我们仍旧可以（也应该）与他们就身体的变化展开交流。孩子的沉默不应成为我们回避这一话题的理由，反而应该激发我们更加积极地去寻求方法，持续开展这一话题的讨论。以下是一些具体的做法。

谈谈发育有早有晚

虽然男孩们经常在各个方面相互比较，但涉及阴茎的比较却会引发许多焦虑。所以，我们得把一些基本事实告诉孩子：**所有男孩的阴茎都会长大，但每个人的发育节奏各异**。而且，阴茎最终的大小和形状也会略有不同。与晚发育者相比，早发育者的阴茎能提早好几年达到成人大小。这一现象可能会让所有男孩都产生焦虑，就算完全正常的孩子也不例外。

睾丸也要谈谈

人们常常误以为，睾丸呈完美的球形并且大小一致，但事实并非如此。所有睾丸的顶部都有一小块突起，那是附睾所在的位置——很多人在发现这个突起时，会误认为这是肿瘤。此外，大多数人的睾丸并非完全对称，往往一个略大，一个略小，一个略高，一个略低。这些都是正常现象。如果还是感到担忧，建议咨询医生。就像乳房与阴唇一样，睾丸也不一定是对称的——了解这一点可能会让人安心不少。

在语言上适当"入乡随俗"

我们强烈建议你使用解剖学名称，这样做可以最大程度地减少交流中的误解。因此，在与孩子谈话时，请直接使用"阴茎"这个词。

不过,"睾丸"一词听起来似乎过于正式,很多父母更喜欢使用"蛋蛋"这样的俗称。关键在于,你要确保所有人从一开始就明确知道你们到底在谈什么。接着,你还要使用能够促进而非阻碍交流的语言。你可以试试下面的做法,或许可以让谈话变得有趣许多。

请你的孩子聊聊他所知道的各个身体部位的俗称。这样做肯定能让你们笑成一团,你也能借机告诉孩子哪些词汇不宜使用,同时还能学到几个新名词。

强调尺寸不重要

这个话题一直是父母与孩子交谈的重要内容,尤其是在当今社会,孩子们首次接触色情内容的平均年龄仅为12岁。我们需要用各种方式反复强调:阴茎有大有小,而且形状各异。有的是弯的,有的是直的;有的割过包皮,有的没有割;而且,正常人的阴茎与色情片里男演员的阴茎截然不同。他们的阴茎往往远大于平均水平,有的是天生如此,有的则是做过整形手术。你有充足的时间去跟孩子深入探讨这些话题!

勃起可能发生在任何时刻

大多数青少年的勃起都比幼年时期频繁许多。有些是自发的,有些则来自性幻想或手对阴茎的刺激。这些都是正常的,无需惊讶。我们应该想一些办法来帮孩子应对突如其来的勃起,尤其是在诸如课堂报告等尴尬时刻,以防孩子陷入羞耻与尴尬之中。

我们听说的最常见的做法,是把阴茎调整到12点钟方向。同时,你也要提醒孩子穿着合适的内裤,因为稍紧些的内裤遮掩效果更佳。

还有，尽量避免早晨不敲门就进入孩子的房间去叫醒他，以防撞见勃起而引发尴尬。你可以先敲门，得到允许后再进入，或者改用闹钟来叫醒孩子。

手淫要在私密处进行

孩子们需要了解自己身体的哪些部位能带来愉悦感，这样随着他们的逐渐成长和成熟，他们才能享有这些愉悦。不过，这种事只能在私密处进行。因此，我们既要谈论手淫，也要谈论这一行为的私密性，例如最好在卧室或浴室进行，并且要关上门。

梦遗没什么可羞耻的

大一些的孩子经常向我们谈及他们因为梦遗而产生的羞耻和尴尬。实际上，成年男性在回顾自己的青春期时，也有类似感受。这一情况告诉我们，如果孩子不谈论、不发问，那么就无法了解许多事情。很少有孩子愿意主动提及梦遗话题。然而，得知这完全是正常现象，且清理起来极为简单后，所有男孩都会如释重负。尽管谈话可能会很尴尬，但这却是教育的良机。

来自孩子们的心声
反馈篇

小 H，男，19 岁

中学时，我常常搞不懂我的"弟弟"为什么总是莫名其妙地勃起。幸好，我的许多朋友都有类似的经历。我们在课堂上讨论过如何应对这种情况，还学到一个词——"无明显原因的勃起"。在这种时候，你只需把弟弟藏在内裤的裤腰里，各种内裤都适用。我喜欢穿运动内裤，遮掩效果很不错。不过要注意的是，遮掩时必须小心，免得被女生看到四处宣扬，那可就太丢人了。要是在遮掩勃起时被人看到，这事很快就会传遍整个年级。我记得有一次，我的一个朋友在厕所里哭，原因是有个女生到处说他上课的时候勃起了。我最怕的就是女生透过我的裤子看到我的弟弟。

最让人没法接受的是，女生会跟她的朋友们讲，那谁谁的弟弟有多么小。弟弟的大小关系到男生的魅力。如果有人说你弟弟小，那绝对是奇耻大辱。男生和女生开始交往以后，我总是尽量遮住我的弟弟，免得有女生评论我的弟弟的大小。

上中学时，最让人尴尬的就是当女生拥抱你的时候勃起。我跟我的朋友们都有被发育成熟的女生拥抱的经历，我们都觉得受不了。我还记得第一次因为跟女生拥抱而勃起的时候，我完全慌了。幸好那个女生通情达理，知道这是正常的生理反应。当时，我完全不知道自己为什么会勃起。我知道我对自己的身体还缺乏了解，可一时也不知道该怎么办。

第 5 章

月经什么时候来，该如何做好准备呢？

我们要开始讨论月经了！如果你已经忘记或从未了解过月经的生理机制，那么请做好准备，回到高中的生物学课堂。因为关于月经的基础知识，其实并没有太大变化。

青春期知识加油站
科学篇

月经是周期性的出血，血中混有来自子宫的水、黏液和组织。周期约为 3 ~ 5 周。

医学上，第一次月经叫作初潮。不过需要说明的是，一开始，月经往往并不规律。有人频率高（有时两三周一次），有人频率低（好几个月一次），更多的人则完全没有规律可循。通常在初潮之后的 1 ~ 2 年里，月经会逐渐变得规律起来。

初潮的表现有时并不像是出血。很多人只是发现内裤或擦拭后的卫生纸上有深褐色的黏糊糊的东西。这种颜色和质地往往与她们想象中月经的样子大相径庭，以至于不少初潮的女孩一开始误以为那些东西是大便。这种半固态的深褐色物质之所以呈现这种颜色，是因为它在子宫内滞留了一段时间，并被其中的氧气所氧化，因而变成了类似铁锈的颜色。此后，在每一次或者至少大多数经期中，刚开始流出的血液就会是红色，然后随着时间的推移，血液暴露在空气中逐渐被氧化，颜色也就随之变为棕色。

现在我们来谈谈月经涉及的身体部位。

子宫是一个梨形的肌性器官，拳头大小，大致位于肚脐和阴道口之间。子宫下部的狭窄处叫作宫颈。在怀孕期间，宫颈的作用像是一个盖子，保持狭窄和紧缩状态，帮助承托子宫里不断长大的胎儿。宫颈的下方是阴道，这是一条长约 15～17.5 厘米的肌性管道，一直延伸至体外，可见的部分即为阴道口。阴道口的两侧是阴唇。靠近阴道口的较小、较薄的一对是小阴唇，外侧较为丰满的一对是大阴唇。两对阴唇、阴道口，连同阴蒂和尿道口，统称为外阴。

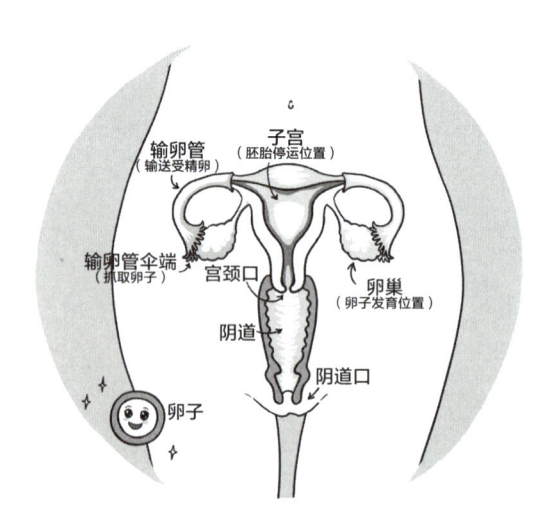

从子宫向内深入，会发现两条输卵管，左右各一，宛如从子宫底部（即上部）延伸出的两条长触角。每条输卵管的另一端各连接着一个卵巢，其大小和形状类似一颗杏仁。卵巢是激素的"制造工厂"，能够分泌雌激素、孕激素，甚至还能分泌少量睾酮。同时，卵巢内还储存着未成熟的卵子。在每个生理周期中，两侧卵巢会轮流促使卵子成熟并释放，这一过程称为排卵。卵子从卵巢排出后，会被同侧输卵管的伞端捕获并进入输卵管。如果卵子未受精，它将离开输卵管，依次经过子宫、宫颈、阴道，最终从阴道口排出。随着卵子的排出，激素水平发生变化，导致子宫内膜脱落，形成月经。若卵子成功受精，它将留在子宫内，并尝试在子宫内膜着床。若着床成功，子宫内膜便不会脱落，受精卵也将开始发育，此时便意味着怀孕了！

接下来，我们将讨论最为复杂的部分——**激素周期**。在月经周期的不同阶段，各种激素的浓度会发生极其复杂的变化，就连受过医学训练的人也容易搞混。最简单的理解方式是，你要记住身体中有三个部位在相互沟通，它们是大脑、卵巢和子宫。在大脑深处、大约眉心正后方，有一个叫作下丘脑的结构。它既是一个腺体，能够分泌激素，也是大脑的一部分。下丘脑在食欲、性欲和体温调节等诸多人体功能中扮演着重要角色。在月经周期中，下丘脑会分泌一种叫作促性腺激素释放激素（GnRH）的物质。随后，这种激素会到达大脑前部的另一个腺体——垂体。随着这种激素的浓度不断上升，垂体也会释放出两种激素，一种是黄体生成素（LH），一种是卵泡刺激素（FSH）。它们最终都会到达卵巢。

黄体生成素和卵泡刺激素的浓度不断上升，促使卵巢开始分泌雌激素和孕酮。这一过程称为正反馈，即一种或多种激素触发其他激素释放。然而，随着雌激素和孕酮水平的不断升高，它们会向大脑中的下丘脑和垂体发出信号，要求停止分泌更多的激素。这就形成了负反馈机制，即雌激素和孕酮通过抑制下丘脑和垂体的活动，减缓黄体生成素和卵泡刺激素的分泌。就这样，正反馈和负反馈循环协同作用：黄体生成素和卵泡刺激素促使卵巢分泌更多激素（正反馈），而雌激素和孕酮则通知大脑减缓分泌激素（负反馈）。如果体内的雌激素和孕酮水平充足，那么下丘脑就无需继续分泌促性腺激素释放激素，因而垂体也不会产生更多的黄体生成素和卵泡刺激素，进而使卵巢不再进一步分泌雌激素和孕酮。但是，一旦雌激素和孕酮的水平降低到一定程度，下丘脑就会重新开始大量分泌促性腺激素释放激素，随后垂体也会释放黄体生成素和卵泡刺激素，开启新一轮的月经周期。此外，卵巢排卵后，黄体会分泌孕酮，以协助调节身体的激素波动。

这样一来，这些激素的上升和下降就形成了月经周期的不同阶段。

月经周期的第一阶段称为卵泡期，从月经开始一直持续到排卵，通常约为两周。在这一阶段，某一侧的卵巢里会有一颗卵子逐渐成熟。与此同时，子宫内膜也会慢慢变厚，为可能出现的受精卵着床做好准备。在这个过程中，雌激素、卵泡刺激素和黄体生成素的水平都会升高。不过到了后期，雌激素水平会急剧下降。

排卵是指卵巢将成熟的卵子释放的过程，这一过程大约发生在月经周期的中间阶段。有些人或许能感受到排卵，那是一种尖锐的刺痛感，通常只持续几秒钟，这种疼痛被称为排卵痛或经间痛。

黄体期处于月经周期的后半段。在这个时期，垂体腺已不再分泌黄体生成素和卵泡刺激素。其间，雌激素水平会再次上升，不过幅度较小，然后下降。与此同时，由排卵后形成的黄体所产生的孕酮在开始的几天里会迅速增多。孕酮的存在能促进子宫内膜增厚，并增加其内部的血流量，以此来帮助受精卵着床。如果卵子没有受精，黄体就会在几天后开始分解。这时，孕酮和雌激素的水平都会下降。

当雌激素和孕酮的水平降至足够低时，子宫内膜会脱落，进而开启月经期。月经期一般持续3～7天，有时也可能更久。

有意思的是，人们一般把月经期看作月经周期的开始，而非结束。这很可能是因为，月经期有非常明显的表现，无需医生检查或实验室检测。只要发现出血，你就很可能处在月经期。以上就是高中生物课所讲的内容。

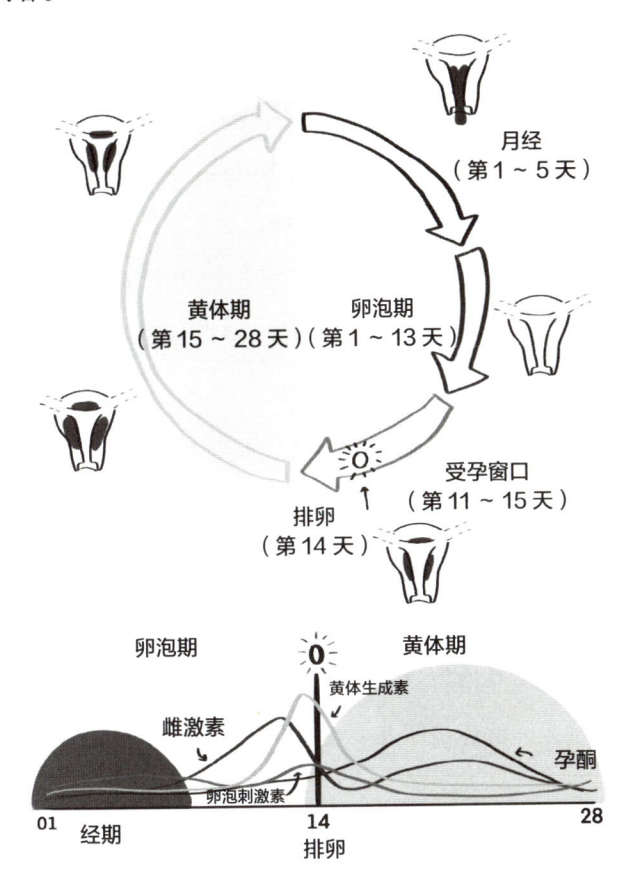

过去 20~40 年
变迁篇

尽管青春期的开始时间越来越早，但女性的初潮（即第一次月经），却并未随之提前到来。至少此刻还没有出现这种情况。

通过对人类骨骼化石的研究发现，在史前时代（250 万年前~公元前 10000 年），女性初潮的时间大致在 7~13 岁之间。这是一个很大的范围，不过，这一时期也横跨了 200 多万年。到了中世纪时期（大约公元 500~1500 年），有证据显示女性初潮的年龄有所推迟，大约在 12~15 岁之间。工业革命后，初潮年龄进一步推迟，在美国内战（1861~1865 年）前达到峰值，为 16 岁。需要注意的是，导致初潮时间推迟的并不是什么好事，而是生活条件恶劣和营养不良。很多人认为初潮提前不是好事，晚点来才好，这其实是误区。从 20 世纪初开始，在生活水平逐渐提高的地区，女性的初潮年龄变得越来越早。到 1995 年，美国女孩的平均初潮年龄已经提前到略早于 13 岁，这一年龄相较于 100 年前出生的孩子来说低了很多。然而，与她们初潮发生在 20 世纪六七十年代的母亲们相比，差别就不是很明显了。

事实上，在过去的五六十年里，初潮年龄一直保持着相对稳定。如今，这一数据基本位于 12~12.5 岁之间。我们很难说这一变化有多么显著，也无法预测这一数据在 20 年后会是怎样的情况。与初潮年龄相比，青春期的其他生理表现都已大幅提前，例如乳房的发育，阴茎和睾丸的增大，就连情绪波动也提早了两年。相比之下，初潮年龄的变化则非常有限。

那么，月经周期有什么变化呢？是变长了、变短了，还是更不稳定了？都不是。不过，这种跨越世代的比较相当复杂，因为与初潮年龄不同的是，这类信息在很长一段时间里并未得到系统地收集。曾经有一段时间，研究者对那些能够跟踪记录月经周期的应用程序表现出了极大的兴趣，因为这些应用程序能够收集包括上述数据在内的多种信息。然而遗憾的是，当意识到这些应用程序的数据可能被用于执行限制堕胎的法律时，人们的热情很快就消退了。结果，数百万女性决定卸载这些应用程序，她们不愿让自己的月经周期信息落入他人之手，以防这些信息将来成为对付她们的武器。这确实是明智之举！

与此同时，人们对于月经这个话题的态度也发生了翻天覆地的变化。当下人们在谈及月经时，羞耻感已大大降低。就在十年前，我们还在教孩子把卫生巾藏进袖筒，以免被人发现。现在想来，这种建议实在太过保守。为什么我们要将月经视为不洁之物呢？当然，很多孩子依旧把自己的月经当作秘密，我们也完全支持她们的选择，不过大部分孩子对这件事的看法已经有了很大的转变。就在几天前，我们的一个孩子在打开网购的包裹时，发现里面是她订购的卫生巾。她当着男友的面拆开了包装，随口说了句类似"又能用一阵子了"这样的话，还让男友帮忙把卫生巾拿进浴室。她的父亲看到这一幕惊愕不已。

另一个显著变化是，如今的月经用品丰富了很多，丰富到完全可以单独就此写一本书的程度。不过，我们在这里只做简要介绍。孩子们可以选择以下各种月经用品：

卫生巾：种类繁多，尺寸各异。神奇的是，即便是对吸水性要求最高的夜用卫生巾，如今的产品也比过去薄了很多。

卫生棉条：也有各种尺寸，施加器也各不相同（有的甚至没有施加器）。而且，今天的许多产品都是采用有机棉制造（卫生巾也是如此）。

经期内衣： 可能是有史以来对经期生活影响最大的产品创新。有了经期内衣——某些款式能容纳相当于两个卫生巾的血量——再也不会有"血把白裤子染红了"这种事了。更令人惊喜的是，现在甚至有经期泳衣！

月经杯： 或许并不适合一些人使用，但这种非一次性的硅胶杯能连续收集 8~10 小时的月经出血，接着洗净并重新放入即可。使用月经杯有利于保护环境，只要有清洁的水源，一个月经杯就能使用好几年。

如何与孩子对话
实操篇

在美国，初潮往往与羞耻、丢脸和偷偷摸摸的感觉紧密相连。你随便丢块石头，都能砸到一个曾经因为初潮而深陷尴尬之中的人。热门动画网剧《大嘴巴》（*Big Mouth*）花了整整一集来描绘其中一个角色的初潮经历。你能从中学到很多东西。

地球上近一半的人都会来月经，然而这个话题却不能公开谈论，实在令人难以理解。即使在今天，许多地方仍旧把月经视为禁忌话题。Z 世代在很大程度上推动了月经话题的正常化，但要完全摒弃羞耻感，毫无顾忌地充分交流，我们还有很长的路要走。

首先，我们必须正视由月经时间的不确定所导致的压力，例如，不知道月经哪天会来，会在一天中的哪个时间段来，会持续几天，等等。这种不确定的感觉可能会让人抓狂。对于初潮来说尤其如此——

父母和孩子都迫切想知道它何时会降临，但没有人确切知晓。当然，初潮还是有一些迹象的。如果乳房已经有所发育，阴毛也长了一些或长了很多，而且，内裤里每天都能见到一些阴道分泌物，这一现象已经持续数周或数月，那就意味着初潮快要来了。但要问具体哪一天来，那是谁也说不准的。

我们有两套谈话建议。一套比较具体，针对尚未初潮的孩子；一套更加注重基本原则，针对年龄较大的孩子。因为初潮过后，谈话还要继续下去。

平常心看待月经

即便月经曾让你尴尬不已，你也得放下过往经历，把注意力放到孩子身上。月经是再正常不过的事情，所有来月经的人都有自己的初潮。在经期，有的人感觉一切如常，有的人则可能感到腹胀、烦躁或疲惫。我们要用平常心来看待这件事，并就这一话题充分沟通。具体怎么做呢？

你可以轻松随意地提起这件事："哎呀，我得赶紧去浴室换一下卫生巾，免得漏出来。"给家里的所有孩子（包括男孩）展示各种月经用品的工作原理，这件事做起来其实很有意思。（比如，你可以把卫生棉条插入一个窄口瓶，以此来演示相关的科学原理。）同时，指明浴室里专门用于丢弃一次性月经用品的垃圾桶，以免孩子把它们扔进马桶造成堵塞。

告诉孩子月经来时可能的样子：尤其是初潮！需要再次强调的是，不少孩子会把初潮排出的东西误认作大便。

提醒孩子月经有时会杀个回马枪： 有时候月经看似要结束了，出血量又会突然增多。提前告知孩子这一点，以防遇到时措手不及。

教孩子如何清洗沾有血迹的内裤或床单： 让孩子参与到清洁过程中来，这样做可以减轻羞耻感。而且，自己的衣服自己洗本就理所当然。通常只要涂上肥皂轻轻揉搓，血迹就能洗净。

教孩子如何正确处理使用过的卫生巾或卫生棉条： 如果孩子不负责清洁浴室，不论在家、学校，还是别的地方，那么就要让她想想到底是谁在清洁，以及怎样处理使用过的卫生巾或卫生棉条，才能更好地尊重他们的感受。用卫生纸将废弃物包裹好，再丢入垃圾桶，整个过程只需花费两秒钟。如果你家里养了狗，你还要给孩子准备带盖子的垃圾桶来盛放使用过的月经用品，以免它们成为宠物玩具。

谈谈阴道分泌物

为什么一提到"阴道分泌物"，人们就会觉得尴尬或不自在，甚至想要躲起来或逃离呢？但其实这完全是正常且健康的生理现象。阴道分泌物是阴道的自我清洁机制，效果极佳，同时还能反映身体内部的变化。正常的分泌物应该是清澈、黏稠的，就像生的鸡蛋清。刚进入青春期时，分泌物可能每隔几天或几周出现一次。在初潮来临前的几周或几个月，分泌物出现的频率通常会增多，几乎每天都会有。如果分泌物呈深黄色、绿色或白色，且呈奶酪状，那就要咨询医生，以便检查是否有感染发生。

与孩子一起准备月经用品

还没有来月经的孩子往往希望预先规划好"那一天"的每一个步

骤，例如调整运动时间和课后活动安排。这些需求非常合理，所以你要与孩子一起准备月经用品。你们可以准备一个月经用品包，里面应当包含以下物品（同时也要让孩子知道如何使用）：一条干净的内裤、多种尺寸和吸水性的卫生巾、若干卫生棉条（如果孩子想用的话），以及一条备用的紧身裤或短裤。

在学校如何应对月经

这个话题很重要，因为有些学校的洗手间要么数量极为紧张，要么缺乏足够的私密性，要么卫生状况堪忧。还有，有些老师不允许孩子因为生理需要而在上课中间去洗手间；有些孩子则不愿向男老师提出去洗手间的请求。许多学校在洗手间里配备了卫生棉条和卫生巾自动售货机，但是据孩子们反映，这些机器常常是空的。此外，体育课也会带来压力（比如担心游泳时来月经怎么办），还有对渗漏和侧漏的担忧（不知道谁能及时发现并告诉自己）。与经期在学校可能遇到的无数问题相比，我们所讨论的这些问题仅仅是冰山一角。因此，我们也想提醒你，一旦开启"对于在学校来月经，你有什么担心的事吗？"这样的话题，那就不是几次能够谈完的。

来自孩子们的心声
反馈篇

小B，女，20岁

我有个朋友第一次来月经时，对相关知识一无所知。当时她在一家寿司店上洗手间，突然看到内裤上有血，竟直接晕倒了。她说，她特别希望自己从小就能学到关于青春期的知识，这样就不会被这种再正常不过的事情吓倒了。万幸的是，我妈妈早就跟我详细讲了关于月经的各种知识以及我可能会遇到的各种情况。从五六年级开始，我的书桌上就摆满了关于青春期的科普图书。我的浴室里也早早地备好了各种卫生巾。我妈妈甚至准备了一条小项链，在我第一次来月经的时候送给我，以此来庆祝这重要的一天。而且，遇到任何与月经有关的问题，我都能随时问她。

我的第一次月经是在我 13 岁生日前的一两个月来的。当时我在我家的洗手间里看到内裤上有血，就大声叫我妈妈过来。她立刻拿了一个卫生巾跑过来。我的第一次月经出血特别多，完全超出了我的想象。

从一开始乃至在之后的半年时间里，我的月经量都非常大，而且持续时间也超过 7 天。我向刚来月经的好友诉苦，却惊讶地发现她的月经量比我少很多，经期也只有三四天，而且颜色是粉红色，不像我的深红色和棕色。她也无需像我那样频繁地更换卫生巾，尽管我用的卫生巾吸水量更大。当我向妈妈提及此事时，她安慰我说每个人的情况都不一样，她自己也经历过类似的情况，可能是遗传因素所致。我也向儿科医生咨询过这个问题，对方也给出了类似的解释。当时我并没有感到特别担忧，因为大家都说这是正常的。然而随着时间的推移，问题还是出现了，我却一直没有重视。

到了 17 岁左右，我的月经变得更加严重，不仅量大，而且持续时间更长。我常常不得不每隔两三个小时就更换一次卫生巾或卫生棉条，否则就有可能会漏出来。此外，我一直用止痛药和巧克力来缓解的痛经问题也加重了，即便吃了最大剂量的布洛芬，我还是得躺在床上，用热水袋敷着才能稍微缓解一些痛苦。尽管我知道我的朋友们在月经期间并没有这样的困扰，但我还是天真地以为自己只是处于正常范围的边缘。

这种情况持续了一年左右。到 2020 年 3 月新冠疫情暴发时，我开始出现其他症状。我感到极度疲倦和抑郁，头发大量脱落。我没有去锻炼，按理说不应该感到肌肉酸痛，可我还是觉得肌肉绵软无力。起初，我将这些症状归咎于疫情带来的压力和社会生活的停摆。

然而在一次体检中，我向儿科医生提到了这些新出现的症状，并按照她的建议去看了内分泌科医生，结果被诊断出了甲状腺功能减退症。医生给我开了药，帮助我的身体产生足够的甲状腺激素，以此来调节新陈代谢。令我惊喜的是，服药后不久，我的那些症状就开始逐渐消失了，月经状况也得到了显著的改善。原本可能持续八九天的月经期缩短到了五天，月经量也明显减少了。我终于可以不用那么频繁地更换卫生用品，也不用再忍受剧烈的痛经了。这时我才意识到，这才是"正常"的月经。

我真希望自己能早点明白，我根本没有必要忍受那么多次痛苦而漫长的月经期。虽说月经通常都会让人感到不适，还有可能引发痛经和情绪波动，但它对生活的影响绝不应如我所经历的那样严重。虽然我们应该用平常心来看待自己的身体在经期中的各种正常表现，但同样重要的是，我们也要知道在什么情况下应当去寻求帮助。我过去也咨询过医生，但是由于麻痹大意，最终花了好几年才真正解决了这个问题。这段经历使我深刻认识到，一旦感觉哪里不对劲，那就要认真面对，查个水落石出。

如今，许多新发明让经期生活便捷了许多。例如，我下载了一款月经管理应用程序，大大方便了我的生活。它能提前通知我月经即将来临，这样我就可以提前准备好充足的卫生巾和卫生棉条。特别是，这款应用在应对经前综合征和情绪波动方面帮了我的大忙。

我本不是一个容易情绪化的人，总是以务实和乐观的态度看待生活。

然而，每个月总有那么几天，我会突然变得异常敏感，甚至无缘无故地流泪。尽管我已经经历了许多年的月经，但每次月经来临前的两三天，那种情绪波动依然让我措手不及。只有当月经真正来临时，我才能回过头去理解自己的情绪波动。

多亏了这款应用的简单推送，我才得以提前知道自己可能会遇到一些不适。当得知经前综合征即将到来时，我就能提前为即将到来的情绪波动做好心理准备，进而更好地掌控自己的情绪。渐渐地，我在经前综合征期间的情绪波动有了很大的改善。如今，我再也不会莫名其妙地感到悲伤或烦躁了，因为我清楚地知道，这是因为月经快来了，这样我就能理智地看待这些情绪了。

第 6 章

体毛越来越多了，该怎样清洁和护理呢？

我们生来就有体毛，这些体毛会伴随我们一生。体毛的颜色与质地会随着时间的变化而不断变化，有生长也有脱落。有些部位的体毛非常浓密，而另一些部位的体毛则比较稀疏。体毛的颜色可能是金色、红色、棕色、黑色或白色。体毛生长在头顶、眼睛周围以及四肢等部位。仔细观察会发现，大多数人的皮肤上都覆盖着细小的体毛。除手掌、脚底、牙齿、眼球、嘴唇和指甲外，体毛几乎遍布全身。

青春期知识加油站
科学篇

长出更粗、通常颜色也更深且有些卷曲的新体毛，是青春期的标志之一。尽管体毛开始发育的时间与青春期来临的时间大致同步，但严格来讲，体毛开始发育与性成熟并没有直接的关联。我们在这本书里多次强调这一点，以凸显其重要性。请记住，从最狭义的角度看，青春期的尽头是生殖能力的形成，这一过程主要由卵巢产生的雌激素和睾丸产生的睾酮主导，同时也有其他激素参与其中。而体毛的发育主要受肾上腺分泌的多种肾上腺雄激素调控，这一发育阶段也叫肾上腺功能初现。这些激素的作用远不止于促进体毛生长，它们还能促使身体分泌更多汗液和皮脂，使皮肤变得油腻，引发痤疮，并加重体味。

我们之所以要不厌其烦地把肾上腺功能初现与青春期本身区分开来，主要是因为肾上腺功能初现有时会早于青春期到来，从而造成困惑。比如，一个5岁的孩子长出阴毛，这肯定会让人担心。但是，如果我们知道，阴毛的生长并不是性成熟的表现，而是肾上腺分泌的特定激素在"指挥"，那么我们的心态就会放松一些（尽管仍然会觉得不安——试想那位5岁孩子的父母的心情）。

不过，虽然那些促使孩子进入青春期的激素与肾上腺功能初现并没有直接的关联，但一些研究仍然在探究，肾上腺功能初现是否会间接影响青春期的启动。这个问题理解起来颇为不易，因为肾上腺虽然小，内部却非常复杂。简单来说，肾上腺包含多个层次，每个层次都能分泌许多激素。在各种肾上腺雄激素中，对体毛生长影响最大的是脱氢表雄酮（DHEA）及其硫酸化形式硫酸脱氢表雄酮（DHEAS），由肾上腺皮质的网状带所分泌。研究者之所以认为青春期与肾上腺功能初现并无直接的联系，原因在于，调控脱氢表雄酮分泌的是促肾上腺皮质激素（ACTH），而非那些与青春期有直接因果关系的激素，例如促性腺激素释放激素、黄体生成素、卵泡刺激素、雌激素和睾酮。

不过，脱氢表雄酮或许能直接影响青春期反馈环路，特别是雌激素和睾酮的水平，因为脱氢表雄酮在一定条件下确实能转化为这些激素。雌激素、睾酮和脱氢表雄酮结构相似，可以在特定酶的催化下相互转化。

因此，青春期本身并不会引发肾上腺功能初现，但肾上腺功能初现可能提升雄激素的水平。这些雄激素可以在体内转化为更活跃的性激素，如睾酮和雌二醇，从而为青春期的到来创造条件。此外，肾上腺还能分泌少量的雌激素和孕酮，但这些激素的量非常微小，通常不会对孩子的性成熟产生显著影响。值得注意的是，睾丸也能产生少量雌激素，卵巢也能分泌少量睾酮。

当脱氢表雄酮离开肾上腺并在全身循环时，它可以转化为活性更高的激素，进而在许多激素间引发连锁反应。这一转化过程称作外周转化，通常发生在身体外围的脂肪细胞中，如皮下脂肪。所以，体重较重的人体内往往含有更高浓度的强效雄激素（例如睾酮）和雌激素。同时，这一转化过程也形成了一种理论，用以解释为何那些早发性肾上腺功能初现的孩子（例如出现明显体味和腋毛的6岁孩子）的血液里不仅有脱氢表雄酮，还有浓度超过同龄孩子的雌激素或睾酮，即便他们尚未展现出青春期到来的其他迹象。

关于脱氢表雄酮提早激增的第二种理论认为，脱氢表雄酮（更可能是它的变体硫酸脱氢表雄酮）是一种神经甾体，能够作用于大脑，直接影响促性腺激素释放激素的释放。这里简单回顾促性腺激素释放激素：它由大脑中的下丘脑分泌，并促使大脑中的另一个腺体——垂体分泌黄体生成素和卵泡刺激素。这些激素再促使卵巢或睾丸分别产生雌激素、孕酮或睾酮。因此，促性腺激素释放激素是触发青春期的第一个神经化学信号，是第一块倒下的多米诺骨牌。如果脱氢表雄酮促使下丘脑分泌了促性腺激素释放激素，那么触发青春期的第一个因素就不再是促性腺激素释放激素，而是脱氢表雄酮。一些研究者认为，对于某些孩子来说，情况正是如此。

这些生僻的内容总算是介绍完了。现在，我们继续来讨论这些生物化学现象在身体上的具体表现：人到底会长出多少体毛？体毛发育的顺序又是怎样的？会发育到什么程度？遗憾的是，即便脱氢表雄酮开始分泌，我们也无法预测这些情况。有的孩子先长阴毛，后长腋毛；有的则恰好相反。有的孩子在小学或初中阶段长腿毛，有的到高中才长，还有的上了大学还没有开始长。有的孩子体毛浓密、卷曲，且色深，有的则稀疏、直顺，且色浅。有的孩子体毛遍布整个手臂，有的则仅见于下臂。通常，眉毛浓密的孩子腿毛也较多，但也不绝对。对于体毛的发育，最令人头痛的或许就是它的不可预测性了。

关于体毛发育，还有一点需要注意。由于加速生长的体毛通常比原来的体毛更粗，不容易长出皮肤表面，于是可能在皮肤内弯折卷曲，成为内生毛发。随着体毛继续生长，包含毛囊的毛孔会变得越来越拥挤。这时，人体的免疫系统就会被激活，派出炎症细胞前往该区域。于是，小小的毛孔就会被一团毛发和许多白细胞塞得满满当当。最终，毛孔里的物质可能会像白头粉刺那样凸出皮肤表面，或者依旧隐藏在皮肤下，肿成一个包，成为挤不出来的囊肿性痤疮。有时，堵塞的毛囊还会发生感染，使周围的皮肤发红，变得又疼又痒。这时，最好的解决办法是去看医生，而不是自己动手去挤，以免加重感染。

过去 20~40 年
变迁篇

回顾过去的几代人，肾上腺功能初现的来临时间相对来说是比较稳定的——至少目前还没有充分的研究证据能证明它有变化，这与青春期的明显提前大不相同。同时，体毛的总量、分布以及整体外观也没有发生显著的改变。

真正改变的是关于修剪和去除体毛的社会习俗，特别是在 Z 世代及以后的人群中。文化变迁与科技进步相互碰撞，推动了脱毛技术的迅猛发展，特别是其中的射频脱毛和激光脱毛。这两种方法都能通过破坏毛囊来干扰体毛的生长，从而达到长期甚至永久脱毛的效果。射频脱毛利用短波射频技术摧毁毛囊，效果更为持久。激光脱毛则利用高能量激光来部分地灼伤毛囊，通常需要多次治疗才能达到永久脱毛的效果。尽管这两种脱毛手段昂贵、耗时，并且可能带来一定的疼痛感；但在许多人看来，为了减轻因多余体毛而引发的尴尬和不便，这些付出仍旧是值得的。

随着脱毛技术的进步和普及，Z 世代对待体毛的态度也在发生转变，越来越多的人，不论男性还是女性，选择彻底去除阴毛。过去，女性可能更倾向于选择巴西蜡脱毛，而男性则较少关注阴毛的打理。但是今天，许多男性也开始像女性一样，使用专用的电动剃须刀来精心打理自己的阴毛。

这些变化还有一个原因——色情制品。在色情制品里，私处"无毛"已是常态。青少年们看到色情演员炫耀他们光溜溜的私处，就可能会跟着效仿。这一风潮归咎于色情产业、互联网的普及，以及某些古老习俗。修饰阴毛并非新鲜事，但潮流总是在变。毫无疑问，在体毛这件事上，30 年后还会有新的社会规范，当然也还会有各种新的产品和科技手段。谁说得准呢？也许到那个时候，潮流会变成全身长满浓密的体毛，而彻底刮净反倒显得落伍。不管未来几十年风尚如何演变，如今的青少年将来必定会发出这样的感慨："在我那个年代，没人会……"

如何与孩子对话
实操篇

在青春期的诸多尴尬事中，体毛问题的关注度似乎并不高。不过，虽然体毛问题并不热门，但体毛可以生长在很多部位，可能会突然变得极为显眼。如果孩子不喜欢，想要去除它们，那就可能会在情感和实际操作上带来一系列麻烦，不仅需要花费大量时间和金钱，还得忍受痛苦。特别是在脱毛渐成风尚的情况下。

对许多父母而言，困难之处在于：**体毛或许是青少年努力彰显个性和自我表达的重要载体**。从头到腋下再到两腿，每一处体毛都可能成为他们展现个性与独特的依托和宣言。当这一切与源自不同种族、民族和宗教的各种文化规范相交叠时，体毛就在一瞬间变成了四面作战的战场。有些孩子的关注点是头发，要么把它染成鲜艳的颜色，要么把它留得老长，要么全部剃光或是拉直；有的孩子关注面部的体毛，要么在上唇留一小撮胡须，要么留一脸络腮胡，要么把眉毛拔光；至于其余部位的体毛，有的孩子选择全部刮净，有的则选择任其生长，还有的选择混合搭配，比如腋毛浓密而阴毛全无，或者相反。

你大概已经了解了情况，所以当大人问我们"我该如何处理孩子的体毛问题呢？"时，我们很难给出一个确切的答案，这是因为其中涉及诸多因素，比如你的文化背景、你在这方面的处理方式，以及你对孩子自我表达的接受程度。不过尽管如此，在与孩子谈论体毛这个话题时，你还是可以遵循一些通用的指导原则。

体毛发育与自尊

先从体毛与自尊心的关系谈起。常能听到孩子们（特别是刚进入青春期不久的）抱怨："我讨厌我的体毛！真希望它们是直的（或是卷曲的、金色的、红色的、棕色的）。我腿上（或手臂上、脸上）的毛发让我特别不自在。"虽然大多数父母愿意竭尽全力帮助孩子摆脱这种沮丧情绪，但我们心里清楚（从我们自己的生活经历来看），所有人对自己的外表都有不满意之处，有些甚至无法改变……至少目前是这样。所以，谈到体毛，我们是否应该帮助孩子适应这种不适感呢？最佳做法是，我们要弄清楚相关的负面评判来自哪里。孩子有没有在学校遭到他人嘲笑？孩子有没有看过推崇脱毛的社交媒体或类似内容？家里有没有人拿孩子的体毛开玩笑？有没有使用"丑"或"难看"之类的词汇？

在手忙脚乱地寻找应对办法时（这可能需要花费很多时间），你可以尝试把青春期及以后的体毛变化看作正常现象，这样会有所帮助。

体毛发育与个人卫生

与此同时，不要忘记体毛发育对个人卫生的影响。有些孩子对自己的体毛发育毫不在意，甚至到了影响个人卫生的程度。头发变得很油腻？不用洗。嘴唇上长了很多胡子？留着也挺好。腋毛味道很大？无所谓。阴毛从泳衣边缘露出？绝口不提。

我们的文化传统教导（甚至强烈要求）我们必须解决这些问题。有时候，人们在这件事上的看法并不需要给予太多重视；但在某些时候，这些看法也会涉及个人卫生问题。不管怎样，问题最好还是通过沟通来解决。你可以从好奇的角度出发，了解孩子的想法以及这些想法的成因。长发飘飘虽然美丽，却也容易藏匿皮脂和头屑。尝试不同的发色或许是目前最安全的叛逆方式，但孩子是否想过自己往头皮上抹了哪些东西？跟孩子聊聊体毛话题，这么做能帮助你了解孩子日益成形的对美和自我的认知，同时也能让你在孩子遭遇他人评判时更有效地施加影响。那么，如何巧妙地解决这个问题呢？你可以试试以下几种方法：

如果孩子不喜欢洗澡："我们过去好像没聊过这个话题（哪怕你们已经聊过许多次！），但是随着年龄的增长，像你这么大的孩子，头发和皮肤会变得越来越油腻，所以你可能得调整一下洗澡和洗头的习惯了。"

如果孩子不知道哪种洗护产品更适合自己："想不想跟我去超市挑几款新产品来试试，或者上网找找看？"

如果孩子需要更具体的建议："我们从来没详细聊过应该如何洗头，特别是应该如何护理头发，好让头发看上去和闻起来都清清爽爽的。我很乐意把我知道的告诉你。"

脱毛

脱毛是一个极为私密且敏感的话题，不论从实际还是象征意义上讲都是如此。有时候，孩子想要脱毛，我们却接受不了；也有时候，我们很想帮孩子脱毛，孩子却毫无此意。当三四年级的孩子们开始长出胡须、阴毛或腋毛时，父母在应对时要格外小心。对所有人来说，这种情况都相当复杂，但也不一定会引发羞耻感。为了避免这种情况，我们可以采取一种以好奇和开放为核心的策略，具体步骤如下：

跟孩子聊聊与脱毛有关的话题：我们需要知道，不少人认为脖子以下尽量无毛是一种美。我们应当允许孩子自行决定如何处理自己的体毛。

向孩子介绍人们处理体毛的各种方式：甚至可以问问孩子，他们的朋友是如何做的，或者他们在网上见过哪些做法。孩子的回答或许会让你大开眼界！

向孩子详细解释脱毛的过程：包括它是否会引起疼痛，体毛重新长出时的外观和触感，以及效果能保持多久——这种深入的交流有助于增强彼此间的信任（特别是如果脱毛过程可能会很疼的话）。

请记住，脱除体毛并不存在"正确"的年龄，这一点对你和孩子同样重要。不过通常来讲，未满18岁的孩子需要父母同意才能进行永久性脱毛。我们之所以支持这种做法，是因为青少年的想法极易改变，而永久性脱毛却是一个非常重要的决定。而且，在青春期各种激素的影响下，永久性脱毛的效果可能会打折扣。所以不妨节省时间和金钱，将来再做考虑。

来自孩子们的心声
反馈篇

小C，女，20岁

当我出生时，我的头顶已经覆盖着一层浓密的毛发。在随后的岁月里，那些细软的胎毛逐渐演变成了我引以为傲的头发，成为我外貌的一部分。每次洗完澡，爸爸都会花费大量时间，小心翼翼地为我梳理每一缕发丝，生怕弄断它们。而当我胡乱地用梳子梳理头发，导致发丝断裂时，他总是心疼不已。他尤其喜爱我右侧脸颊上那一缕别具一格的卷发。那时，我的表姐常常半开玩笑地问我："我能带你去美发店，让他们照着你的样子给我剪个发型吗？"尽管周围的人都对我天然的卷发赞不绝口，但我却从未真正珍惜过它，甚至有些厌恶。

从记事起，我就常常情不自禁地用嘴咬自己的发梢。爸爸钟爱的那缕卷发也常常被我含在嘴里，因沾染了唾液而变得干枯、僵硬。后来，为了帮我改掉这个坏习惯，父母决定在我上幼儿园之前，将我的头发剪短至肩膀以上。然而，只要头发稍一长出，我便又会不自觉地去咬它。到了四年级，我开始想尽办法说服妈妈让我把头发拉直。一旦得到她的同意，我便会连续好几天不洗头，只为尽情享受那种顺滑的触感，哪怕头发因此变得油腻腻的也在所不惜。

从那时起直到现在——我已经20岁了——不知从何时起，我开始真正喜欢上了自己的头发。与15年前相比，我的感受发生了天翻地覆的变化，我甚至难以理解自己为何曾经如此讨厌它。我逐渐明白，正是每个人独特的头发质地，让我们与众不同。我尝试过各种产品来抚平发梢，学会了尊重头发的自然形态，而不是一味地试图掩盖它。如今，当我浏览发型视频或尝试新的发型时，有时会发现，那些流行的发型并不适合我的头发。

在这里，我想给父母们提个建议：在帮助孩子打理头发时，请给予他们足够的支持，并且要明白，孩子的想法随时都可能改变，当然，也可能不会。当孩子表达出想要改变发型的愿望时，请耐心倾听，帮助他们尝试，或者寻找折中的方案，以此表明你在乎他们的感受，哪怕你并不完全认同他们的决定。此外，我最终能够爱上自己的天然发质，还得益于父母的不断鼓励，他们让我能够自信地做自己。更重要的是，父母用实际行动让我看到了他们对自己发质的喜爱，这对我看待自己的方式产生了深远的影响。

第 7 章

脸上到处都是痘痘，怎么办？

痤疮，俗称青春痘，是许多不利因素共同作用的结果。进入青春期后，皮肤分泌的汗液和皮脂大幅增加，这为细菌的大量滋生提供了温床。新长出的毛发、脱落的皮肤细胞、大量繁殖的细菌，连同消灭这些细菌的白细胞，共同堵塞了皮肤的毛孔。因此，痤疮在青少年中极为常见。全球约 85% ~ 90% 的青少年都需要面对不同程度的痤疮问题。

青春期知识加油站
科学篇

痤疮如此常见既有生物学原因，也有物理学原因。毛囊皮脂腺单位（PSU），俗称毛孔，广泛分布于体表，数量极多。毛孔垂直于体表延伸至皮肤深处，像一个老式烧瓶。宽大的底部深藏于皮肤内。颈部细长，开口于皮肤表面。

每个毛囊皮脂腺单位配备有一个皮脂腺、一个毛囊和一小块肌肉（帮助毛发竖立）。幼儿的毛孔只能排出少量水性皮脂，因此幼儿通常不会大量出汗。然而，一旦孩子进入青春期，诸如脱氢表雄酮和硫酸脱氢表雄酮等肾上腺雄激素的水平就会显著提升，导致皮脂大量分泌。所以，青少年不仅出汗量大，而且汗液也更黏。关于肾上腺及其分泌的激素的相关知识，详见第 6 章。

我们的皮肤上生活着许多细菌，它们是人类体表微生物群中的一员。尽管想到皮肤上满是微生物可能会让人感到不适，但这对人的健康至关重要。当皮肤的微环境发生改变时，细菌群落的平衡往往也会随之调整。因此，当肾上腺雄激素促使毛孔分泌更多皮脂和汗液时，多余的物质便可能积聚在毛孔深处。此时，如果皮肤上的某些细菌进入毛孔，那么就会在这一油腻且缺氧的环境里迅速繁殖，尤其是痤疮丙酸杆菌。

人体的免疫系统能够识别并攻击入侵者，所以少量的痤疮丙酸杆菌根本掀不起风浪。然而，一旦它们的数量超过了某个阈值，免疫系统便会启动防御机制，命令白细胞向毛孔集结，以便消灭不断增殖的痤疮丙酸杆菌。

如果毛孔的横切面是宽敞的半圆形，那么接下来发生的事情或许就不会引起你的注意。但是别忘了，毛孔的横切面实际上更像长颈烧瓶，其细长的颈部很容易发生堵塞，阻碍皮脂正常排出。白细胞、脱落的皮肤细胞、新长出的更粗的毛发（尤其在青春期时），以及皮肤上的污垢、化妆品和防晒霜都可能堵塞毛孔。这种情况一旦发生，汗液、皮脂、细菌和白细胞就会在毛孔底部越积越多。

如此一来，毛孔的底部被撑得越来越大，宛如一个不断充气的气球。随后，免疫系统会进一步加强攻击力度，从毛孔外部发起攻击，同时从组织深部调集炎症细胞，这就是痤疮周围会发红的原因。接着，当毛孔内的压力达到极限时，"气球"随即破裂。在大多数情况下，破裂发生在皮肤深处，导致炎症进一步扩散，形成红肿的痤疮；也有时候，压力向外释放，形成典型的白头粉刺。

在青春期里，痤疮最容易出现在皮脂分泌旺盛且毛孔容易堵塞的部位，如面部、前胸和背部，有时臀部也会出现。基本上所有人都或多或少有过这样的经历。

再来谈谈饮食与痤疮的关系，这里存在不少误区。进入青春期后，孩子们吃垃圾食品和高糖食品的概率大幅增加。在学校吃午餐和在朋友家吃零食时，他们也常常会选择那些营养价值不高的食物。虽说吃一块比萨并不会直接引发痤疮，但摄入过多含糖食物或其他会导致血糖飙升的食物，确实会在体内引发炎症反应。因此，如果痤疮的主要诱因之一是炎症，那么摄入这些可能加剧炎症反应（哪怕只是轻微加剧）的食物（比如比萨）就可能导致痤疮出现。换句话说，饮食的确对痤疮有影响，但也并非唯一的决定因素。

上述逻辑同样适用于其他引发痤疮的因素。压力以及特定激素的突然增加，也会引发炎症反应。实际上，我们平时听到的各种导致痤疮的原因，无论是睡眠不足还是频繁更换护肤品，都有一个共同点——炎症。经常有人问到压力和痤疮之间的关系，这里稍作解释：不论年龄大小，身体在感受到压力时都会释放皮质醇，这是一种原本用来帮助我们逃脱猛兽追捕的激素。但是，这一机制只应短暂使用，否则会造成不良影响。研究发现，皮质醇水平激增会通过几种方式导致痤疮发生。其一，皮质醇会直接刺激皮脂腺分泌皮脂，使皮肤变得更加油腻；其二，皮质醇还会干扰调节皮脂分泌的其他激素，使皮脂变得更厚，更容易堵塞毛孔；其三，皮质醇还能引发炎症，吸引白细胞聚集。现在你就能理解，为什么压力大的时候容易冒出痘痘了。

引发痤疮的另一大因素是不良的卫生习惯。大多数人都明白，不良的卫生习惯会引发皮肤问题。如果毛孔被污垢、厚重的化妆品或残留的防晒霜堵塞，那么长痘痘就是自然而然的事。但是需要注意，过度清洁有可能和完全不清洁一样有害。如果我们过于频繁地清洗皮肤，反复去除所有天然皮脂，皮肤就会变得干燥，进而刺激皮脂腺分泌更多皮脂。如果使用的清洁产品含有刺激性的化学物质或香料，那么也可能引发炎症反应。所以，洗脸过多或过少都可能引发痤疮。因此，只要每天早晚用温和的不添加香精的肥皂或洁面乳各洗一次就可以了。洗得过多不仅无益，还可能适得其反。

最后需要特别注意的是，要做好保湿！即便使用了温和的洁面乳，洗脸后，皮肤仍然会失去一些皮脂，而保湿霜可以补充失去的皮脂，减少皮脂腺过度分泌。因此，每次洗脸后都应该涂上一层薄薄的保湿霜。如果是白天，保湿霜中还要有防晒成分，以便保护皮肤免受紫外线伤害。

过去 20~40 年
变迁篇

痤疮本身并没有发生什么变化，与一两代人之前一样。但是，痤疮出现的时间、方式和原因确实有了明显的改变。首先，痤疮出现的时间比以往有所提前，发生率更高，症状也更严重。

先谈痤疮出现的时间。看到孩子脸上有痘痘时，很多人立刻就会联想到，这孩子进入青春期了！然而，我们必须再次强调：长痘痘并不意味着青春期要来了，甚至跟青春期完全没有关系。我们在第 6 章里详细讨论过引发痤疮的各种激素。简单回顾一下，体毛发育、长痤疮和体味加重都是肾上腺雄激素的作用结果，所以并不能代表青春期的到来，因为这些现象并不是由促进性成熟的激素所引发的。不过，雌激素或睾酮水平的激增，确实能加重痤疮的症状。所以，青春期的提早到来以及相关激素水平的激增有可能让孩子更早地长痘痘（比如在三四年级）。另外，压力也是痤疮加重的一大因素，而在现代社会，孩子们所承受的压力之大是前所未有的。还有，孩子们的日常饮食常常以引发炎症的食物为主，这也会加剧痤疮问题。如今，那些最常见的食物往往也是高热量的精加工食物，它们是炎症发生的主要诱因。

虽然痤疮出现的时间有所提早，但痤疮消失的时间却并未随之提前（真是不公平！），原因有二：一是青春期的进程并未加速，只是起始时间有所提前；二是压力和饮食等外部因素的影响比以往更为严重，并且短期内难以消除。也就是说，即便青春期画上句号，痘痘问题也仍有可能继续存在。

下面，我们来谈谈饮食的影响，因为它既是痤疮的重要诱因，调整起来又相对容易一些。回忆小时候吃的东西，我们想到的往往是家常饭菜，而非花样繁多的精加工食品。与此同时，食物的成分也与今天大不相同。过去的食物里没有多少糖（代糖说到底也是糖），也没有氢化植物油等会加剧体内炎症反应的大规模加工成分。然而如今，即便食物的名字和包装与过去相似，其中的实际成分也可能与几十年前大不相同。这些变化无疑会影响痤疮的发生，毕竟吃下去的东西肯定会引发相应的后果。

在过去的几十年里，另一大变化是压力水平的上升。人们的心理问题从未像现在这样严重,尤其是青少年。青少年的压力来自许多方面,例如学业、家庭、新冠疫情、社交媒体、气候变化、战争、枪支泛滥以及经济动荡等等。这些压力因素无时无刻不在通过新闻、短信和社交媒体等方式侵扰着他们,使他们持续处于压力反应当中。相关研究数据很丰富,其中一些重要研究聚焦于不良童年经历(ACEs)。结果显示,近半数的美国儿童至少有过一次不良童年经历,例如遭受暴力、虐待或忽视,目睹家庭暴力或社区暴力,家庭成员自杀或自杀未遂,等等,这些经历都会显著增加孩子的压力水平。

第三个变化与皮肤的微生物环境有关。我们所喜爱的微生物学家尤格·瓦尔玛(Yug Varma)这样形容:"**微生物群如同一片热带雨林,它健康时你便健康,它生病时你便生病。要恢复健康,你就得恢复微生物群的生态平衡。**打破这一平衡的正是痤疮丙酸杆菌。你的皮肤像一个热闹拥挤的大都市,随时都可能爆发小规模冲突。"

因此,痤疮的形成机制——不论是激素水平的波动还是加重炎症的各种因素——都发生了显著的变化。或许正因如此,如今痤疮一旦出现,往往来势汹汹。虽然并非总是如此,也不是所有人都会遭遇,但显然,患有严重痤疮的孩子比以往任何时候都要多。遗憾的是,尽管我们遇到的所有儿科医生、家庭医生和皮肤科医生(当然,还有大多数父母)都已经注意到,孩子们的痤疮问题比过去严重了很多,但相关研究却少之又少。不过,如果引发痤疮的因素增多,那么痤疮的严重程度自然也会随之上升。

痤疮的治疗方法并未发生太大的改变。市面上的大多数产品虽然包装变了,但核心成分仍旧是过氧化苯甲酰、水杨酸和医用酒精。虽然已经有大量研究致力于开发天然或无害的皮肤产品,但效果最佳者仍然离不开这三种关键成分。通常，在使用洁面产品、爽肤水和局部涂抹产品后，痤疮的治疗还是会用到抗生素，有时是外用（涂抹于患处），有时则是内服（口服）。这些治疗方法几十年来鲜有突破，使用的依然是那几种处方药或是克林霉素等外用药。至于痤疮的终极处方药异维A酸，看上去也毫无新意，毕竟已经问世40年了！只是用的人更多，剂量也有所调整而已。

我们对那些致力于开发痤疮新疗法的公司格外关注。有些产品在清洁皮肤时，能够避免一并去除天然皮脂，有些则专注于调节皮肤的微生物群落，增加有益菌群，而非将所有微生物一网打尽。这些新疗法虽然前景可观，但目前仍缺乏足够的研究证据来支撑。不过令人欣慰的是，事情至少已经在逐步推进中。

痤疮的预防与护理

在青春期，痤疮几乎会找上所有青少年。在大多数情况下，我们只需采取一些简单的方法应对即可，例如保持皮肤清洁、保持毛孔通畅、控制油脂分泌。皮肤科医生通常会推荐以下方法来预防痤疮，或在家中自行治疗轻度痤疮：

1. 每日洁面。

早晚各用温和的洁面乳洗脸，例如早上起床后和晚上睡觉前。选择不含人工色素或人工香精的洁面产品，尽量不用含有酒精的产品，因为酒精会带走皮肤的天然皮脂。注意，洗脸次数过多并无益处！实际上，每天洗脸超过两次可能会适得其反，因为皮肤会变得干燥，从而导致皮脂腺加速分泌更多皮脂。

2. 局部用药。

治疗痤疮的第一步，是在患处涂抹治疗痤疮的药膏。大多数医生会建议先使用异维A酸，它能去除堆积在皮肤表面，可能会堵塞毛孔的死细胞。异维A酸可以有效疏通毛孔，但只能在晚上使用，因为它会使皮肤特别容易晒伤，而且阳光会降低药物的效果。即使在晚上使用异维A酸，白天仍需在脸上涂抹防晒霜。

3. 使用过氧化苯甲酰。

一些医生建议用过氧化苯甲酰来代替异维A酸，因为过氧化苯甲酰对痤疮丙酸杆菌有抑制作用，同时还能促进死皮细胞脱落，从而疏通毛孔（有没有发现疏通毛孔很重要？）。刚开始，过氧化苯甲酰一般每天涂一次，可以早上涂，也可以晚上涂。

4. 调整用药。

如果你一开始用的是异维A酸，几周后效果不好，那么就可以换用过氧化苯甲酰。反之亦然。不要着急！这些治疗需要时间慢慢见效，可能几天，也可能几周。

5. 联合用药。

如果调整用药的效果还是不理想，你就可以双管齐下。早上洗脸并擦干后涂抹过氧化苯甲酰，晚上洗脸并擦干后涂抹异维A酸。

6. 保湿。

不要忘记保湿！这些局部治疗可能会使皮肤变得干燥。早上用带有防晒功能（SPF）的保湿产品，晚上用单纯的保湿产品。由于痤疮附近的皮肤会变得特别"娇气"，所以要尽量选用不含人工色素和人工香精的保湿产品。

7. 看医生。

如果以上措施效果不佳，甚至病情恶化，那就要及时去看医生。必要时需要接受抗生素治疗或口服异维A酸。

如何与孩子对话
实操篇

我们都希望孩子能顺利或者至少不那么痛苦地度过青春期，为了达到这个目的，我们往往会急切地去改变他们的行为，可这么做又几乎必然会招致孩子的反抗。这就是许多父母战"痘"生活的真实写照。

每天洗两次脸对保持皮肤洁净、降低痤疮发生率至关重要，几乎所有父母都知道这一点，可这并不代表孩子们也知道（或者会照做）。他们为什么就是不愿意洗脸呢？！

在我们苦口婆心地劝说之后，或者当他们脸上的痘痘泛滥成灾时，他们才会开始这样做。此后，孩子的皮肤状况通常会有所改善。然而不知道什么时候，痤疮还是会毫无征兆地大量出现。如果痤疮真的这么好对付，每天只需洗两次脸，那我们也就没必要写这一章了。

为了帮助孩子，你可能已经购入了各式各样的非处方药，甚至更进一步，劳心费神找医生开了不少处方药，然而却沮丧地发现，那些药品还是落寞地待在洗手池旁或床头柜里，从未真正派上用场。为什么会这样？父母都发出了同样的疑问。

我们不妨先退后一步，看看这一局面是如何形成的。父母对痤疮的担忧，主要源于这样的恐惧：满脸痘痘的孩子会对自己的外貌感到自卑，使本就脆弱敏感的青春期自尊雪上加霜。有的父母担心痤疮会在孩子身上留下永久的疤痕，成为终身的遗憾；还有一些父母也曾在青春期时饱受痤疮之苦，于是竭力避免孩子重蹈覆辙。

然而，我们无法彻底解决他们的困扰，无法改变他们对自身形象的看法，也无法替他们洗脸。那么，我们究竟能做些什么呢？

如果孩子说长痘痘无所谓

有的孩子会坚持说，他们不介意自己脸上、前胸或后背的痘痘，有时这是实话。但很多时候，这只是他们想让那些喋喋不休的大人闭嘴的伎俩。孩子确实有可能自我感觉良好，他们知道其他孩子也长青春痘。如果孩子觉得长痘痘无所谓，你就无需为此着急上火。

不过，这里有两点需要说明。首先，所有孩子都需要养成良好的卫生习惯——这一点没有商量的余地，而且这和他们对痘痘的态度无关。其次，有些痘痘不治疗的话，会留下永久性疤痕。这类痤疮往往要么十分密集，要么属于深层囊肿性痤疮，这两种情况都需要去看医生。即使孩子发誓他们根本不在乎那些痘痘，我们仍然有责任确保他们知道如何护理自己的皮肤，以及痘痘不加治疗可能导致的各种后果。

如果孩子对自己的痘痘感到难为情

不少父母会借助羞辱孩子来让他们乖乖听话，可这招往往没什么用。如果孩子经常在运动或化妆后不洗脸，脸上又长满了痘痘，那么你或许就会想要这样说："你要是能像我跟你说的那样经常洗脸，你就不会长青春痘了。我说的话你怎么从来都不听？"然而，责备只会让孩子感到不快，你不仅无法达到目的，反而会让孩子对你更加不满。看到孩子脸上的痘痘，你不妨借此机会询问他们对自己皮肤的感受。但要记住，只能询问，决不能去评判！

如果孩子的负面感受很强烈

我们青春期时所经历的那些尴尬感受，已经是几十年前的事了，所以我们很容易轻视痤疮可能给孩子造成的痛苦。我们的亲身经历告诉我们，痛苦会随着时间的推移而逐渐消散。然而，父母最不应该对孩子说的话就是："慢慢会习惯的，别把它当回事。"因为，你让孩子改变感受并不意味着他们真的能做到，却会让他们怀疑自己当下的真实感受。同时，你的这一态度也会让孩子觉得你不理解他们的感受。而且，在许多孩子眼里，长一脸痘痘确实是一件难以承受的事。他们生活在一个极其看重外表的时代，与之相比，我们年轻时所承受的那些压力简直不值一提。所以，就让孩子们的情绪自然流淌吧。

如果孩子不理会你的建议

祝贺你找到同伴！虽然我们都在性教育领域工作了很多年，可我们已经记不清自己的孩子有多少次对我们的"专业"建议置之不理了。如同青春期的其他许多问题一样，在痤疮这件事上，外人往往能更有效地向孩子传达信息。我们最爱的人竟然宁可在这个星球上随便找个人寻求建议，也不来求助我们，这真是一个残酷的现实。

"嘿，街上发传单的陌生人，我夏天应该做点啥？""嘿，一小时前刚认识的理发师，我应该和男朋友分手吗？"孩子不理会我们的建议正常得很。遇到这种情况，你可以反复念叨这句口诀："在这一发育阶段，这是正常现象。在这一发育阶段，这是正常现象……"

孩子走向独立的一大表现，就是在某些事情上完全不听父母的建议，护理皮肤就是典型。在这个话题上，我们几乎没有发言权。现实很残酷，但我们也有应对之策：找孩子不排斥的人来与孩子沟通这件事（以及与青春期有关的其他所有事情）。这个人可以是孩子的表兄、表姐，可以是照顾过孩子的保姆，可以是夏令营的老师，可以是家庭医生，也可以是邻居或朋友。不要逼迫孩子做决定，只要提出一些建议就足够。例如，你可以这样对孩子说："你可能不想跟我聊这件事，而且我说的建议你也总是不听（笑）。——如果你想聊这件事，又不想跟我聊，那么你想跟谁聊？"

如何为孩子提供信息

在为孩子提供信息时，我们能说些什么呢？孩子的皮肤问题虽然像一片危险的雷区，但我们仍然有许多空间来为孩子提供支持和引导，而且不会引发争吵甚至冷战。

提供信息并非一定要深入探讨，也可以聊得很简单：以"需要注意的就是这些，有问题吗？"结束。

如果话题是皮肤护理和痘痘，你就可以这样对孩子说："到了青春期，皮肤会出更多油和汗。要想不长痘，你就得每天洗两次脸，尤其是在运动和化妆以后。你要是需要的话，我还可以告诉你更多事情。"

记住，虽然父母都经历过青春期，却未必能洞察孩子们在每一个瞬间的内心世界。实际上，我们对孩子的感受知之甚少。这时，询问和倾听往往效果更好："我发现你的皮肤最近看着好像有点问题，你有什么特别的感觉吗？""你要再买点护肤品吗？我发现我们已经有日子没买护肤品了。"（注意：那种充满好奇又全无指责的轻松语调，需要反复练习才能驾驭。）有时候，跟孩子聊聊你过去的经历也会有很好的效果，特别是其中有点黑色幽默的时候。

最后，当孩子敞开心扉，向你吐露痘痘带来的苦恼时，你一定要肯定他们的感受，这一点非常重要。例如，"我完全理解你的心情，确实很不好受。"这才是能够让孩子对其表露真实情感的人所说的话。另一种表达方式出自睿智的阿莉扎·普雷斯曼（Aliza Pressman）博士："你希望我只听你说，还是希望我帮你解决问题？"如果孩子想知道痤疮什么时候能消失，你就要诚实地告诉他你也不知道，并且没有灵丹妙药："我们去找医生吧，看看到底怎么回事。不过你要知道，就算医生可能也同样没法让痘痘很快消失。"

来自孩子们的心声
反馈篇

小 S，女，20 岁

我不记得我第一次长痘痘是在几岁，但我清楚地记得当时想要弄掉它的那一幕。那是一个很大的白头粉刺，长在我的鼻子上。我记得爸爸用热敷布按在我的脸上，想要把它挤出来，可痘痘却似乎变得更大了。爸爸告诉我，那个痘痘实在太大了，正处于情绪波动期的我忍不住哭了起来。而那漫长的战"痘"岁月也就此展开。

多年来，我的浴室洗脸池上面总是堆满了各式各样的抗痘产品，但我却不知道如何正确使用它们，先用什么，后用什么，如何搭配。或许正是因为使用不当，我的肤质每况愈下，最后妈妈带我去看了皮肤科医生，他给我开了一瓶低剂量的抗生素，只用了一个月皮肤就清爽了。痘痘终于少了，我很高兴，但是我知道，我不能长期依赖这种药。这次治疗仿佛为我的皮肤按下了重置键，我决定借此机会弄清楚哪些产品真正适合我，以及护肤的正确步骤。可是，我还是不知道应该怎么做，所以我就让妈妈再次带我去看那个皮肤科医生，最终学会了如何护理我的皮肤。

大约在我17岁的时候，我的痘痘终于开始消退了，医生开的新药效果显著。渐渐地，我的护肤程序也简化了许多，只需使用保湿霜、洁面乳，必要时就局部治疗一下。可是，就在我以为胜利在望时，新的问题又出现了——我的后背又长了痘痘。特别是在炎热的季节或锻炼后，后背的痘痘一长就是一大片。我平时练舞，经常得穿舞蹈服，后背的痘痘就成了我的心病。虽然那些痘痘只是长在后背，没有长在脸上，但是痘痘的卷土重来还是让我备受打击，于是我再次求助皮肤科医生。医生给我开了一种强效的沐浴露，让我在洗澡时用来清洗前胸和后背，但几周下来效果并不明显。事实上，直到秋天来临，我不再出那么多汗，我的皮肤状况才有所好转。

现在，20岁的我偶尔还是会长痘痘，而且每次来月经前，下巴上都会冒出一个那种很大的囊肿性痘痘。在炎热的夏天，我还是得跟后背的那些痘痘作斗争，但我已经知道，我唯一能做的就是不要对它们太过在意。

尽管我只是在脸上和后背长过痘痘，但我知道，很多朋友的痘痘还长在脖子、前胸和臀部。痘痘神出鬼没，难以捉摸。跟朋友们交流哪些护肤品效果不错，有时候也是有帮助的。

如果你的孩子正在跟痘痘作斗争，不管痘痘是多还是少，我的建议都是：即使你想帮孩子，你也要留意他们的感受。他们当然知道自己长了痘痘，而且很可能已经有点小情绪了。另外，我建议你带他们去看皮肤科医生！医生给我的帮助太大了，尤其是在我用了许多非处方药都不见效的时候。看了医生后，我才开始客观地看待自己的皮肤问题，明白痘痘可能不是短期就能治好的。最后，你也要提醒孩子，他们的皮肤状况不会永远如此。尽管跟痘痘打交道是一辈子的事，但是随着时间的推移和对适合自己的护肤品的不断了解，皮肤状况通常都会逐渐改善的。

第 8 章

孩子出汗越来越多了，该如何减少体味？

体味的奇妙之处在于，尽管每个人身上的气味略有差异，但它却被广泛接纳。体味让我们不禁好奇，除了散发异味之外，它究竟还有什么作用？这还是个谜。不过，科学还是能够帮助我们理解体味从哪里来，为何可以用作生长发育的标志，以及如何减少体味。当然，这取决于你的意愿，因为在有些族群中，身体自然散发的气味可能根本不是问题。

青春期知识加油站
科学篇

关于体味的科学既简单又有趣，一旦了解其中的原理，就会让你豁然开朗。

出汗是身体调节体温的一种重要方式。当身体感到热时，汗腺会向皮肤表面释放汗液，随着汗液中水分的蒸发，身体的热量被带走，体温便会下降。我们感觉越热，出汗就越多。不过，这里存在显著的个体差异：有些人的汗腺更为活跃，所以即使两个人的运动强度完全一样，出汗量也可能不同。汗液中各种成分（特别是尿素、氨、乳酸和氯化钠等代谢废物）的含量也因人而异。

人体不同部位的出汗量也有所不同。有些部位更容易出汗，比如腋窝、脚部和腹股沟，因为这些地方被衣物或鞋袜捂着，皮肤间的空气不流通，从而导致出汗增多。此外，这些部位的大汗腺（顶泌汗腺、顶浆腺）分布十分密集。与遍布身体大部分区域的小汗腺不同，大汗腺分泌的汗液富含脂肪酸、蛋白质以及氨和尿素等代谢废物。值得注意的是，汗液本身并无异味，这一点非常重要。然而，大汗腺分泌的蛋白质对皮肤上的细菌而言却是美味佳肴。当这些细菌"享用"这些蛋白质时（没错，它们确实以此为生），蛋白质会被分解成酸性物质，同时释放出某种特别的刺鼻气味，最终形成我们的体味！

所以，**生活在皮肤上的细菌，是体味的罪魁祸首**。人体的微生物群是由遍布全身（尤其是肠道里和皮肤表面）的细菌等微生物所组成的生态系统。有些微生物对我们的健康十分有益，有些则是无害的寄居者，还有一些是"不良分子"。好在它们的数量相对较少，且在多数情况下对皮肤没有直接影响，只有在侵入血液或器官时才会搞破坏。

在体味的形成过程中，肾上腺雄激素也扮演着重要角色。这类激素主要由肾脏上方的肾上腺分泌。虽然它们并不直接促进性成熟，但通常会在青春期来临的前后大量分泌，对皮肤状况产生明显影响，例如促使毛发生长和激活大汗腺。青春期到来前后，肾上腺雄激素水平的激增被称作**肾上腺功能初现**，是青少年长痘痘、产生体味等一系列生理变化的元凶。

大汗腺分泌的富含蛋白质的油性汗液，是皮肤细菌的美味佳肴。随着细菌不断分解这些物质并释放出相应的酸性废物，体味就会产生。对中学教师和晚上接孩子的父母来说，这种气味再熟悉不过了。

解决体味问题的方法，与这一问题的成因一样简单明了。**要去除体味，关键在于减少大汗腺的分泌量或抑制细菌分解汗液。**止汗剂能减少排汗（香体剂则主要负责去除异味）。使用肥皂洗澡或沐浴，也能有效减少皮肤上那些"贪吃"的细菌数量。细菌数量减少了，体味自然也就减轻了。这里的关键在于使用肥皂，因为去除这些微生物主要靠肥皂，而不是水。不过需要注意的是，洗澡和使用止汗剂等方法的效果只能维持一天左右（高温天或健身后还可能更短），之后汗腺会重新活跃起来，细菌也会再次繁殖。所以在许多族群中，每天洗澡和使用止汗剂已经成为生活习惯，尽管并非所有族群都如此。

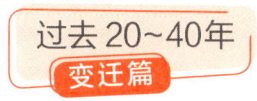

过去20~40年
变迁篇

与青春期本身相比，肾上腺功能初现（即肾上腺开始大量分泌肾上腺雄激素）并未明显提前。虽然雌激素和睾酮水平开始激增的年龄都变得更小了，但肾上腺雄激素却是个例外。或者说，即使有变化，也尚未引起广泛关注。通常，从四年级或五年级开始，老师们就会要求学生养成定期洗澡和使用止汗剂的习惯。

不过，出汗和体味如今可是热门话题。值得庆幸的是，这些讨论多半以开放的心态进行，旨在交流信息，而非指摘和嘲讽。谈起有可能影响所有人的事情，如今的青少年的表现比过去几代人好了很多。虽然这并不意味着嘲讽已经绝迹，可一旦话题涉及人人都可能遭遇的情形，孩子们通常就会选择抱团取暖，而非互相嘲弄。

此外，体味问题的解决方法也大有改进。在过去的几十年里，针对体味问题的个人护理产品得到了极大的改进。与我们儿时相比，如今商店里的肥皂货架庞大了许多，各种增香、增色、有机、天然、固体和液体肥皂应有尽有。同样，止汗剂的选择也是五花八门，有的主打性别定制，有的无色无味，有的标明不含任何有害化学物质，尽管其冗长的成分列表散发着浓浓的化工味。然而，在这繁多的选择面前，人们却往往难以找到既安全有效又不刺激皮肤的护理品，乃至相关的支持性行业应运而生，以帮助消费者做出选择。

值得一提的是，在解决体味问题时，不少人采取的是"以毒攻毒"的策略，例如用气味浓烈的香水来掩盖天然体味。这种做法在过去几十年里迅速流行了起来。大多数父母都有被附近孩子身上的浓烈香水味熏得喘不过气来的经历。如果这么用香水只是孩子们的喜好，那也无妨。但是父母有责任告诉孩子：由细菌分解汗液中的蛋白质所产生的体味，并不会因为喷洒大量香水而消失。因此，请鼓励他们先采取最基础的措施，用肥皂和水清洗身体。

如何与孩子对话
实操篇

青春期孩子的父母最常问我们的是："我该怎么告诉孩子他们身上有异味？"（另外两大高频问题是"我家孩子什么时候会来月经？"和"我该怎么让孩子把手从裤子里拿出来？"）这个问题问得最多，因为几乎所有人都会有体味。而且，体味可能会比青春期的其他生理表现早一步报到。如今的大多数父母已经认识到，用羞辱的方式来促使孩子搞个人卫生（比如"哎呀，你闻起来臭得要死！"）顶多只能暂时解决体味问题，这是权宜之计，绝非长久之策。然而，许多父母担心孩子会因为体味遭到同学的嘲笑，甚至欺凌。因此，他们希望能在孩子受到影响前解决这个问题。许多父母都记得小时候那些因体味而被嘲笑的孩子；那些曾经是受害者的父母，尤其想要把孩子的体味问题消灭在萌芽状态。

问题是：我们该如何跟孩子提起这件事，同时又不让孩子感到尴尬？直接对孩子说"你身上臭死了，快去喷点止汗剂"，可能并不是最佳选择——尽管对某些孩子可能奏效。一般来说，给孩子解释新出现的体味、皮脂和皮屑的成因，是鼓励孩子改变行为习惯（尤其是个人卫生习惯）的有效方法。

下面这些经过验证的做法，既有助于解决孩子的体味问题，又不会让孩子感到羞辱。

谈谈体味背后的科学原理

你可以尝试以轻松幽默的方式，直接向孩子讲解体味背后的科学原理。例如，"你长大了，皮肤开始出更多汗和油，皮肤上的细菌们有了吃不完的美餐。它们吃个没完，屁也放个没完，你就被熏臭了。要减少这种气味，你可以用肥皂洗洗那些出汗和有异味的地方（清水是不管用的），洗完再抹上止汗剂。"

如果你家孩子对科学很感兴趣，想要了解更多细节，你们就可以一起读读本章的科学篇。孩子们非常想知道我们建议他们这样做或那样做的原因。与其说"用肥皂洗洗身体"，不如说"用肥皂洗洗身体，因为肥皂分子能吸附污垢，接着再被水冲走"。这样更有说服力。要对孩子的理解能力有信心，这么做特别有助于提升亲子间的互相信任。同时，这么做也能为孩子提供一个合理的解释，为什么即使你不催，他们也应该做点什么或者照你说的做。

如果孩子坚决反对

有的孩子坚决反对洗澡、用肥皂洗手或使用止汗剂，无论你怎么劝说都无济于事。有些父母觉得自己已经使出浑身解数，但孩子的体味却仍旧越来越重。这时，他们心中的绝望就可能通过语言或行动表现出来。例如，"你真恶心，没人想跟你这么臭的人做朋友。"这么做不仅没有帮助，反而有副作用。尽管你不想让孩子遭受同龄人的白眼，但是有时候，来自同龄人的直接而坦率的建议，例如"嘿，你身上有点臭，用点止汗剂吧"，却要比父母的干预有效得多（见效也快得多！）。对于你的建议，有的孩子想进一步了解，有的孩子坚决反对，而大多数孩子介于两者之间。

平常心看待体味问题

改变是可怕的，对所有人来说都一样。小时候，孩子嘴巴里是牛奶香，腋下是青草香。可是进入青春期后，孩子嘴里却突然变成了腐臭味，腋下是浓烈的汗臭味。孩子可能会觉得这种情况难以理解，进而努力避免谈及这一话题，因为这一转变实在太大了！只有用平常心来看待这一切，我们才能更加有效地影响孩子。

对于出现体味的 9 岁孩子："你的身体正在发育，出现各种变化，这些都是正常现象。但是，这也意味着你的皮肤状况和体味会变得跟过去不一样。我的职责是帮你应对这些变化，保持健康，同时把自己照顾好。我是来帮你的。"

对于出现体味的 12 岁孩子："在青春期，你的身体会出很多汗和油，还会产生体味，这些都是正常的生理变化。我知道，我平时对你提出各种要求，加上现在这些新的变化，你可能担心自己应付不了。但是，照顾自己的身体是一辈子的事，而随着时间的推移，你会逐渐习惯并觉得越来越容易。我们可以一起学习如何更好地应对这些变化。"

对于出现体味的 15 岁孩子："我知道，你在青春期的大部分时间里都没有体味的困扰，但是现在情况变了——你开始有体味了。我们可以一起找找既能减少体味，又有护肤功效的护理品。你有没有跟朋友借用过你觉得效果还不错的产品？我们可以一起讨论看看哪些更适合你。"

和孩子一起挑选合适的止汗剂

为了让孩子吃蔬菜，大多数父母会提供一些选项，例如豌豆或者胡萝卜。对于青春期的孩子，我们也可以采用同样的策略。如果你想让孩子用止汗剂，那就应该给他们提供一些选项，而非只推荐一种护理品。你们可以一起去药店，沿着长长的止汗剂货架慢慢挑选；也可以一起坐在沙发上浏览网页，查看各种品牌，甚至可以一起尝试几种止汗剂。在这个过程中，你可以就止汗剂的名称和包装开开玩笑，也可以给孩子看看你自己尝试过的品牌，以及相应的效果。要让这件事变得轻松有趣。还有，别忘了在孩子很小的时候，你可能需要尝试十几次甚至更多次，才能让他们把某种新食物吃下去。同样的道理，挑选止汗剂也可能需要多次尝试，才能找到最适合孩子的那一款。

不仅要给孩子具体的指导，还要以身作则

我们这些父母已经清洁了自己的身体几十年，尝试过新的护理品，改变过习惯，也弄明白了哪些产品有用，哪些没用。在这个话题上，孩子们是不折不扣的新手，所以需要非常具体的指导。比如，"用肥皂清洗身体"，或者更详细一些，"用肥皂清洗腋下、阴茎、脚和臀部。"不要预设孩子知道任何事情。毕竟，他们可能还没有完全掌握这些基本的卫生习惯，比如大便后不洗手就直接抓零食吃。他们需要详细的手把手的指导，有的孩子甚至需要你把指导写下来，贴到浴室的墙上。此外，你还要让他们看到你每次使用厕所后都认真洗手。身教重于言教。

与购买护理品相比，后续的沟通也很重要

我们常常急于完成手头的各项任务，以致忘记与孩子进行后续的沟通。事实上，与购买所需的护理品相比，后续的沟通可能更为重要。如果止汗剂对孩子来说是新事物，那么他们就不会知道哪些是使用过后的正常反应，而哪些是不正常的。他们不知道使用某种护理品是否应该有刺痛感或湿润感，是否会弄脏衣服或引起皮疹。他们甚至可能不知道如何判断止汗剂是否有效！

大多数人（无论年龄大小）往往会觉得自己闻起来不错，甚至很香——你见过你家孩子开心地闻自己放的屁吗？通常，唯一的办法就是把鼻子凑到腋下闻一闻。可即使这样，他们可能也不会太在意。你可以这样展开后续的沟通："你喜欢新止汗剂的味道吗？皮肤感觉怎

样?有没有痒或者疼的感觉?你觉得它管用吗?"

最后要注意,并非所有的族群都有每天洗澡的习惯或条件,也不是所有人都用止汗剂。在讨论个人卫生问题时要考虑到这一点,因为孩子最终会进入更广阔的世界,遇到与自己生活方式不同的人。如果我们在孩子心中树立的观念是,护理身体的方式只有一种,那么他们就会难以接受或尊重其他人的习惯。

来自孩子们的心声
反馈篇

小C,女,20岁

初中时的一个周末,爸爸开车带我去办事。他一上车就对我说:"你身上好像有点味道。"我向他解释,头一天锻炼后没洗澡,而当天下午还要锻炼,所以觉得早上洗澡只为了坐车和办事有些不值。他耐心地听完,接着以一种理解和认可的态度回应了我,语气和表情都没有丝毫的指责。他只是告诉我我有体味,并且认可了我的解释。这让我对自己的决定感到很安心,而不是觉得自己做了什么不卫生或不恰当的事。很多时候,有体味并不意味着个人卫生习惯差,但可能会被误解成那样。

高中时,我有一件漂亮的上面点缀着许多小花的紧身蓝色T恤,稍一出汗就会显现出来。尽管如此,有一天晚上,我还是决定穿上它出去玩,因为我喜欢它的款式。然而,在乘车去朋友家的路上,我突然发现腋下有汗渍,顿时后悔出门时选了这件衣服,可一切都晚了。我慌忙从车里找了些餐巾纸塞进衣服,试图吸收汗水以去除异味,可效果并不理想。我担心聚会上的其他人会注意到这股气味，进而认为我不爱干净。然而，当我到达聚会现场时，我发现似乎并没有人在意或察觉到这一点。我过去非常在意他人对我的看法，但我逐渐明白，出汗和体味都是正常的生理现象，并不一定代表不卫生。因此，虽然这些不可避免的汗渍和体味时常让我感到不适，但我还是尽力去接受它们。

在面对孩子的体味问题时，父母该如何施以援手呢？首先，许多父母都希望给孩子提供最好的生活条件，但这么做并不一定能解决体味问题。我们明白父母的心意，但是有时候，唯有更强效的止汗剂方能成为解决之道。希望父母能够理解这一点。另外，父母可以本着积极的或一笑了之的心态，委婉地告诉孩子身上有体味，同时奉上解决体味问题的建议和方法。如果孩子对体味并不在意，那么此时最重要的就是要尊重他们的意愿。如果孩子虽然经常洗澡但是特别爱出汗，那么不管孩子决定怎么做，父母都要鼓励孩子相信自己的选择。即便孩子表现得有些叛逆，不听你的话，你的一言一行也还是会影响孩子。你的话，其实孩子都听到了，即使看似没听到！

第 9 章

孩子在长高的同时，也开始担心体重和体形问题

青春期并没有多少值得热切期盼的东西。尽管偶尔也会有意外惊喜，但大体上，处于这一人生阶段的孩子深陷于无所不在的尴尬与不适之中。情绪多变，这种日子很难让他们产生什么期待。不过，有一件事绝对是例外，那就是长高。

青春期知识加油站
科学篇

青春期孩子的身体生长有多种表现，我们将在这一章里一一剖析。第一是身高发育（即著名的"生长高峰"），第二是体重增加，第三是曲线发育。孩子们普遍期待自己长高，不少孩子也希望体重增加，以便拥有发达的肌肉或丰满的胸部和臀部。不过，如果体重增加变成肥

胖，或者身高增高速度不及同龄人，这些就会成为他们的忧心之事。我们也会讨论这些问题。

先谈身高发育，因为这也是大多数孩子和父母最先问及的话题。"他能长多高？"这个问题已经把医生的耳朵磨出了老茧。有人甚至在孩子刚刚六个月大做体检时就提出这个问题。我们不是在开玩笑。

这一现象的背后有两个原因，一是社会对身高的重视，二是身高易于衡量。碰巧，孩子成年后的身高实际上是可以预测的，因此许多父母在孩子年幼时便向我们咨询这个问题。尽管没有哪个医生能准确预测孩子 15 年或 20 年后能长多高，但以下两种预测方法仍旧是比较可靠的。

1. 根据父母的身高计算： 以下数学公式基于遗传学原理来预测孩子的最终身高，误差在正负 5 厘米左右。

- 男孩：[（母亲身高 +12.7 厘米）+ 父亲身高]/2
- 女孩：[（父亲身高 −12.7 厘米）+ 母亲身高]/2

尽管这个公式对大多数人而言相当准确，但它并未考虑那些随机出现的身高异常的亲属——例如，你的家族里可能有个 1.5 米高的曾祖父或 1.8 米高的姑姑，在全家福里非常显眼。他们的基因可能会隔代（返祖）遗传，导致孩子的身高远低于或远高于预期。

2. 根据孩子两岁时的身高计算： 另一个预测最终身高的方法，是将孩子两岁时的身高乘以 2。但要注意几点。首先，如果你没能像医生那样准确测量两岁孩子的身高，预测结果便可能失真。两岁的孩子活泼好动，只有精确测量，才能得到可靠的预测数据。其次，目前，这种预测方法缺乏研究支持。不过尽管如此，许多医疗机构仍然在它们的网站上推荐这种做法。儿科医生在工作中也常采用。他们会引用一些非正式的数据，并且补充说误差范围在 10 厘米左右（这意味着孩子的最终身高可能与预测结果相差 10 厘米，这是上面那条根据父母身高预测孩子身高的预测公式误差范围的两倍）。他们还补充，对女孩而言，如果用 18 个月时的身高乘以 2，结果可能会更准确，不过这样得出的成人身高会比 6 个月后测得的结果矮很多。

必须说明，这两种方法都假设孩子不会遇到任何阻碍身高发育的不利因素。然而在现实当中，此类因素却比比皆是。营养不良或长期偏食，会影响孩子的最终身高。各种严重的急性或慢性病也是如此，前者如需要借助放疗、化疗手段治疗的癌症，后者如导致身体供氧不足的心脏病或肺病。睡眠对身高的影响也不可小觑，我们将在第 13 章里详细讨论这一点。此外，骨骼问题（如腿部严重弯曲或脊柱侧弯）以及维生素、矿物质或激素缺乏（尤其是维生素 D、锌和甲状腺激素），也都会影响孩子的最终身高。然而，以上两种还不错的预测方法却忽略了这些错综复杂的潜在因素，未能将它们纳入考量之中。

除了预测孩子的最终身高，父母也想知道孩子的生长高峰。在出生后的第一年，孩子们可能会长高 25 厘米甚至更多。此后，生长速度逐渐放缓，幼儿期每年长高约 10 厘米，再进一步降至每年长高约 5 厘米，这一速度将持续 8～12 年，直到孩子进入生长高峰。青春期的许多发育特征与幼儿期相似，长高也不例外。在著名的生长高峰，长高的速度恢复至学龄前水平。通常情况下，女孩每年长高约 6～10 厘米，持续 2～3 年；男孩每年长高约 7～10 厘米，持续 2～4 年。这一阶段过后，长高的速度会大幅减缓，但不会完全停止。在接下来的几年里，大多数孩子至少还能再长高 2～5 厘米。

生长高峰对成人身高的贡献约为 20%，这就是较早进入这一阶段的孩子比其他孩子高大许多的原因。然而，这一阶段的开始时间却难以预测。对大多数孩子来说，这一开始加速长高的时间位于初中入学和高中毕业之间。这样说是不是太过笼统？但事实就是如此。另外，女孩通常会比男孩更早进入生长高峰，所以在六年级孩子的班级合影里，你会看到少数男生和大多数女生明显比其他孩子高出一截。这种性别差异主要源自生长激素的作用，同时也受雌激素、睾酮和其他雄激素（如雄烯二酮）影响，因为它们都能促进生长激素的分泌。

总的来看，我们就能理解，为何成年男性的身高往往超过成年女性。虽然男性较晚进入生长高峰阶段，但在耐心等待它到来的一年或几年里，他们仍然在缓慢却稳定地长高，从而使生长高峰的起点变得更高。而且，男性的生长高峰持续更久。于是，成年男性的身高普遍超过成年女性。

再谈谈孩子长身体的顺序，因为那些身材瘦高的青少年往往呈现出独特的体形。特别是那些活泼好动的初中生，他们的手和脚大得跟躯干不相协调。这是因为身体的生长遵循由远及近的规律：远端的手和脚先长，接着是胳膊和腿，最后是躯干。

请记住，尽管如今许多孩子的青春期来得比以往更早，但仍然存在个体差异，一些孩子发育较早（早发育者），而另一些则相对较晚（晚发育者）。生长高峰与青春期密切相关，对某些孩子来说，生长加速可能是青春期最明显的表现。因此，发育较早的孩子往往生长高峰也来得早，反之亦然。以下是关于早发育和晚发育的孩子在身高方面可能会面临一些特殊的情形：

早发育的女孩：她们会先于大多数同龄人进入生长高峰，一开始会比朋友们高出一大截。但是，由于雌激素水平的激增促使长骨两端的生长板逐渐闭合，生长速度会大幅减缓。月经规律（即每 3～5 周一次）两年后，女孩通常停止长高。与此同时，比她们发育晚的女孩则缓慢却稳定地长高，等到她们度过生长高峰，并且月经也开始变得规律时，不少正常发育的女孩和几乎所有晚发育的女孩的身高会反超早发育的女孩。当然，遗传因素和健康状况也会影响最终身高，但总体趋势依旧明显：雌激素水平激增时间更晚——生长板闭合更晚——成年后身高更高。

早发育的男孩：他们的成长轨迹可能与早发育女孩相似，即生长高峰来得比别人早，停止生长往往也更早。不过，早发育的男孩在生长高峰结束后，往往还能继续长高好几年，因为他们的生长板尚未完全闭合，这是男孩较低的雌激素水平和较高的雄激素水平共同作用的结果。因此，在成年之后，最早来月经的女孩往往比别的女孩矮，而最早能跳起来摸到天花板的男孩则可能长得跟别的男孩一样高。

晚发育的女孩：她们的最终身高往往会超过其他同龄人，这是因为在性激素水平激增前，她们一直在缓慢却稳定地长高。在开始加速长个子前，她们的身高已经超过早发育的女孩，部分个体甚至能超出 10 厘米左右。这时，她们当中的一些女孩会突然被选拔去打篮球。但这一切都建立在她们具备长高的遗传潜力的基础上。如果父母的身高均只有 1.5 米，那么即使女孩发育再晚，最终也很可能长不高。此外，她们发育晚的原因如果是营养不良或存在健康问题，一样会影响最终的成年身高。

晚发育的男孩：情况比较复杂，你很可能会认为他们最终会是长得最高的群体。然而数据显示，许多晚发育的男孩在青春期前身高发育缓慢，导致在其他同龄人迅速长高时，他们的身高却近乎"原地踏步"。这或许会让他们的晚发育状态雪上加霜，因为他们原本就缺乏同龄人所具有的成熟特征，例如肌肉增大、嗓音变低沉和肩膀加宽。实际上，等到进入生长高峰，有的晚发育男孩在身高上已经大大落后，以至于即使他们在接下来的三四年里每年都长高七八厘米甚至十厘米，他们的最终身高也仍旧不及平均水平。

身高问题已经解释完毕，现在我们来谈谈体重。首先，孩子们在成长过程中，体重增加是自然的，也是健康的，更不用说在青少年时期。尽管如此，对许多孩子来说，体重增长仍然是个难题，尤其是当它先于身高增加出现时。我们稍后会详细讨论这一点。

通常，人的身高每增加 1 英寸（约 2.5 厘米），体重就会相应增加大约 5 磅（约 2.3 千克）。当然，增加的体重有一个健康的范围。医学上认为，身高每增加 1 英寸，体重增加 4～7 磅（约 1.8～3.2 千克）为健康。不过，如果孩子体重明显过低，他或许就需要在成长过程中多长些体重；反之，如果孩子的体重已经超标，那么体重可能就不会（或不应）再增长太多，甚至在一段时间内完全不增长。针对每个人的具体做法，要由家人和家庭医生共同决定。

下面，我们来谈谈生长发育的顺序：有些孩子会先长高再增重，而有些孩子则恰好相反。先长高的孩子通常体形较瘦，但有些孩子会瘦到因此而自卑的程度。在 20 世纪 80 年代，瘦是一种时尚，但即便在那时，骨瘦如柴的身材也可能会让一些孩子感到尴尬，进而驱使他们去衣橱翻找更大、更宽松的衣服来遮掩。另一方面，先增重的孩子却在青春期里不断长胖，眼看着自己的身体一天天丰满起来。许多这样的孩子会注意到自己的体重变化，当我们非常委婉地询问他们的感受时，许多孩子表示并不喜欢身体变成这样——尽管现代审美观念在一定程度上已经接受了丰满的身材。

不论生长发育的顺序如何，进入生长高峰后，孩子们的体形变化各不相同。一些先长体重的孩子会在长高的同时变瘦，而另一些孩子则会在长高的同时保持原有体形。那些先长高的孩子进入生长高峰后，有的会变得丰满起来，有的则会继续保持修长的身材。孩子的体形变化难以预测，尤其是刚刚踏过青春期的门槛不久，生长高峰远未结束甚至尚未开始的时候。为了更好地了解孩子的情况，我们可以关注一些指标，来判断孩子的发育是否正常。

- 如果孩子每长高一英寸（约2.5厘米）增重4～7磅（约1.8～3.2千克），那么即便体形有所改变，那也在正常范围内。
- 如果孩子增重超过7磅，但起初体重不足（根据医生的评估），这时体形变化会比较明显，并且通常是很好的现象。
- 如果孩子的饮食习惯没有改变，并且营养均衡、分量适宜，可孩子却在几个月里明显增重，这可能意味着身体在为即将到来的生长高峰储备能量。具体情况还需时间来验证（也可以参考身高与体重增长表）。

在这个过程中，你可能会想要就一些问题咨询医生。孩子的体重问题常常让父母感到心头沉重，因为这关乎孩子的健康与自尊。此外，不少父母也难以区分自己的感受与孩子的感受。这种心情固然可以理解，但若因此导致亲子关系出现裂痕，那就得不偿失了。众所周知，父母与孩子在体重和吃饭问题上发生矛盾是司空见惯的事。然而，对此问题视而不见也并非明智之举，因为习惯一旦根深蒂固，改变起来会更加困难。因此，请留意孩子的状况。若出现以下警示信号，请咨询营养师或医生。

吃的东西变了：总吃一些营养价值低的食物（一些人称之为"垃圾食品"）。

经常吃零食：尤其在心情不好或无聊时。

存在偷吃现象：如在抽屉、背包或卧室垃圾桶里发现食品包装袋，或者发现食品储藏室、冰箱或冷冻柜中的食物忽然减少。

每天吃进肚子的东西多了很多：例如饭量大增或吃零食太多。（注意：成长中的孩子通常食欲旺盛，要注意到这一信号并不容易。）

体重持续增长：比身高持续增加的时间长一年以上。

这些生理与行为上的改变表明，孩子体重增长背后，还有除生长高峰之外的原因。这同时也意味着，如果孩子和父母都能多学习一些营养学知识，那将会大有裨益。

在青春期，有的孩子体重会降低，或者保持稳定（考虑到身高增加，实际上还是变瘦了）。我们将在第14章详细讨论这个话题，但这里也有必要提及。如同体重增加一样，孩子体重减轻也不一定需要担心。但如果你发现以下现象，那就要及时咨询医生：

开始偏食：也许接受了新的饮食理念（如素食或纯素食），也许完全不吃某类食物（例如碳水化合物）。

喝太多水：有时是为了在进餐前增加饱腹感。

要求停止购买好吃的零食：嫌家中食物热量高。

食物摄入量下降：盛饭变少或剩饭，把带到学校的饭原封不动拿回家。

衣服变得宽松：可能是由于体重明显减轻，也可能是为了遮掩体重减轻而故意选择更大的衣服。

精神状态明显不佳：情绪低落或剧烈波动。

除非有特殊情况，孩子的体重是不应该减轻的。对超重的青少年来说，减缓或停止增重确实有益。但对于正处于生长高峰的孩子来说，刻意减肥并不可取。

这件事还可能引发更大的麻烦，因为孩子的体重变化常常是亲子冲突的重要原因，而孩子们通常也不喜欢这种变化。如果父母掺和进来指指点点，孩子可能会感到羞耻、自惭形秽，甚至觉得自己遭到了否定。稍后，我们将详细讨论到底该如何跟孩子聊这个话题，这里略为提及，是因为这部分内容也属于科学知识。孩子体重增加的原因是什么？青春期孩子的体重应该增加多少才合适？如果体重增加过多或过少，他们会如何看待自己的身体？这些问题都对孩子的身心健康有着深远的影响。

我们没有专门提及性别与体重增加之间的关系，因为男孩和女孩都有可能（并且确实）会增重。不过，增加的体重长到了哪里，确实存在性别差异。男孩更多长肌肉，女孩则更多长脂肪。所以女性的平均体脂率通常高于男性。从进化的角度看，这一性别差异有其合理性。女性需要储备脂肪，以便为怀孕过程提供必要的能量。女性通常会发育出更宽的臀部和骨盆，以便将来能够顺利分娩。同样，她们的乳房（主要由脂肪组织构成）也会发育，以便为未来的孩子提供养分。与此同时，在古代的狩猎采集社会，男性拥有更多肌肉才能更好地捕猎并逃脱猛兽的追捕。如今，女性仍旧需要这样的能量储备来支持怀孕过程，但男性却很少会面临像野牛那样的威胁了。

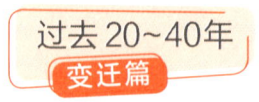

过去20~40年
变迁篇

在全球的各个工业化国家，人均体重相较于前一两代人有显著上升。这一现象不仅出现在成年人身上，青少年、儿童乃至幼儿也未能幸免。与此同时，人均身高却并未发生显著变化。

医学界将这一现象称为"肥胖流行病"。所谓肥胖，是指一个人的**体质指数**（BMI）超出特定范围。然而，体质指数这一指标却颇受争议，即并非所有人都认同把它当作衡量健康状况的基准。更加令人困惑的是，体质指数量表上的数值对不同年龄段的人有不同的含义，代表不同的健康状况。例如幼儿的体质指数标准高于成人。多家支持"身体正能量运动"[1]的组织也反对这一概念，因为研究显示，给人贴上"肥胖"标签可能造成严重的心理和情感伤害，其伤害程度不亚于超重

---

1 身体正能量运动（body positive movement），也称为身体积极运动、积极身体观运动，旨在通过改变人们对身体的看法来实现对自我和多样性的接纳。——译者注

对身体的影响。与此同时，为了提升民众的身体健康水平，美国儿科学会等医学机构发布了一系列解决超重问题的建议，却因其面向幼儿的解决方案过于极端而备受批评。

在过去的数十年间，除了体重秤上的数字，肥胖问题在观念和认知层面也发生了显著的变化。各方观点分歧严重，共识的达成似乎遥不可及。

以下最新数据显示，儿童和青少年的肥胖率已经从 20 世纪 70 年代的 4% 飙升到了现今的 20%。这意味着每 5 个孩子中就有 1 个处于肥胖状态，这是一个令人震惊的数字。然而，美国成年人的肥胖率更是高达 42%，高出儿童两倍有余。另外，还有 31% 的美国成年人处于超重状态（即体质指数高于正常但未达到肥胖标准）。综合来看，近 75% 的美国成年人体重超出了医学专家所推荐的理想范围。全球范围内，这一比例为 39%。由此可见，父母对孩子体重增加的担忧并非毫无根据……而且这种担忧同样适用于父母自身。

无论什么年龄，一旦体重超标，体内的激素平衡就会受到影响。我们在第 3 章和第 6 章讨论过这一点，不过这里仍旧需要强调：由于外周脂肪转化作用，脂肪过多会导致性激素水平升高。如果孩子尚未进入青春期，那么性激素水平的升高就会直接刺激乳腺组织生长，同时激活下丘脑释放促性腺激素释放激素，进而加速青春期的到来。相关研究数据并不统一。一些研究指出，较高的雄激素水平或许才是推动孩子进入青春期的神秘力量，而非（或者不只是）雌激素。但是不管怎样，我们都已经知道：超重会影响青春期的启动时间，不论男女。

在超重问题上，我们也看到了一个令人忧虑的现象——许多害怕超重的儿童（包括成人）正在努力控制体重。我们专门用了一整章

（第14章）来讨论形体焦虑[1]与饮食障碍，因为这是一项与青春期有关的重要议题。必须指出，在过去的几十年，美国那种注重形象和外表的文化氛围极大地加剧了这一问题。社交媒体不仅设定了理想的体形标准，还提供达标攻略，形成了暗礁遍布的信息激流，例如鼓吹厌食症相关行为的危险言论。有些追随网络潮流的人可能一开始被人视为健康或励志的典范，然而直到某一天，人们才发现他们其实患有疾病。

整形手术的普及同样令人担忧，尤其是各种塑形手段。如今，整容手术在全球范围内已成为常态。那些能够显著提升外表和自信的注射美容、局部提升和全面手术得到了许多人的肯定。然而，当巴西臀部提升术成为一种新的审美标准时，这种对美的追求却遭到了巨大的质疑。这种体形很难用语言描述，如果你未曾见过，不妨去了解一下。遍布全身的植入物让夸张的曲线变得触手可及，然而却让人失去了自然的美感。卡戴珊家族以一己之力推动了这一潮流。不过值得称道的是，在我们撰写这本书的过程中，她们已经开始公开移除自己身上的许多植入物。或许正是随着她们自己的孩子逐渐步入青春期，她们才开始意识到这种依赖整形手术的身体美学标准对年轻一代的不良影响。

男性的理想身形尽管早已存在，如今却更受公众瞩目。人们已经在相当程度上认识到，男孩所承受的压力与女孩相比并无二致——六块腹肌对男性的压力并不亚于纤细腰身对女性的束缚。然而，我们的社会却没有采取足够的措施来减轻男孩所面临的压力，导致他们也把

---

[1] 形体焦虑（body image），人对自己身体和外表的感知、想法、感受和态度。——译者注

整形手术视为一种解决办法。此外，他们还采用其他方式来增加肌肉量，例如食用蛋白粉、草药补剂以及其他声称有增肌功能却没有足够数据支持的膳食补充剂。这些产品的市场在过去的数十年里迅速扩张，营销也显著增强，因为人们对肌肉体积的追求已经成了一种时尚。

如何与孩子对话
实操篇

对青少年而言，青春期是在与他人的比较中度过的。在不断成长的过程中，他们也会细致入微地观察身边其他人的变化，时刻衡量自己在自己所认定的"正常"范围内处于什么位置。这一日常行为，对孩子和父母来说都相当耗费精力。

尽管我们不断提醒孩子们，没有唯一的"正常"，只有多种可能性，但大多数孩子并不买账，仍旧执着于比较。在青春期，孩子们的身高、体形、体重和体格千差万别，使得"正常"二字几乎失去意义（理应如此），我们却要求他们接受自己的身体（这是一个很高的要求）。考虑到这一点，他们如此热衷于比较是可以理解的。

走进一间中学教室，你会发现最高的孩子可能比最矮的孩子高出18英寸（约46厘米），或者最重的孩子可能比最轻的孩子重40磅（约18千克）；有的女孩已经发育出丰满的胸部，穿着成人尺寸的文胸，而邻桌女孩却尚未发育；有的男孩肌肉发达，肱二头肌线条分明，跟他打闹的男孩却身材单薄。在这种情况下，班里的所有孩子都可能产生疑问："为什么我这么高？""为什么我这么矮？""为什么只有我有胸部？""为什么我这么瘦？""为什么我比所有人都胖？"

因此，在与青春期孩子谈论他们的发育状况时，了解他们内心的想法会非常有帮助。没有哪个孩子会想："我的身体恰到好处，正好是我想要的样子，完全符合我的心意。"这就是为什么，就算我们这些做父母的认为某个孩子发育得恰如其分，那个孩子也极有可能并不这么认为。他可能会觉得自己与同龄人格格不入，或者在某些方面不够完美。

面对这种情况，最有效的做法是让孩子明白，成长没有固定的模板。我们应该把"正常"二字丢进垃圾桶，转而用一种更为包容、宽泛且贴合现实的方式来描述这一过程。我们正在寻找替代"正常"的新词汇，但在此之前，你可以先用以下方式向孩子解释，"正常"二字的定义实际上非常宽广。

肯定而非忽视孩子的感受

在安抚孩子时，我们很容易忽视他们的担忧。面对他们对身高、体重和体形的担忧，关键在于让他们感受到我们的关心和理解，同时要平心静气地讲话。如果孩子带着激动的情绪闯进来，大喊"我永远也长不高……""我的臀部太大了……""我的肩膀太窄了……"，尽量做到不以同样激烈的情绪回应孩子。相反，你应该倾听、点头，并用感叹词肯定孩子的感受。虽然这样做并不容易，也未必能减轻孩子对自身状况的不满，但孩子至少能够知道，当他们需要倾诉时，你可以成为他们的避风港。

不要对孩子的身体评头论足

如果你看着孩子心想，"他将来会很矮……""她肚子有赘肉……""他胳膊太瘦了……"那么你就要闭紧嘴巴，直到你下定决心不对孩子的身体评头论足。这很难做到！如果你确实担心孩子的发育状况，那么要忍住不发表议论就会非常难。但无论如何，你都要抵抗这种冲动。因为无论你多么无意，孩子都会听到并铭记在心。

同样，不要在孩子面前抱怨自己的体形。这样做会营造出一种重视身体的外表而忽视健康或感受的家庭氛围。如果孩子总是听到你批评自己的身体，那么他们会很难相信"身体的一切变化都是正常的，每个人都是独特的"这种话。最好的做法是遵循"不聊身体"原则，即不谈论人的外表，例如身高和体重，找其他话题来聊（更多相关内容详见第14章）。

如果孩子发育早

总有人迈出第一步。在青春期的世界里，早发育的孩子就像是先行的探索者。有的孩子会比同龄人高出许多，有的则会在其他人还是儿童模样时就开始发育。率先成长意味着要独自面对这些变化，这是一项巨大的挑战。以下是一些建议：

把孩子当孩子看：即便孩子的身体出现了明显的成熟迹象，比如长高、增重、胸部和臀部发育或体毛增多，我们还是应该按照孩子的实际年龄来对待他们。我们还是可以去拥抱孩子，陪他们玩那些充满童趣的游戏——毕竟，他们距离成年还有很长的路要走，即便他们看上去成熟了很多。

提供情感支持：当孩子需要倾诉因为早发育而产生的负面感受，比如遭受不符合其实际年龄的对待时，我们要成为孩子获取理解和支持的港湾。

维护孩子的权益： 对于那些对孩子的身体发表不当言论的人，我们要明确表示反对，并在必要时反复强调这一点。

及时寻求专业帮助： 如果你对孩子发育过早感到担忧，不妨咨询专业医生。所谓的"早发育"指的是发育进程明显偏离正常时段，这种情况需要接受专业的医学评估。任何时候，只要感到担心，你都可以向专业人士寻求帮助，至少不必再继续担心下去。

如果孩子发育晚

排在成长"队伍"尾巴的滋味也不太好受。那些青春期姗姗来迟的晚发育孩子，只能眼睁睁看着别的孩子一天天长大，而自己只能耐心等待。有人感慨，这些孩子的处境最为艰难，仿佛是被火车遗忘在月台上的乘客。

咨询医生： 担心孩子的身体尚未开始发育时，不要只是机械地安慰孩子说"一切正常"，而要先问问医生。这样做不仅能让孩子感受到你的关怀和理解，同时也能让你安心，确保一切正常。

拓展兴趣： 在等待青春期到来的同时，孩子很可能会结交新朋友，并且在运动能力上落在别的孩子后面。这时，你可以借机引导孩子拓展兴趣爱好，选择无需相应身体条件就能参与的活动。例如绘画、烹饪、即兴表演和武术。只要肯探索，总会有惊喜。

保持一致： 当孩子身边的朋友们因为长高或乳房发育而改变穿衣风格时，你也可以帮助你的孩子以适合他们的方式调整穿衣风格。这样做既尊重了孩子身体尚未开始发育的事实，又能让他们在社交和心理层面与同龄人保持一致。

直接询问，避免误判：与其猜测其他孩子的年龄，不如直接询问。由于青春期普遍提前，以及仍旧有一些孩子发育得非常晚，所以即使两个孩子年龄一样大，看上去也可能相差十岁。要是这时去猜测他们的年龄，那么你就至少会让其中一个孩子感到不舒服，所以还是直接询问为好。

每个孩子都有自己的成长节奏

每个孩子都有自己独特的成长节奏，即便是遗传基因相似的兄弟姐妹，也概莫能外。这种情况往往会导致兄弟姐妹之间频繁地互相比较，尤其是在青春期。有的孩子长得像小胖墩，有的则像豆芽菜，还有的弟弟妹妹比哥哥姐姐还高。亲朋好友登门，免不了一番评头论足："哇，你都长这么高了！""天啊，你长这么胖了！试试减肥吧！""你得多长点肉啊！""等等，你俩谁是哥哥来着？"

为孩子们发声：这时，我们应该及时介入，打断那些可能会对孩子产生长远负面影响的无心之言。我们这些做父母的要为孩子们发声。

推动理解与共情：发现家里气氛有异样时，不要回避。鼓励所有孩子谈谈对自己发育状况的感受，增进共情和理解。你们可以通过幽默和笑声来化解紧张，但难免也会有人哭起来（或所有人一起哭）。这样的讨论不仅能帮助孩子们表达自己的感受，还能培养他们的共情力，并让他们明白，别人的处境并非总是比自己好。这是一个宝贵的学习机会。

鼓励孩子多关注自己身体的感受

我们的社会热衷节食和健身，同时又饱受肥胖之苦，于是体重就成了一个敏感而复杂的话题。不少孩子在进入青春期前会经历生理性体重增加，有人把这种现象称为"青春期前发胖"。我们并不青睐这种说法，也不赞成所谓的青春期孩子"先长胖再长高"的说法，因为并非所有孩子都如此。我们可以这样做：

抛弃那些老掉牙的说法：因为它们不一定准确，也无法真正安慰孩子。此外，这些陈词滥调往往显得非常冷漠，缺乏共情。

与孩子坦诚沟通：尽管孩子听了可能会失望，但也要直截了当地告诉孩子，所有人的生长发育都有独特的节奏和时间表，准备好了就会启动，到时候了就会停止。"就像所有人都有独特的性格一样，我们的体形也是各不相同的。"

青春期发育不可预测：记住，谁都无法预测，青春期过后孩子最终会长成什么样子。尽管我们可能对孩子的身高或体形有一定的预期，但身体的发育往往比我们所想象的要难预测得多。

关注孩子的饮食与运动：均衡、适量的饮食和规律的运动，都有助于维持健康的体重。然而，这些因素也可能成为压力和困扰的来源。因此，我们需要密切关注孩子的饮食和运动习惯，发现问题及时求助。我们将在第 14 章更详细地讨论这个问题。

成长不止于青春期：我们都知道，体重在一生中会不断波动。青春期结束并不是发育的终点，而只是成长过程中的一个里程碑。

对我们和孩子而言，他们长高、增重和体形改变的过程，既令人兴奋不已又让人有些不适。我们都经历过类似的成长过程，因此常常情不自禁地把自己或美好、或痛苦、或尴尬的成长经历套到他们身上。我们的关注点应该从"你多高了？""你多重？"这类问题，转向"你这周身体感觉怎么样？""你注意到有什么变化吗？"这样的问题，这样做能鼓励孩子关注自己身体的感受，在成长过程中更好地照顾自己。最重要的是，我们要把谈话的关注点从身高、体重等可以量化的指标，转向对身体的感受和对情绪的感知等更加深入的方面，以便更好地促进孩子成长。

来自孩子们的心声
反馈篇

小F，男，17岁

我现在的身高、体重和体形都很普通，但12岁的时候，我却比同龄人高出许多，体形也更大。这倒不是什么坏事，但我却不能说我很享受这一点。能在更高的篮球架上抢篮板、盖帽、扣篮确实很酷，但很少有人会想到，过早进入青春期会带来多么大的尴尬。

长腿毛、声音变沙哑、比同龄人高出一大截……过早进入青春期确实给我造成了一些痛苦。但是最痛苦的还是因为长得太快而导致的协调性差。我的体育成绩一直都不错，但突然长高后，篮球和足球水平反而下降了。我踢球的力量总是偏大，投篮也总是打在篮板上。

我还经常发现，我和同龄人受到的待遇非常不一样。我看起来比实际年龄大很多，所以也被当作大孩子来对待。这对我影响不大，但是对那些被当作小孩子对待的同龄人来说，影响就比较大了。外表的成熟并没有带来行为上的成熟，却让我觉得我必须表现出这种成熟。

早早进入青春期并没有让我的生活发生太大改变，可当时对我影响却很大。如果有人能早点告诉我，所有人都会慢慢地进入青春期，甚至发育早于其他人也是一种优势，那么我会很高兴，还会感到宽慰。我想说，虽然这段经历不容易，但我比别人更早地走过了这段路。对晚发育的人来说，青春期同样痛苦，不过重要的是要明白，所有人最终都会进入青春期。

小 E，女，21 岁

小时候，我一直比同龄人矮小。有人告诉我，儿童服装的尺码是按年龄划分的，可为什么我 12 岁了，却还穿着六七岁儿童尺码的衣服呢？高中时，为什么我的朋友们都穿成人女装，而我却还得去买童装呢？有人告诉我，我个子矮是因为基因的原因，还建议我多吃点东西，以免体重变得太低。医生也告诉我，我发育得比较晚。一直以来，我听到的都是关于这个年龄的"正常"标准，虽然我没有达到这些标准，但大家也都安慰我说不用担心，以后会赶上的。

后来，在高中后期，医生说我的生长速度加快了，体重也增加了很多。医生和护士不停地谈论我的体重怎么增加了这么多，还有我的身体出现的各种变化。这些突如其来的变化让我感到十分尴尬，甚至无端怀疑是不是自己做错了什么。我一直被视为小个子、晚发育的人——有那么多人关注我的身体，我担心身体出现的变化还会引来更多的关注。因为我经历这些变化比同龄人晚，所以就觉得自己像是站在聚光灯下，必须独自面对这一切。

　　真想告诉年轻时的自己，这其实并没有什么好羞耻的。青春期可能会让人感到尴尬，身体的各种变化也让人不舒服，但所有人都会经历它，只是时间和节奏不同而已。孩子们只需要知道，他们最终会度过这个阶段，而且这些变化都是正常的！

第三篇

青春期孩子的大脑与心理变化，以及亲子对话指南

第 10 章

大脑远没有外表成熟，该如何让青少年保持理智？

如果你理解青春期孩子脖子以上和以下部位（即大脑与生殖器区域）变化的综合影响，你就会明白为什么他们拥有近乎成人的躯体，行为却依旧显得稚嫩。而且，随着青春期的日益提前，这种外表与行为之间的不协调可能只会变得越来越明显。

青春期知识加油站
科学篇

在青春期的大幕拉开之前，大脑的发育早已悄然启动，并且这一过程持续的时间非常长。驱动大脑发育的生物学机制与促使孩子进入青春期的生物学机制是完全不同的。尽管大脑中包含一些与性激素循环相关的腺体（如下丘脑和垂体），但大脑的成熟并不直接影响身体的性成熟过程。然而，从另一个角度来看，青春期对大脑及其发育却有着深远的影响。像睾酮和雌激素这样的青春期激素，会通过血液循环作用于大脑的神经元，改变它们之间的信号传输方式，从而影响青少年的行为和情感。值得注意的是，<mark>当青春期来临时，大脑的成熟之旅甚至尚未过半。因此，这时的孩子还无法像成年人那样做出可靠而理性的决策。</mark>然而，这个勉强处于半成品阶段的大脑，却在深刻地影响着孩子在青春期的社交和情感体验的方方面面。需要指出的是，这种影响并不总是正面的。

让我们从源头追溯。婴儿在出生时，大脑中大约有1000亿个神经元。**神经元**是一种神经细胞，承担着向其他神经细胞传递信息的重任。神经元释放微量的神经递质（例如多巴胺、肾上腺素或 γ-氨基丁酸），使其从一个神经元的末端传输到另一个神经元的起始端，以此来实现通信功能。这些神经递质各具特色，有的是兴奋性的，能激活反应链中的下一个神经元；有的则是抑制性的，发出"停止"信号。这些神经递质在密集排列的神经元之间形成了一张错综复杂的通信网络。

每个神经元都有一个细胞体，其中包含细胞核，这是它的指挥中心和DNA存储库。从细胞体延伸出许多分支状的臂，它们与附近的神经元相连接。这些臂有两种类型：一种是细长的轴突，负责将信号从细胞体传输出去，向其他神经元发布命令；一种是短的树枝状的树突，负责接收来自邻近神经元的信号，并将其传输到细胞体。每个神经元只有一个轴突，但可能拥有一个到数百个树突，从而形成成千上万的神经连接。

神经元在它们的末端相互通信，轴突向接收的树突释放微量的神经递质。神经递质与受体结合，转化为电流，沿着树突传导至细胞体，再沿轴突传导至其他神经元。电脉冲在单个神经元中的传导速度非常快,远远超过化学信号在两个神经元之间的传导速度。那么,为什么要同时采用这两种不同的通信方式呢?因为电脉冲本质上是一种数字信号——要么触发,要么不触发。与此同时,化学信号的传输却可以根据神经递质的类型、剂量和释放的持续时间而变化,从而使其更加精确。借助这两种不同的通信方式(一种在单个神经元内部,另一种在不同神经元之间),神经元找到了一种平衡信息传导速度和精准性的方法。这有点像同时通过普通邮件和短信发送同一条消息。(只是神经递质不需要五天才能到达目的地,而且几乎永远不会被退回给发件人。)

理解这一结合运用化学信号与电信号的通信方式,对于认识大脑的成熟过程至关重要,因为大脑成熟的标志之一,就是信号传输速度的提升。虽然化学信号在神经元之间的传输耗时恒定,但电信号却能在更有利的环境下加速传输。因此,大脑的每一条轴突周围都会逐渐长出绝缘层,以此来加速电信号的传输。这种绝缘层由脂肪细胞组成,称作髓鞘,这一过程称为髓鞘化。如果两个信号同时发往大脑的不同区域,一个沿着尚未髓鞘化的神经元缓慢传输,另一个借助已经髓鞘化的神经元迅速抵达,那么速度较快的信号便更有可能占据优势地位。因为当神经冲动迅速抵达大脑的特定区域时,整个身体也能同样迅速地做出反应。

大脑的髓鞘化过程始于胎儿期,从大脑最深处向外进行,整个过程大约需要 30 年来完成。在孩子进入青春期时,髓鞘已经发育一半,进展至大脑的边缘系统区域。这里是大脑控制风险与奖励、刺激寻求和动机的区域,是冲动与愉悦感的中心。到初中阶段,边缘系统便能迅速发送与接收信息。然而，前额叶皮层，即称作"大脑首席执行官"的理性决策区域，却位于距离大脑中心部位最远的额头下方。在孩子进入青春期时，前额叶皮层的完全髓鞘化还需要15～20年来完成。换言之，在整个初中、高中、大学乃至更长时间里，发往边缘系统的信号在传输速度上远超发往前额叶皮层的信号，两者差距可达3000倍之多！

在这里，我们必须再次强调，髓鞘化的过程何其漫长！对健康人群运用了最新的脑成像技术的多项研究发现，前额叶皮层直到25至30岁左右才彻底完成髓鞘化。这一点为20多岁年轻人的行为特征提供了强有力的解释。

青春期孩子的大脑尚未发育成熟。假设在晚餐时，你向你正处于青春期的孩子问起了他当晚要参加的一场聚会。你们谈了喝酒、毒品、恋爱和性行为等一些让你感到担心的话题。谈话效果非常好，对于孩子当晚打算如何做，你听到了完全符合自己期待的回答。而且，整场谈话都是开放、真实而坦诚的。你们进行了推心置腹的交流，共同探讨了随后可能发生的一切情形和相应的应对策略。这是你在教育孩子方面谈得最成功的一次！晚餐结束后，孩子就去参加聚会了。

现在，你们在餐桌上谈到的各种情形一个接一个地发生了，可令人惊讶的是，孩子做出的一些决定却与他先前承诺的截然相反。这究竟是为什么？原来，孩子的朋友们以独有的方式激活了他的边缘系统，而在餐桌上的真诚回答却来自他的前额叶皮层。没错，孩子确实拥有前额叶皮层，且能够在特定情境下发挥作用。可问题是，这些神经通路尚未完成髓鞘化，信息传输速度较慢。当孩子与父母在一起时，边缘系统没有被激活，这就为信息传输至前额叶皮层留出了充足的时间。

但在满是同龄人和新鲜刺激的聚会中，孩子负责冒险、冲动和快乐的边缘系统就会被激活，其中的生物电信号飞速向外传输，而前额叶皮层却无法跟上这一速度。当同伴增强了边缘系统的活跃度时，孩子便失去了耐心等待信号缓慢传输至尚未髓鞘化的前额叶皮层的动力。这时，孩子先前的打算就很容易被打乱了。由于在神经冲动传输速度的较量中，已经髓鞘化的边缘系统战胜了尚未髓鞘化的前额叶皮层，所以，来自边缘系统的冲动信号就淹没了来自前额叶皮层的理性信号。

你可能会问，那些确实能做出理智决策的孩子，又是怎么回事呢？别忘了，所有孩子都有前额叶皮层，就在他们的额头下方。而且，有些孩子非常擅长调动他们的前额叶皮层，任何时候都是如此。这些孩子天生就会给自己留出额外的时间，以便让信息传输到大脑的最远端。虽然他们的边缘系统仍然占据主导地位，但由于他们不急于行动，于是大脑的其他区域便拥有了发挥作用的空间。此外，他们也常常回避风险，其中不少孩子都表示不喜欢身处险境的感觉。他们的气质类型显然也与此有关。他们往往不是聚会中的焦点，而且几乎总是比其他人更加厌恶风险。那些给自己大脑更多时间来传递冲动的孩子，最终会被称为"负责任的人"。当然，他们也有自己的问题。

现在，你是否更能理解为什么青少年和二十几岁的年轻人更容易冲动行事了呢？**通向边缘系统的是信息高速公路，而通向前额叶皮层的却只是砂石路，只要砂石路没有被升级为高速路，那么传输更快的就永远会是奔跑在高速路上的信号**。不过到了30岁，信号到达边缘系统和前额叶皮层的时间就会趋于平衡。这时，大脑就成熟了。前额叶皮层在掌控决策上的劣势也终于消失了。

需要指出的是，髓鞘化并不是大脑成熟的唯一指标，另一个关键指标是<u>神经元修剪</u>，这是一种"用进废退"的生物学机制。别忘了，婴儿出生时，大脑有1000亿个神经元。这一数字在4岁前还会有所增长。然而，随着时间的推移，大脑会开始减少神经元的数量，保留常用的神经元，淘汰不常用的。也就是说，经常使用的神经元会被保留下来。而且，神经元使用得越频繁，信号在它们之间的传输速度就越快。这就像是雪地里的小路，越走越平坦，越走越好走。

人的专业能力，正是神经元修剪和髓鞘化共同作用的结晶。神经通路使用得越频繁，髓鞘化完成得越早，信息从起点到终点的传输效率就越高，从而也会有更多信息沿着这条路径传播。

过去20~40年
变迁篇

据我们所知，大脑的发育在过去的几十年里并没有发生变化。不过，直到磁共振成像（MRI）设备广泛普及，即大约25年前，科学家们才能够观察到"正常发育"大脑的影像，进而深入探究大脑的结构。1975年，正电子发射断层扫描（PET）设备问世，才使得通过图像记录不同区域神经元的能量消耗来测量大脑的活动水平成为可能。到20世纪90年代末期，正电子发射断层扫描设备和磁共振成像设备的联合使用，如同科学史上的伟大联姻，极大地推动了脑研究的发展。

这些研究成果已经广为人知，并且在本章中多次提及：大脑直到将近30岁时才会完全髓鞘化，于是我们便能重新审视孩子们做决策的方式。更为深远的影响在于，这一发现促使我们对"成年人"的定义发生了根本性的转变。过去，人们认为孩子高中一毕业就是成年人了。尽管他们做事情的方式并没有成熟太多，但依据社会惯例，他们就是成年人。如今我们发现，在孩子们高中毕业后，他们的前额叶皮层还需要十年才能完全成熟，这时，我们对这些大孩子的看法就发生了变化。这并不是生物学意义上的转变，而只是认知上的调整。

另一个显著的变化也与脑发育本身无关，而发生在脑发育的身体环境方面，那就是青春期的提早到来。如今，性激素在大脑中存在并发挥作用的时间越来越早。髓鞘还像过去那样，沿着一个个神经元稳步推进，一毫米一毫米地生长，它在某些脑区的成形与在其他脑区的缺失很好地解释了青少年的行为特征。然而现在，这一缓慢的发育过程却伴随着初中和高中生体内激素水平的剧烈波动。

激素"潮汐"比以前早几年涌来，髓鞘发育却仍旧缓慢，青春期大脑的髓鞘化程度自然就会比过去逊色。这对孩子的情绪变化有何影响？对小学阶段孩子的决策方式有何影响？现代生活的种种，比如手机，又将对孩子的大脑产生何种影响？这些研究才刚刚起步。但即便没有正式的研究成果，我们亦能窥见这些变化对孩子感受的影响。我们将在第11章里深入探讨情绪波动的问题，这与我们此刻讨论的内容密切相关。简而言之，如今三四年级的孩子所经历的内心戏，以前可是初中生的专利。

如何与孩子对话
实操篇

随着过去几十年大脑研究的不断深入，成年人对青少年决策能力的调侃也有了新的变化。过去，父母可能会说："我的孩子总是做出糟糕的决定，因为他太笨了。"而现在，大家的看法变成了："我的孩子之所以做出糟糕的决定，是因为他的前额叶皮层还没完全发育好。"许多成年人已经认识到，由于大脑发育的原因，青少年在某种程度上确实很难避免做出愚蠢或危险的决定。我们在教育孩子时，有时会运用这一知识……但有时也会忽视这一点。

过去，成年人有时觉得孩子看上去已经长大，应该能做出理性的决策，可到头来却做不到，于是可能会感到失望。现在，青春期来得早了很多，孩子的外表与能力之间的差距变得更大了，于是我们也更容易感受到失望。要想走出这种情绪，我们就得记住一些基本的事实。

出问题有时不是孩子能够控制的

在孩子还小的时候，我们会反复让他们完成某项任务，而孩子通常也能在不同程度上完成。例如，我们要求孩子回家后挂好外套或者把鞋子放进鞋柜——这些任务对孩子来说并不难，所以当他们没有这样做时，我们可能会觉得他们对我们说的话不上心，或者故意与我们作对。但实际上，这可能只是因为他们需要帮助，比如需要一个凳子才能够到衣架。或者，他们可能在那一刻恰好想到了其他事情，从而忘记了我们要求他们完成的任务。

对青少年而言，情况也是一样。确实，他们可能是故意抗命，拒绝在外出参加聚会时按照约定的时间给我们打电话，但是，他们也可能只是需要一些帮助。例如，你可以这样对孩子说："我理解，在聚会中记得给我打电话可能很困难，但是我需要你给我报个平安，所以你能在手机上设置一个晚上10点的闹钟来提醒自己吗？"或者，如果你家孩子本来就爱忘事，要是跟朋友们在一起，他的注意力只会更加分散，这时你就可以这样说："我知道要记得给我打电话很难，所以你能找一个可靠的朋友也帮你设置一个闹钟吗？"最重要的是，我们要根据孩子的实际情况来教育孩子，而不是按照我们想象中孩子的样子来要求他们。

与孩子聊聊如何理性决策

孩子们对于如何应对棘手场面说得头头是道，但一到关键时刻就掉链子，这确实让人摸不着头脑。当然，他们并非有意欺骗，这只是因为他们的大脑尚未竣工。这就引出了一个问题：与孩子进行这类讨论是否有意义？如果一到关键时刻，边缘系统就会占据上风，那为何还要费心讨论呢？

这些讨论之所以重要，关键在于它们有助于培养"肌肉记忆"。虽然大脑并不是肌肉，但模拟各种场景甚至进行角色扮演，确实能帮助孩子预见未来可能发生的情形并做好相应准备，避免到时手忙脚乱。不过，讨论应当是双向的互动，而非单向的灌输。孩子需要积极参与其中，而非只是被动听讲。例如，你与孩子谈起，如果聚会中有人要你吸毒该怎么做。这时，被动接受信息的孩子往往会感到无聊甚至恼怒，而那些被鼓励表达自己看法的孩子则会表现得更加投入。此外，询问孩子在特定情境下会如何反应，而不是直接告诉他们应该怎么做。这样做不仅能揭示他们的知识水平和认知盲点，还能了解他们是否已有应对方案，哪些时候需要帮助，以及哪些时候不需要帮助。尽可能与孩子进行角色扮演，这是一种非常有效的提前演练方式。不过值得注意的是，邀请青少年参与角色扮演可能会遭遇他们的强烈抵制和嘲讽，因为这种活动形式往往不太受欢迎。

解释情绪和决策背后的科学原理

我们常常低估孩子对自己身体的好奇心。无论是观察卫生棉条在水中的膨胀过程，还是发现阴囊里真的有"蛋蛋"，或是理解为何挤压痘痘反而会加重问题，许多孩子对这些事情或话题都表现出了浓厚的兴趣。此外，在近十年的成长过程中，孩子们每天醒来都会面对新的身体状态。他们经常告诉我们，了解了身体内部的变化后，他们心里的困惑就大大减轻了。

同样，帮助孩子理解情绪和决策背后的神经科学原理也非常重要。如果孩子对这个话题感兴趣，不妨邀请他们来读读这一章。如果需要进一步解释，你就可以借助这个简单的比喻："在你这个年龄段，大脑中通往边缘系统（负责追求愉悦和冒险行为的区域）的道路就像是一条高速公路，而通往前额叶皮层（负责理性决策的区域）的道路则还在施工，因此信息传输速度比较慢。这就解释了为什么有时你会做出一些看似愚蠢的决定，或是明知故犯。理解这一点有助于你做出更理智的决定。"这样做能让孩子理解，为什么他们有时候会犯糊涂，出昏招，哪怕他们的意图是好的。你或许也会想起自己过去做过的荒唐事。此外，你也可以告诉孩子："朋友能激活你的边缘系统，但父母不能。"这样做或许能让他们觉得你乏味无趣时，减轻他们的内疚感。

告诉孩子冷静片刻很重要

青少年或二十出头的年轻人的大脑需要更多时间才能将信息传递至前额叶皮层，了解这一点能解决你和孩子的许多困惑。而且针对这个问题，我们还有相应的对策，那就是冷静片刻。尽管这种方法并非绝对可靠，但在行动前稍稍冷静一下确实能为信息在大脑中的传输争取时间，从而使孩子更有可能做出理性的选择。此外，这一做法几乎适用于所有人。你是否有过需要深呼吸几次或从 1 数到 10 来平复心情的经历？其中的原理是一样的。

教孩子大大方方地做深呼吸并不是一件容易的事。首先，你可以引导孩子回想上一次犯过的错误："如果有机会重来，你会在哪个环节做出不同的选择？"继续问孩子："如果你当时能冷静一会儿的话，那么你的后续行动或者最终的结果会不会不一样？"以及"你打算如何让自己停下来思考？"最后，结合你的经验提出一条实用的对策："我知道这听起来显得有些老套，但我首先会深呼吸，因为这么做既能让我冷静，又能为我争取思考时间。"

如果孩子已经警告过、讨论过、角色扮演过，却仍然做了错误的选择，那么我们在懊恼之余也要记住，孩子仍处于成长阶段。他们有时无法控制自己。切勿放弃，因为大脑发育的漫长之旅最终会迎来圆满的结局，那时的孩子或许会让你刮目相看。

来自孩子们的心声
反馈篇

小 H，女，21 岁

我清晰地记得第一次有醉酒的朋友提出要送我回家时的情景。那时我还在上高中，几乎没跟朋友们一起喝过酒，所以心里既紧张又兴奋。萨拉手里握着一个盛满了酒的塑料杯，其中主要是伏特加，还兑了一点雪碧。她说她准备回家了，可她已经把车开了过来，所以想接着开回去。她问我:"你能跟我一起走吗？我不想一个人回家。我住得实在太远了，我不想明天再回来取车，也不想花钱打车。"我不敢拒绝，可是父母的叮嘱言犹在耳。他们曾告诫我，绝不能乘坐醉酒司机的车，而应该打电话让他们来接我。与此同时，我又担心如果拒绝上朋友的车，他们会生我的气。我陷入了两难。

紧接着，我突然感到肾上腺素飙升，脸部发热，心跳加速。我决定，在不违背自己原则的前提下，让朋友们满意。于是，我撒了个谎，声称自己5分钟前已经预约了出租车，还能顺路多停几站，确保朋友们都能平安到家。接下来，我就这样做了。由于他们都喝醉了酒，所以没有怀疑我。后来，我们一起上了出租车，我把他们都送回了家。

在那个紧急关头，我意识到，一边只是一个微不足道的善意谎言，另一边却是醉酒驾车，两者之间的轻重缓急一目了然。我能做出这个决定的关键原因之一在于，我深知无论父母是凌晨两点来接我，还是为我付打车费，他们都不会责怪我。当时我面临两个选择：一是冒着可能激怒朋友的风险叫出租车，二是冒着生命危险乘坐朋友的车。在那种紧张的状况下，我最终还是轻松做出了选择，因为我静下来想了想。我意识到自己其实拥有一个既安全又不会带来任何负面后果的选择。

第 11 章

请不要因为孩子的
情绪波动
而给他们贴标签

情绪是波动的。情绪的字面意思是一种暂时的感觉或心理状态。我们都知道情绪的变化可能有多快、多剧烈。不过，这些变化有的是细微的、美好的，有的却像是突如其来的剧烈地震。我们将要在本章探讨的，与青春期密切相关的情绪波动，便属于后者。

在美国，有 4400 万青少年正处于青春期，而全球范围内则有 14 亿之多。负责照料这些青少年的成年人对他们情绪的波动特别敏感。理解了情绪波动，或许你就能避免，或者至少能更有效地应对这种波动。这是所有人都期望看到的结果。多年来，我们从未见过哪个孩子喜欢情绪波动的感觉，也从未见过哪个成年人乐于见到孩子情绪波动。

青春期知识加油站
科学篇

首先，让我们明确"情绪"这一概念。情绪确实可以表现为抱怨、烦躁或激动。但是，情绪也可以表现为大笑和兴奋、沉思和沉默，甚至沮丧。情绪不过是各种心理状态的体现。尽管关于青少年情绪的讨论往往集中在负面情绪和情绪的性别差异上，但我们这里谈论的情绪波动涵盖了所有的情绪，既有积极的情绪，也有消极的情绪。

关于青少年情绪的科学研究相对有限，因为鲜有研究者涉足大脑成熟与情绪波动的相关性研究。现有的少数研究揭示了青少年的典型情绪背后的生物学原理：**不成熟的行为控制中心使青少年更加情绪化，这主要与边缘系统中的杏仁核有关。** 与成人相比，青少年的杏仁核所受到的调控明显少很多，所以孩子对负面情绪的反应往往比父母更加强烈。换言之，青少年对同一句话的情绪反应，在强度上往往会超过成人。此外，由于青少年的前额叶皮层尚未发育成熟，无法有效地帮助他们调节情绪。因此，你对孩子的一句轻微批评，就可能引发长达一小时的争吵。（比如，其实我只说了句："你可能得换件衬衫了！"）

要想理解青春期孩子的情绪波动，你就需要对大脑的结构和功能有基本的理解。（在第10章中，我们已经详细介绍了神经元如何产生电脉冲以及大脑各部分如何互相通信。）在这一章里，我们将进一步探讨在大脑周围及其内部循环的物质，也就是大脑所处的微观环境。其中的重点是各种激素。

以下是你需要了解的基本知识：大脑中有数百亿个神经元，它们被头骨紧密地包裹和保护起来。这意味着，大脑整天都穿着自己的"铠甲"，享受着身体里最高级的安保待遇。头骨的形状与大脑非常吻合，但两者也不是严丝合缝，有点像头盔戴在头上。如果头骨与大脑贴得太紧，那么任何肿胀、出血或压力增加都可能迅速演变成一场灾难：坚固的头骨会对其下扩张的器官施加巨大的压力。因此，大脑明显小于头骨——吻合，但不紧贴。这种构造允许大脑稍稍扩张或收缩。如果没有缓冲，柔软的大脑将持续撞击坚硬的头骨，损伤神经元。

为了保护大脑，人体就产生了脑脊液来充当天然的减震装置。有趣的是，某些类型的头痛正是由于脑脊液缓冲作用减弱所致。例如脱水时，大脑就会不时与头骨来个亲密接触。大脑浸泡在脑脊液中，所以脑脊液中的各种物质都会影响大脑的神经元，犹如腌制鸡肉一般。此外，脑脊液还有非常重要的营养作用，为神经元提供维持最佳功能所必需的各种营养物质。

然而，假如任何进入人体的东西都能通过脑脊液影响神经元，那我们的神经元可就要遭殃了。因此，我们的大脑设有类似保镖的机制——血脑屏障。这一屏障能够隔绝感染等有可能致命的入侵者。若身体的免疫系统未能及时消灭细菌或病毒，那么血脑屏障就能确保它们不会感染大脑（其他器官就只能自求多福了）。正如人体内的其他机制一样，血脑屏障的设计并非完美，因为大脑的运作需要许多物质穿过这一屏障。例如氧气、葡萄糖等为脑细胞的活动提供能量的物质，以及咖啡因、酒精、致幻药物和激素等并非必需的物质。

激素在血液中循环流动，穿过血脑屏障后，便成为浸润神经元的脑脊液的成分之一。研究发现，脑脊液中的雌激素能影响神经元的活动，通常会放大情绪反应，无论是快乐还是悲伤，都会让人情绪外露。

与此同时，睾酮也以其他方式影响着神经元的电活动。这种影响能在一定程度上解释为何男性的情绪往往在内向安静与暴怒之间摇摆——当然，并非总是如此，也并非适用于所有人。孩子进入青春期时，雌激素或睾酮水平激增，脑脊液中的激素水平也随之激增。当血液中的激素水平因性器官的反馈机制而骤降时，脑脊液中的激素水平也会下降。于是，孩子如同坐上了激素的过山车，情绪波动也随之变得夸张。

然而，激素仅能解释部分现象，因为青少年的大脑还远远没有发育成熟。此时，他们的大脑正在大力进行髓鞘化和神经元修剪，这两个过程深刻地影响着脑脊液中的激素等化学物质改变神经元活动的方式。关于这个话题，我们在第 10 章里做过详细的讨论。简单来说，到了青春期，边缘系统的神经元已经被名为髓鞘的绝缘层包裹，能够快速传输信号。而远未完成髓鞘化的前额叶皮层则传输信号较慢。科学家将这种髓鞘发育的不平衡称作"对奖励高度敏感"。这样说是有道理的，因为动机和愉悦是早早完成髓鞘化的边缘系统的核心功能。这就解释了为何青少年比成人更喜欢冒险，因为发育滞后的前额叶皮层跟不上边缘系统的节奏，无法有效地调控这些冒险的冲动。由于边缘系统与前额叶皮层在髓鞘发育上的不平衡，中学生往往对奖励的追求更为强烈，同时也更难控制由这些奖励所激发的情绪反应。

神经元修剪机制在这里同样发挥着重要作用。它能够识别并清除那些未被使用的神经元。这一过程被形象地称为"神经元修剪"，类似于修剪繁茂的树枝，其目的是减少大脑中的冗余，从而提升工作效率。正是这一机制使得我们无论年龄大小，都能在特定技能上不断精进：只要不断重复使用特定的神经通路，我们就能提高相应的能力，正所谓"熟能生巧"。同时，这一过程也保护了那些被频繁使用的神经通路，使其免于退化。这就是神经科学中"用进废退"原则的由来，我们一生都在进行这种选择性的修剪。青少年时期的大脑正处于这一漫长修剪过程的起始阶段，因此，他们虽然拥有学习众多新技能的潜能，却几乎没有熟练掌握的技能。理性决策（而非冲动行事，追求即时满足）的能力便是其中之一。

综合来看，**髓鞘化决定了信号传输的速度，而神经元修剪则决定了哪些神经通路将在大脑中长期存在，各种激素也在神经元之间的相互作用中发挥着重要的作用。**如果一个尚未完全成熟的大脑长时间处于激素水平频繁波动的环境中，其结果之一便是情绪的大起大落。

随着孩子们逐渐度过青春期，这些情绪变化通常会有所缓解，一方面是因为激素水平的波动趋于平稳，另一方面是因为大脑适应这些变化的能力有所提高。当然，髓鞘化的持续进展同样促进了这一过程，但直至个体接近30岁，这一过程方能基本完成。

我们鼓励父母对青少年的情绪波动保持理解和耐心，但是在某些情况下，孩子的表现可能预示着更为严重的问题。心理专家建议监护人密切关注孩子情绪突然且持久的改变，例如一个平时活泼的孩子一夜之间变得孤僻起来，并且情绪低落持续一周以上。区分正常的情绪波动和潜在的精神及心理障碍有时极为困难，特别是在针对青少年的情况下。比如，焦虑的青少年的表现可以是愤怒、易激惹，甚至带有攻击性——这与成人的焦虑症状颇为不同。再比如，区分青少年对规则、指导或父母干预的正常抵触与更为严重的心理问题也非常困难。总之，如果你有疑惑，咨询儿科医生、学校辅导员或精神心理专业人士总是明智之选。

过去20~40年
变迁篇

最大的变化在于：现今，青春期来得比以往早了许多，这表明像雌激素和睾酮这样的激素会更早地开始影响孩子们的大脑。我们已经知道，大脑的成熟严格按照时间顺序进行，青春期的到来并不会干扰这一过程。一个9岁乳房便开始发育的女孩可能看起来比班上其他孩子稍大一些，但她的大脑在髓鞘化和神经元修剪方面却与其他孩子基本处于同一阶段。然而，她脑脊液中的激素水平却远高于那些发育较晚的同学。

这一变化会影响她的决策方式吗？会改变她的感受和情绪波动吗？遗憾的是，我们目前还不得而知。我们需要开展针对8~10岁儿童的研究，通过检查确定他们的发育阶段，抽取血样测量激素水平，并通过问卷调查评估他们的情绪变化。在理想的研究设计中，孩子们应当在激素水平激增前报名参加（例如6岁或7岁），接着每隔几周或几个月对他们进行定期评估，记录他们的身体变化和激素水平。然而即便如此，也未必能揭示我们想要了解的信息。由于激素在一天中的不同时间会有所波动，所以如果只是随机测量一次，很可能会得到误导性很强的数据。

许多父母和老师向我们反映，**孩子出现情绪波动的年龄有所下降**。我们最常听到的是，孩子们小小年纪就开始出现翻白眼或摔门等行为。过去，孩子的情绪波动直到大约13岁时才会开始显现。但是，随着激素水平提前激增，现在在八九岁的孩子就开始有了这样的表现。

在教室中，我们经常询问孩子们关于情绪的问题："有谁曾经莫名其妙地笑得控制不住或者哭得昏天黑地？"所有孩子都举起了手。然后我们再问："你们当中有谁喜欢那种感觉？"这一次，所有孩子都没有举手。这表明，孩子们已经意识到情绪波动提早了，并且，他们和我们一样不喜欢这种情况。如果你需要与孩子讨论如何应对这些强烈的情绪，以下是一些建议。

如何与孩子对话
实操篇

孩子们的情绪波动出现得更早了，但幸运的是，我们可以通过多种方式帮助他们以及我们自己，来平稳穿越青春期的风浪。

最重要的是要记住，孩子们是无法控制自己的情绪波动的。如果这一章只能教给你一件事，那么我希望你能把这一点牢记于心。孩子们无法控制体内雌激素或睾酮水平的激增和骤降。因此，尽管他们的行为常常让父母感到非常恼火，但他们并非有意为之。所以，父母因此而责骂孩子并不公平，因为他们只是青春期的"受害者"而已。

因此，请务必不要将孩子的行为简单地看作他们的本性。尽量避免因为孩子发脾气而给他们贴上标签。这些标签可能会像刺一样，长时间留在他们心中，即使他们已经不再有类似的行为。如果你对这一点有疑问，那么只需回想一下过去别人为你贴上的标签，你就会发现这根刺在你心中扎得有多深。在孩子们乘坐情绪过山车时，我们有责任给予他们支持，为他们提供安慰和关怀，而不是嘲讽和批判。

激素水平的激增可能会让孩子大笑不止、泪流满面、言语失当或沉默寡言。在这种情况下，想要不做出消极的反应是极难的。不过，请自我反省：我们拥有更为成熟的大脑和（通常）更为稳定的激素水平，或者至少在管理自身的情绪波动方面拥有更多经验。请记住，当孩子们受激素影响时，他们会感到无助——他们也不喜欢自己变得过于令人不快或难以亲近。此时，最好的做法是表达共情。那么如何做呢？你可以尝试下面这些方法，特别是在孩子情绪激动的时候。

避免卷入与升级

说起来容易做起来难！不过，这本书里 99% 的建议都是可以熟能生巧的（虽然永远达不到完美）。当你怒火中烧，一心只想收拾那个忘恩负义、喜怒无常、暴跳如雷的孩子时，你该如何克制自己呢？

首先，深呼吸。是的，还是这个方法，因为它确实有效。

其次，用一种中立且富有同理心的方式来回应情绪的风暴："很抱歉。遇到这种事太倒霉了。你肯定觉得特别难受。"

最后，如果孩子即将诉诸暴力来宣泄巨大的愤怒、沮丧或悲伤，那么要抽身而出，平静地说："看得出你非常生气。我们先休息一下，稍后再讨论这个问题。"

避免错误的回应方式

我们无意从负面角度展开讨论，这并非我们的风格。不过，我们还是强烈建议避免使用下面这些对抗性的言辞。

不要说"冷静"：无论如何，千万不要说"冷静！"没有任何用处。发育中的大脑一旦被激素淹没，想要冷静下来就如同登天一般困难，这既需要孩子花费时间，也需要你付出耐心。你可以做几个深呼吸，让你的大脑恢复平静。这么做或许还能让孩子放松一些。

不要说"别哭了"：原因有二。其一，身体里的雌激素可能在鼓励孩子"继续哭"；其二，哭泣是释放强烈情绪的减压阀，或许能让孩子舒服一些。孩子哭让你感到不舒服，并不意味着哭对孩子有害。与其让孩子别哭了，不如试着说："如果我坐下来陪你，会不会好一些？"或者，"你想让我抱抱你吗？还是想一个人待一会儿？"

不要轻描淡写地说"没什么大不了"：成人或许会觉得孩子放学后没被邀请去星巴克不是什么大事，然而对孩子来说，这绝对不是小事情——既伤害自尊，又孤单寂寞。如果你对孩子说"别在意，这没什么大不了的"，你就是在否定孩子的感受。此外，如此回应还会让孩子日后不愿再跟你说话。为了避免出现这种情况，你可以这样对孩子说："真是气人！你想跟我说点什么吗，还是我就这样陪着你比较好？"

不要说"明天一切都会好起来"：成人或许知道历史考试没考好不会对未来的50年产生多大影响，但孩子的大脑尚在发育当中，而且缺乏生活经验，无法看得那么长远。如果孩子因为考试中受到不公对待而感到愤怒，你就不应轻视他们的感受，而应简单说几句表达同情的话："这确实很不公平。你肯定特别失望。"

不要以暴制暴

有时候，青春期孩子的情绪波动会表现为对大人、兄弟姐妹甚至朋友的愤怒或攻击。这时，我们很容易产生同样的愤怒反应。我们可能会想："这孩子以为自己是谁？竟然这么不知感恩，对我这么没礼貌——绝对不能惯着他。"我们的恼火或许是完全合理的，而且有时会驱使我们大声吼回去、说出伤人的话、摔门，甚至气冲冲地离开房间。

毕竟，我们也有自己的情感和反应。但是，教育孩子是一件长久的事情，我们的目标是帮助孩子学习调节自己的情绪，而以暴制暴并不是好的示范。那么，我们应该怎么做呢？

在不失控的情况下设定行为的界限：主持《培养好孩子》播客的阿莉扎·普雷斯曼说过一句非常精彩的话："所有的感受都可以接受，但并非所有的行为都行得通。"孩子可以感到愤怒，但这并不意味着他们可以伤害或贬低他人。明确告诉孩子，哪些行为是绝对不允许的。

为孩子打造情绪"逃生梯"：当较大的孩子陷入情绪的漩涡难以自拔时，我们可以适时地为他们递上一把精心准备的"心灵逃生梯"。具体如何操作呢？不妨为他们端上一杯清凉的冰水；或是唤来家中的爱犬，开始温柔地抚摸它，说不定孩子也会跟着加入这场爱的互动；再或者，轻声询问孩子是否需要独处片刻，并表示几分钟后还会回来（一定要按时回去！）。

试试新做法，给孩子留足时间和空间

青春期的孩子有时宛如变幻莫测的天气，上一秒还是阳光灿烂、热情洋溢的小天使，下一秒却可能转变为冷漠淡然的独行者，将自己紧紧包裹，对外界的呼唤置若罔闻，深深沉浸在自己的内心世界。这样的转变既让人费解又令人忧心，往往激起我们强烈的本能反应，渴望以更大的热情去唤醒他们的关注。但理智告诉我们，应当克制这种冲动，因为过度的强求只会让孩子更加退避三舍，如同惊慌失措的海滩寄居蟹，紧紧蜷缩在它们的保护壳之中。试着向孩子提出一个问题，然后静待他们的回应，给予他们足够的时间和空间。如果孩子的沉默让你感到手足无措，不妨尝试以下一些创新的方法，或许能打开他们的心扉。

对孩子感兴趣的事物表现出兴趣：即使你内心并未真正产生共鸣。让孩子觉得你对他们珍视的每一分热爱，都给予了高度重视（哪怕只是做做样子）。正如《放下孩子》(The Blessing of a Skinned Knee)和《好父母的说话之道》(Voice Lessons)的作者温迪·莫戈尔（Wendy Mogel）所建议的，父母应该"被他们的兴趣所吸引"。

提出开放式问题：为孩子铺设一片畅所欲言的天地。比如，避免使用司空见惯的问候："今天在学校过得怎么样？"不妨尝试更具探索性的询问："课堂上有没有发生什么有意思的事情？"虽然这种做法并非每次都能奏效，但偶尔的成功总好过颗粒无收，特别是当孩子们的标准回答总是那句漠然的"还行"时。

引导孩子讲述那些难以启齿的事情：以无条件的倾听姿态，让孩子知道你始终是他们倾诉的港湾。例如："无论何时，只要你愿意，都可以来找我诉说，我绝对不会责怪你的。我知道，你在生活里遇到了很多事情。有时候，把心里话说出来会感觉好一些。"

为沉默的孩子寻找倾诉对象：对于那些沉默的孩子，还有一点需要注意：如果你的直觉告诉你，孩子可能遇到了难题，但你无论如何都撬不开他们的嘴。这时，你最好为孩子找一个可以让他倾诉的人，比如学校的辅导员、儿科医生或心理治疗师。不要觉得自己小题大做，要相信自己的直觉。

青春期的情绪波澜如同变幻莫测的风云，没有一劳永逸的魔法能够彻底平息。这般起伏确实令人头疼不已。不过，这种情况并不会永远持续下去——实际上，**我们越是积极地与这些情绪化的孩子互动，这种情况便能越早迎来转机。**这意味着我们要避免被孩子的挑衅激怒，避免以暴制暴，同时还要尝试新的做法去接近那些沉默的孩子。我们越早帮助孩子度过情绪的狂潮，就越早能帮助他们应对青春期里其他难以捉摸的情绪波动。

来自孩子们的心声
反馈篇

小S，女，20岁

在我小时候，妈妈总爱逗我："情绪住在左边还是右边啦？"其实就是问我的心情好不好（如果是"在左边"，那就要小心了）。尽管当时觉得她这样问很无聊，可是现在回想起来，这确实是妈妈了解我情绪状态的一个聪明又简单的小把戏。尤其是在我上初中的时候，我的情绪起伏不定，有时一天能变一百次，而我完全不知道为什么会这样。现在我才明白，情绪波动其实是成长的一部分。要是我当时能知道这一点就好了。

尽管我当时没有意识到，但我的许多朋友也在同一时期经历了情绪波动和烦躁易怒。我最好的朋友开玩笑说，她上八年级时，别人呼吸声太重或者吃饭声音太大都能让她炸毛。这时，她只能把自己关在房间里，直到情绪平复。她会听音乐，抱抱狗狗，涂涂鸦，这些事情都能让她在情绪不佳时恢复平静。另一个朋友的情绪波动来得晚一些，那是在刚上高中的时候。只要有人和她说话，她就会气炸，哪怕他们什么都没做错。她说，当她情绪不好时，她会花很多时间玩手机，这样就可以不用跟别人打交道了。她不喜欢被情绪波动所困扰，更不愿意在这种时候对自己关心的人出言不逊。

尽管从父母的角度来看，孩子的情绪波动或许令人头疼不已，但请切记，孩子对此的感受也同样强烈！没有人愿意经历这样的内心风暴。孩子们可能会觉得自己仿佛失去了情绪的控制，这绝非愉快的体验。有时，你只需给孩子一些时间和空间冷静下来，即使你很想对着他们大吼。还有些时候，孩子可能需要的是你的一个拥抱，或是一个可以依偎哭泣的肩膀。一定要问孩子你能做些什么来帮他，并确保为孩子提供选择的余地。最后要记住，孩子的情绪波动终将平息，不会永远持续下去。

小 H，女，21 岁

自从进入青春期，我就成了情绪的杂技演员，每天在情绪的钢丝上跳舞。情绪波动就是家常便饭。我妈妈直到今天还经常说，我当时就像个情绪的火药桶，一点就着。不过后来我明白了，这并没有什么不对的。情绪的斑斓正是我独特的印记，它们铸就了与众不同的我。可是，伴随如此强烈的情绪成长的确令人头痛，尤其是对于我的家人与朋友。回想起来，我觉得我剧烈的情绪波动决定了我一整天的情绪状态。比如，每次和父母发生激烈争执，我都像颗定时炸弹，一点不顺心就会爆炸。

我发现，每当我疲惫、状态不佳或者心事重重时，情绪波动就更频繁。我的父母在这时也显得无能为力，因为我的情绪波动同样让他们感到疲惫不堪，难以招架。幸运的是，随着时间的推移，我学会了像拥抱老朋友一样接纳自己和他人的情绪波动。当然，要是没有治疗师帮我，我也不会有这些进步。去接受治疗，我才知道我的情绪原来这么强烈。人有强烈的情绪是很正常的，不用为此责怪自己或者别人。我意识到这一点后，家里的气氛便逐渐和谐。

离开家上大学和长大的好处之一，是吵架变得少多了。我不再回嘴，而是会静下心来感受我的情绪，然后寻找解决方案。当我决定在争论中保持冷静时，我控制情绪和应对他人怒火的能力也提高了很多。虽然我有时还是会情绪失控，毕竟人无完人，但是随着年龄的增长，我发现应对这些问题已经变得容易多了。

第 12 章

保持沟通，关注孩子精神健康

在这一章中，我们关注的与其说是精神疾病，不如说是精神健康。当下，压力、焦虑和抑郁等词汇常常被随意提及，而我们的重点在于剖析影响青少年情绪状态的各种因素，无论是消极的还是积极的。理解孩子们所面临的困境固然重要，但教会他们如何关爱自己、应对困境同样不可或缺。

青少年的精神健康状况常常令人忧心，问题也确实层出不穷。他们的大脑尚处于发育阶段，却已经置身于充满激素（有时甚至还有糖、酒精或毒品）的脑脊液中。此外，他们还得面对友情的起伏、学业的重压，以及父母的严格要求。就像在青春期的其他所有事情一样，了解身体（包括大脑）在各个阶段的变化，并据此为未来做好准备，也是重要的保护手段。在儿科领域，这被称为"预防性指导"：给孩子讲清楚事实和原理（就像在开车前系好安全带一样），能够帮助他们更加安全地穿越青春期的复杂地带。接下来，让我们深入探讨孩子们的精神健康。

青春期知识加油站
科学篇

精神健康指个体在心理、情感和社会方面的良好状态。 心理方面涉及头脑里产生的各种想法、感受和观念。情感方面则专注于个人的感受，尽管这些感受往往与想法和观念紧密相连。而社会层面则关乎个体生活中的外部事件和人际互动，这是精神健康三要素中代表外部影响的部分。精神健康受到以上三方面的深刻影响。无论是与他人互动、身处特定场所，还是忍受交通堵塞，大脑都会对这些经历进行处理，将其筛选并转化为具体的感受。与密友争执能让人产生一系列情感反应，而登上山顶俯瞰壮丽景色则会带来截然不同的感受。

我们撰写本章的目的之一，是详尽阐释精神健康领域中的一些常用术语。稍后，我们会谈到与孩子交流这些信息的相关建议，以及何时应去咨询医生。我们将从最常用的心理健康术语及其科学依据开始探讨。

应激、焦虑和抑郁是三个经常被同时提及的词，有时甚至听起来像一个整体概念。但实际上，它们代表的是三种截然不同的心理状态。

应激（压力） 是指人在面临不利或严苛情境时所产生的精神或情绪的紧张状态。例如，应试、失恋、战争、无家可归或遭受虐待等情况，都会让人进入应激状态。甚至仅仅是丢失钥匙这种小事，也可能让人感到压力山大。这些应激源的形式和强度各不相同，但它们都能引发同一种生理反应：大脑深处的杏仁核通知附近的下丘脑激活肾上腺（位于肾脏上方，同时也是分泌各种肾上腺雄激素的腺体。这些激素能促使毛孔分泌汗液和皮脂，同时促进毛发发育）。这一应激反应通

第 12 章 保持沟通，关注孩子精神健康

路能够促使肾上腺释放肾上腺素，进而提高心率、血压和呼吸频率等。这一系列协同反应是交感神经系统被激活的表现，我们都很熟悉面对实际威胁时交感神经系统所出现的这种反应。值得注意的是，不同人在应激状态下的表现各异，有的人仍旧能够保持镇定，比如顶级职业牌手和经验丰富的创伤外科医生。不过抛开外在表现，从内心来看，应激反应的强度应当与外部刺激的强度相匹配，轻微问题所引发的生理反应也会较弱。

焦虑与应激是近亲。虽然它们都涉及精神或情绪上的紧张，但关键区别在于，焦虑并非由当下的实际状况所触发，而是由潜在、理论上的、挥之不去或是想象中的状况所引发。例如，考试会让人进入应激状态；而考试前的紧张或考试后成绩揭晓前的忐忑，却是焦虑在作祟。失业会引发应激反应；而想到如何告知家人、支付账单以及寻找新工作等问题则会产生焦虑。总的来说，焦虑会导致人们在应激源消失后（或尚未出现时）依然感到持续、过度的担忧。不过，应激和焦虑都会激活交感神经系统，所以两个词常被互换使用。它们都会导致心跳加速、手心出汗、面色潮红、肠胃不适、思绪纷飞、难以专注等一系列因肾上腺素水平激增而产生的特异性反应。

与此同时，抑郁则是一种截然不同的状况。人偶尔感到悲伤、无助或觉得自己没价值，都是十分正常的。抑郁症的诊断需要依据心境障碍的相关标准进行，其典型症状包括情绪持续低落、无精打采、活动减少、兴趣减退、自尊低下，这些症状往往会影响睡眠、食欲或注意力。抑郁症按严重程度可分为轻度、中度和重度，重度抑郁症患者可能会产生自杀念头或进行自杀尝试。

尽管应激和焦虑并不完全相同，但是由于它们之间存在许多共同点，所以人们常将它们视为同义词，这是可以理解的。然而，人们常常拿抑郁与它们相提并论又是为何呢？特别是在当下，人们几乎总是将焦虑和抑郁相提并论。这主要是因为它们之间存在因果关联：患有焦虑症的人更容易陷入抑郁，反之亦然。在精神疾病中，共病现象十分普遍，尤其是在焦虑症和抑郁症之间。在青春期，焦虑通常是首先出现的情绪问题，最常见的形式是社交焦虑，这一现象通常发生在中学阶段——经历过这一阶段的人可能对此非常熟悉，因为中学阶段正是同伴压力与自我认同形成的关键时期——而不出几年，抑郁症可能又会接踵而至。这种精神疾病的"组合拳"可能出现在一生当中的任何阶段，但在青春期到成年初期尤为常见。

青少年常见的心理疾病

精神健康不仅仅包括应激、焦虑和抑郁。以下列出了一些最常见的精神健康问题：

成瘾：指个体对特定物质或行为产生强烈依赖的现象。这种依赖通常是由于这些物质或行为能够刺激大脑分泌大量多巴胺，从而带来强烈的快感。成瘾者会持续或重复这些行为，即便清楚它们会对身心健康或社会功能产生负面影响，也难以自控。有些人甚至会使用各种物质来缓解已知或尚未得到诊断的心理健康问题，比如通过吸食大麻或自行服用

第12章 保持沟通，关注孩子精神健康

抗焦虑药物来控制焦虑。如果无法获得特定物质，成瘾者可能会出现戒断症状，如焦虑、易怒、恶心和颤抖等。

焦虑症与惊恐发作： 焦虑症是一种过度且持续的担忧或恐惧，难以控制，导致巨大痛苦，并严重影响日常生活。而惊恐发作则是一种突如其来的强烈恐惧感，伴随着剧烈的生理反应，且通常没有实际的威胁或明显的诱因。这些术语常被青少年随意使用，甚至将正常的焦虑或担忧情绪误当作病症来对待。

进食障碍： 包括体象障碍、厌食症、贪食症、暴食障碍等。这些诊断既可以独立存在，也可能与其他心理障碍并存。例如，一位体象障碍患者可能同时患有抑郁症。第14章将深入探讨每一种进食障碍的具体情况。

强迫症： 患有强迫症的人会经历难以控制的、不断涌现的想法（即强迫观念）或行为（即强迫行为），并伴随着强烈的重复冲动。轻微的强迫行为，如完成任务、自我管理、多学一点或多练一会儿，有时可以帮助人们取得成功。然而，当想法转变为强烈的恐惧或侵入性念头，并充斥整个大脑时，它们就会变得更具破坏性。如今，孩子们经常谈论强迫症，但在儿童群体中，强迫症的发病率只有1%～3%。

现在，我们来探讨一下关于关爱自己的科学知识。长辈教导过你的那些为了过上健康快乐生活而应该做的事情，不仅大多得到了事实的验证，还获得了数据的支撑。

锻炼

一直以来，锻炼都被认为能够改善心情——跑步者称之为"跑者嗨"。不过，大多数运动也都有专门的说法来描述那种在锻炼中的某个时刻突然涌出的愉悦感。人们通常认为，这种感觉源自大脑在剧烈运动中所释放的内啡肽，但研究人员逐渐推翻了这一说法，转而认为这是内源性大麻素的作用。内源性大麻素和内啡肽一样，都是体内自然产生的激素。然而，内啡肽不易穿过血脑屏障，而内源性大麻素却可以轻易做到这一点。一旦进入大脑，内源性大麻素便能带来愉悦感，同时还能减轻焦虑，使人感到安宁——这一点内啡肽就做不到。不管具体机制如何，显而易见的是，锻炼能激发我们的身体产生"幸福荷尔蒙"。这无疑是大自然赐予我们的天然抗抑郁剂。

锻炼对精神健康具有显著的长期益处，尤其是规律进行的有氧运动。这种运动不仅能促使大脑内部及周围长出新血管，还能增加某些脑区的脑细胞数量，这一过程就是**神经发生**。专门研究人类记忆的研究者们认为，这一机制能够减缓甚至预防认知能力的下降。值得注意的是，**经常锻炼能使大脑里与记忆和学习能力密切相关的区域——海马体显著增大，进而提升记忆力、专注力，以及在不同任务间切换的能力**（学名称作多任务处理能力，这里之所以不这样讲，是因为大脑无法同时进行两种认知任务，尽管可以在两者之间迅速切换）。

锻炼对精神健康十分有益。没有抑郁症的人比抑郁症患者更常锻炼身体。不过，抑郁症本身就会降低个体的活力，让人对外界事物丧失兴趣。试想，在情绪极度低落时，谁会有兴致去锻炼呢？然而尽管如此，经常锻炼身体确实能有效缓解抑郁症状。尽管遗憾的是，锻炼似乎无法完全预防抑郁症的发生，但它确实能显著改善大多数人的情绪状态，无论他们是否患有抑郁症。

营养

我们吃的东西对我们的情绪有深刻的影响，而且这种影响非常迅速。不论你的饮食习惯如何——肉食、鱼素食、半素食或是纯素食——你都可以找到一种健康的饮食方式。然而需要注意的是，没有哪种饮食习惯能确保具体的饮食选择是健康的。健康的饮食应当包含不同颜色的水果和蔬菜、多种蛋白质和碳水化合物；应当选用天然食材而非加工食材，选用天然糖而非精制糖；同时，分量要适宜，水分要充足。这样吃能让我们精力充沛、沉着冷静。不用担心！健康的饮食中也包含各类零食，例如薯条和巧克力，甚至糖果，它们都能为你迅速补充能量或帮你改善心情——只是要控制摄入量。食物中蕴含着巨大的能量，因此，营养在关照自己方面扮演着至关重要的角色。

此外，均衡的饮食对精神健康也有长期的积极影响。合理的饮食通常有助于维持稳定的体重，减少皮肤问题（少长痘痘），使人饱而不胀，进而促使人形成积极的自我意象，提升自信，改善情绪状态。当然，良好的饮食习惯并非万能，即使饮食非常健康的人，也有可能面临情绪上的困扰。但如果营养状况不佳，问题只会变得更加严重。这些关于营养和锻炼的科学原理，不仅适用于成人，也适用于儿童。事实上，没有哪种关照自己的做法仅适用于某一特定年龄段——这些建议具有普适性，适用于各个年龄段的人群。

我们将在第14章里详细讨论进食障碍的话题，这里只简单强调，均衡营养对心理健康至关重要，而许多心理疾病也与饮食习惯密切相关。有时，你可能会担心与青少年谈论饮食话题真的会引发进食障碍。如果是这样，你就可以尝试一些委婉的方式来与孩子讨论。这种尝试是值得的，因为无数研究已经证实，我们的情绪、自信和整体的健康，都与饮食密切相关。

睡眠

我们后面专门用了一整章（第 13 章）内容来讨论睡眠的重要性，在此，我们还要强调一下睡眠对精神健康的影响。简而言之，睡眠对情绪有着根本性的影响。这是最容易实施的关照自己的方式，因为做这件事甚至不需要你保持清醒！

众多研究已经证实了睡眠的诸多益处。例如，在一项研究中，宾夕法尼亚大学的研究者让一组被试者在一周里每晚只睡 4.5 小时，结果不出所料，这些被试者变得紧张、愤怒、悲伤、精神不振；不过，当恢复正常睡眠后，他们的情绪出现了显著的改善。

要获得足够的不间断的深度睡眠，我们就需要弄清楚如何在繁忙的日程中挤出所需的最低限度的睡眠时间。这听起来容易，做起来却很难。有的人计划通过晚起来补回缺失的睡眠，但有时身体并不配合，仍旧在平时起床的时间醒来。这非常烦人，但完全可以理解，因为身体的生物钟非常稳定，打破它的难度超乎多数人的想象。此外，想睡一晚好觉需要许多常被我们忽视的条件，比如适宜环境温度的被褥、不太软也不太沉的枕头、舒服的床垫、不会吱嘎作响的稳固床架、安静的环境、足够暗的房间以及基本的安全感等等。有时，其中的一些条件非常昂贵，甚至根本无法实现。

睡眠与精神健康之间的关系是双向的，任何一方都可以促进或阻碍另一方。心理疾病可能会影响睡眠，例如某些药物使人保持清醒，或者疾病本身引发失眠。例如，焦虑和应激都会让人兴奋，从而不利于放松和入睡。反之，缺乏睡眠也会影响精神健康——至少会让人脾气变坏。

那么，青少年如何通过睡眠来更好地关爱自己呢？**褪黑激素**是由大脑松果体分泌的一种功能强大的天然化学物质，其作用是告诉身体该放松下来准备睡觉了。我们会在第 13 章里详细讨论各种因素对褪黑激素释放的干扰，特别是灯光和电脑、手机屏幕的蓝光。由于与幼儿或成年人相比，青少年的大脑分泌褪黑激素的时间更晚，因此他们即使想睡觉也很少感到疲倦。这时，你可以让孩子早点把电子设备收起来并上床睡觉。虽然孩子一开始可能仍然无法入睡，但是生物钟虽然强大，却仍旧是可以训练的（详见第 13 章）。每晚大致在同一时间上床有助于身体适应作息安排，但如果作息安排发生改变，身体就会需要一些时间来重新适应。顺便说一下，偶尔晚睡是可以的，但如果日常作息完全乱套，身体就会很难适应。

正念与冥想

正念和冥想对心理健康的益处正在得到科学界的广泛认可，这种曾经被视为非主流的技巧，现已成为应对日常压力乃至精神疾病的主要手段。众多研究证实了冥想的诸多好处，如降低情绪反应性、增强行为控制力以及提升个人幸福感。换句话说，冥想者通常情绪更为稳定，决策能力更强，且幸福感也比练习冥想前有所提升。

然而，想要说服孩子们尝试冥想并非易事，因为冥想需要耐心和保持安静，而这恰恰不是他们所擅长的事情。不过，简短的呼吸练习能在短短几分钟内让大脑和身体恢复平静,这一方法的诸多益处已经得到证实。即使对成年人来说,进行15到30秒的模式化呼吸(如4-7-8呼吸法)也能让精神得到短暂休息,从而有助于整理情绪并调整反应方式。

此外,还有许多生活小技巧也属于广义的正念范畴,对精神健康有益。例如,友谊对幸福感的意义非凡(详见第16章),爱与亲情也是如此。学习新技能或培养兴趣爱好也能显著促进精神健康,这归功于新技能的习得以及同道中人的交往。实际上,有助于维护精神健康的技巧和方法不胜枚举——当下我们所探讨的仅仅是冰山一角。

过去20~40年
变迁篇

近年来,人们对精神健康服务的需求急剧上升。焦虑症、进食障碍、注意力缺陷多动障碍以及成瘾障碍的发病率持续攀升,使得当前社会的整体精神健康状况与过去相比几乎天差地别。医院的住院部拥挤不堪。在许多医院,即便是急需全天候护理的严重病患,也不得不排队等候。在与精神科医生、临床心理医生、社会工作者、婚姻与家庭治疗师等精神健康专业人士交流时,他们会告诉你,他们从未像现在这样忙碌过。他们忙于为需要帮助的患者提供服务,同时不得不拒绝新的转诊请求。原因如下:

- 在美国,近半数的青少年(约49.5%)在其一生中的某个阶段被诊断出存在心理健康问题或精神疾病。

- 从2005年至2017年，12～17岁青少年的抑郁发作[1]发生率上升了52%——2005年时，有8.7%的青少年报告自己在过去的一年中出现过明显的抑郁症状；而到了2017年，这一比例已上升至13.2%，这意味着超过八分之一的青少年存在这一困扰。
- 早在2016年，焦虑症的问题就已经相当严峻，当时约11%的12～17岁孩子被确诊；而如今的这一数字已经是当时的近三倍，达到32%。
- 到了2021年，在新冠疫情持续蔓延一年多后，美国外科医生总长与美国儿科学会联合宣布进入青少年心理健康紧急状态。那一年的数据显示：
  - 44%的高中生持续沉浸在悲伤或绝望之中；
  - 15%的12～17岁孩子至少出现过1次明显的抑郁症状；
  - 10.6%的孩子遭受重度抑郁症困扰；
  - 4%的孩子存在物质使用障碍。

或许这些数字的增长，在一定程度上可以归因于医生和研究者提问技巧的提升，以及受访者和患者在回答问题时更加坦率的态度。另外，社会对心理疾病的接纳程度逐年提高，无疑也推动了相关数据的上升。回想过去，人们对这类话题总是避而不谈。然而在2021年，西蒙娜·拜尔斯在奥运会期间因心理问题选择退赛，她勇敢公开自己的困境，这一行为引发了社会观念的重大转变。此后，明星和职业运动

---

[1] 抑郁发作（MDE）即出现明显抑郁症状，但需达到特定标准才能被诊断为抑郁症（MDD）。——译者注

员等公众人物纷纷敞开心扉，分享他们不为人知的一面。实际上，在此之前，关于精神健康的讨论已经在悄然发生变化，但拜尔斯的举动标志了这一转变的正式到来，污名化的壁垒终于被打破。这类标志性事件，使得从普通民众到社会名流的所有阶层更加愿意与医生、研究者或朋友谈论自己心理健康状况。

大量涌现的新数据强有力地证明，在过去的短短15年内——尤其是在新冠疫情期间——社会的整体精神健康状况急剧恶化。如今，压力过大似乎已成为青少年群体的普遍现象。如果你询问他们的近况，回答"压力大"的人数居然可以比肩回答"我很好"的人数。与几十年前的情形相比，几乎所有心理疾病的发病率都增加了一个数量级。

社交媒体的影响犹如双刃剑。互联网这个强大的联结纽带，孕育了众多心理健康互助社群；然而，长时间沉迷于各类社交媒体应用，也导致抑郁症、焦虑症和进食障碍等疾病的发病率上升。

青少年自杀问题

自杀无疑是抑郁症最为严重的后果之一。近年来，美国疾病控制与预防中心一直在密切监测青少年和20岁左右年轻人的自杀率攀升，并记录下了一组令人忧心的数据：

从2007年至2018年，在短短11年间，自杀率激增了近60%。新冠疫情更是让这一问题雪上加霜，导致因自杀念头

> 或自杀企图而前往急诊室的人数进一步增加，尤其是在10～13岁的青少年群体中。此外，在15～24岁的人群中，自杀已成为第二大死亡原因。2022年的数据显示，高达20%的高中生曾有过自杀念头，其中9%的学生甚至尝试过自杀……
>
> 这些数据令人触目惊心。为了应对这一危机，2021年，心理健康紧急状态被启动，988自杀预防热线也在全美范围内开通。风险人群的范围大幅扩展，特别是那些曾经遭受身体虐待或性虐待、滥用药物、遭受霸凌的孩子，曾经罹患心理疾病的孩子，无法获得心理健康服务的孩子，以及能够轻易接触致命武器（如未上锁且装有子弹的枪支）的孩子。其实，已有众多方法被证实能够切实有效地预防自杀。研究显示，最重要的积极因素包括与家庭和社区的紧密联系、良好的社会情感应对技能，以及能够便捷获得的心理健康服务。

几十年来，我们的社会在自我关爱方面取得了许多令人欣喜的进步。如今，越来越多的人开始畅谈并实践冥想、写日记、锻炼和充足睡眠等自我关爱方式。在这方面，数字技术发挥了积极作用，为我们提供了各种应用程序，使这些活动变得更加简便易行。大多数人都已经了解到关于睡眠重要性的神经科学依据，而"褪黑激素"这一名词也已经广为人知——事实上，人们不仅对它有所了解，甚至还会在药店和超市购买相关产品。

为了满足现实需求，一种新的自我关爱方式正悄然融入我们的日常生活，即在夜间将所有电子设备，包括各类电脑、游戏机和手机等，统统移出卧室。回顾 20 年前，人们的卧室里有时会放置一台电脑，或许还会有一部电话（很可能是无绳电话，而非手机）；而在 40 年前，这一切在今天看来几乎难以想象——电视机通常摆放在客厅，固定电话则位于厨房。然而如今，手机铃声、短信提示音以及不断涌入的电子邮件和即时消息，严重干扰了人们的睡眠，以至于大多数渴望获得高质量睡眠的人都选择在夜间将电子设备放在其他地方充电。没错，孩子们也有这种需求，尤其是当家里的大人做出表率时。

如何与孩子对话
实操篇

在与孩子讨论心理健康这一话题时，许多父母会感到不自在，尤其是那些在从不谈论情绪状况、遇到困扰则被要求"坚强面对"的家庭中成长起来的父母。然而，正如我们在书中多次提到的那样，不自在并不是回避交流的充分理由。而且不要忘记，关注心理健康不仅在于我们说了什么或做了什么，更在于我们要去关注孩子，倾听他们的心声。

如果你担心孩子可能存在心理健康问题，不要犹豫，立即寻求专业帮助，而不是坐等这一问题自行消失或随时间推移而逐步改善。尽管快速预约到专业人士可能并非易事，但你仍可通过多种途径获得初步的帮助和支持。例如，孩子学校的心理咨询师和辅导员以及儿科医生，他们都能帮助你评估孩子的状况，把情况稳定下来，直到可以采取进一步的行动，或者在必要时帮你对接急诊资源。

孩子们的心理状况千差万别，有的非常健康，也有的极为严重。然而，大多数孩子的心理状况介于两者之间，既让我们有些许担忧，又不至于引发恐慌。

下面这些措施能帮你营造一个有利于提升孩子心理健康水平的环境。

协助孩子分辨正常反应与病态表现

得益于社交媒体和互联网的发展，如今的青少年似乎很喜欢给自己贴上某种心理疾病的标签，仿佛这是一件时髦的事。在过去的一周里，你有没有听过十几岁的孩子在谈论自己"惊恐发作"的经历，或者提到他们觉得某个朋友可能患有"焦虑症"？从某种角度来看，我们应该为那些痛苦而强烈的情绪得到社会认可而欢呼。在过去，这些情绪往往被隐藏在学校洗手间的隔间里，或者夜里的被子下。我们都赞同人应当把内心的情绪都宣泄出来。然而，孩子们需要学会区分临床诊断和那些虽然症状典型却似是而非的情形。感到压力重重并不等于患有焦虑症，手心冒汗和心跳加速并不是惊恐发作，在开始做作业前整理书桌不代表患有强迫症，而因失恋而难过一礼拜也不是抑郁症。**我们有责任帮助孩子们理解和接受随着年龄增长而自然会出现的各种痛苦感受，同时也要教导他们区分正常的情绪波动和心理疾病。**

别把孩子的情绪当"闹剧"

我们往往会把青少年的强烈情绪视为"闹剧"，觉得他们对一些鸡毛蒜皮的小事反应过度，情绪过激。我们或许认为，"这点事儿我经历过，这算哪门子事啊，赶紧翻篇吧！"然而，如果我们对孩子的情绪置之不理，特别是当他们发现我们根本不想认真聆听时，就可能会对他们造成负面影响。或者，即使他们当时接受了我们这种态度，但是将来在面对更棘手的问题时，可能也就不会再向我们求助了。

很多对我们来说无关痛痒的小事，在他们看来却可能意义非凡。神经科学家指出，青少年大脑中的情绪体验比儿童和成年人更为强烈。青少年在锻炼情绪管理能力的同时，也在承受着情绪的剧烈波动。有些孩子表达情感的方式就像健身房里那些边举铁边发出阵阵怒吼的壮汉——虽然这声音听起来有些刺耳，但既然这有助于他们变得更强大，我们又怎能妄加评判呢？最为关键的是，如果我们轻视他们的感受，认为它们微不足道或太过夸张，孩子们以后就不太可能再来找我们倾诉了。如果他们觉得我们不会尊重他们的感受，一旦真的遇到了严重的问题，他们或许就会转向他人求助，或者更糟糕的是，选择一个人默默承受。

保持沟通渠道畅通

我们在每一章都强调这一点，因为沟通确实非常重要，特别是在孩子们遇到情绪困扰的时候。我们所说的保持沟通渠道畅通，并不是指你要多说话，反而更多的是要安静地坐着，成为一个好的倾听者。不同性格的孩子有不同的沟通方式，以下是一些建议：

对于那些爱说话的孩子：他们或许会滔滔不绝，但讲的话往往流于表面。在安静的时刻，他们反倒可能谈得更深些。因此，我们需要为他们营造宁静的空间，或者至少克制住自己打破沉默的那份冲动。

对于那些生性较为安静的孩子：如果周围的成年人持续不断地讲

话，牢牢掌控着话语权，他们就更不可能敞开心扉了，尤其是在周围总有其他孩子在场的情况下。这样的孩子需要放松的环境——例如在家中、吃早餐时、乘车时或遛狗时——来倾诉心声。

对于那些感到紧张或焦虑的孩子：他们可能需要成年人的帮助，尤其需要我们帮助他们平复内心的不安。我们可以静静地陪伴他们，或者坐在他们身边练习深呼吸。孩子们通常会效仿我们的样子，从而让紧张的心情逐渐放松下来。

当然，这并不意味着我们应该始终保持沉默，但说话时一定要非常谨慎。这一点非常关键。好奇而不带评判的语言能有效促使孩子们主动开口，例如，"我在想……""我注意到……""你觉得……呢？"等。这些方式都能促使孩子主导谈话的方向，而非被动跟随我们。当然，如果你非常担心孩子，害怕自己情绪失控，或者急于直奔主题，那么做到这一点可能会比较困难。不过，这种方法对于帮助孩子们做出更加实质性的回应极为有效，同时也能帮助他们培养自我反思能力，学会洞察自己的内心并表达真实的感受。

成为孩子的减压阀，而非施压源

许多孩子会毫不掩饰地向别人倾诉他们所承受的巨大压力，例如要取得优异的成绩，或者要在体育、音乐或表演等领域出类拔萃。大学申请过程给孩子们施加了层层叠叠的压力，让不少孩子觉得就算拼了命也无法满足那些要求。在这样的现实下，父母面临两种选择：要么给孩子增加压力，要么成为他们的减压阀。

那么，如何成为孩子的减压阀呢？不要一天到晚地问"考试考得怎么样？""作业多不多？""有没有跟老师讨论论文？""比赛中得到了多少上场时间？""戏剧表演安排在了哪一天？"之类的问题。你可以尝试这样问："今天学校里有没有发生有意思的事情？""周末要不要一起看场电影？""你有没有发现，狗狗趁你不在家的时候又捣蛋了？""想不想尝尝我新买的奶酪？"这些不涉及作业或任务的低风险问题能帮助孩子改善心情。寻找除了学业和必须承担的责任之外的话题，可以让孩子觉得，生活是丰富而完整的，而不是只有成功和失败。

需要特别注意的是，我们都会把自己的焦虑情绪带入与孩子的谈话中。因此，请反思并审视自己的焦虑情绪。如果你发现自己在期待孩子来减轻你的焦虑，那就说明，谈话的焦点其实并不在孩子身上。这时，你应该寻找其他方式来减压。

养成关爱心理健康的好习惯

随着孩子逐渐长大，变得更加独立，他们的许多事情也将脱离我们的掌控。这是生活的常态。但是，这并不意味着我们完全无法掌控任何事情，尤其是在孩子仍旧跟我们住在一起的时候。尽管孩子进入青春期后，规则的执行会变得困难很多，有时甚至让人萌生放弃的念头，但这几年恰恰是孩子最需要我们为他们设立规则的时期。关于睡眠、运动和均衡营养的众多研究成果，能够显著提升孩子的心理健康水平——我们的职责是帮助孩子养成相应的好习惯，即便这个过程充满艰辛。

睡眠方面：要杜绝孩子熬夜，无论是使用电子设备社交还是学习。帮助孩子设定合理的作息时间，确保他们按时就寝。将电子设备移出孩子的房间，并规定睡前至少一小时（甚至两小时）不看手机，这会有很大帮助。我们知道，这是一场持久的斗争，而且你可能会招架不住（例如孩子比你睡得晚），但这一切都是值得的。

运动方面：虽然并非所有孩子都喜欢体育运动或去健身房锻炼，但他们每天都需要至少 60 分钟的活动量。对于那些自认为缺少运动细胞的孩子来说，这可能会显得有些吃力。因此，帮助他们找到适合自己的舒适的锻炼方式非常重要，比如遛狗、参加在线舞蹈课程，或者与朋友一起练习瑜伽。即便强度很低的运动也能为孩子带来巨大的情绪价值，但孩子们通常需要一些帮助来找到适合自己的锻炼方式并养成习惯。培养终身运动的习惯就像一场马拉松，而非短跑冲刺，这需要我们付出耐心。此外，孩子们每周改变兴趣爱好也无妨，只要他们能活动起来就没问题。

饮食方面：饮食要均衡，不过我们讲的"均衡"是：不仅水果和蔬菜不能少，巧克力和冰激凌也很重要！不同的食物对孩子的身心健康有着各自独特的重要作用。有些食物能为孩子的身体提供能量，而有些食物则能给予孩子心理上的安慰。父母应该为孩子提供多样化的食物选择，以确保他们摄取到身体和大脑所需的全面营养。同时，避免将某些食物视为洪水猛兽也是非常重要的。

如何知道孩子是否处于危机之中

父母无时无刻不在牵挂着自己心爱的孩子，目睹孩子难过无疑是一件极为痛苦的事。然而，一旦孩子出现一些特定的外在表现，我们就必须立即采取行动。这些外在表现包括自我伤害、自杀念头、酗酒等物质滥用、呕吐或持续节食等。有时候，判断孩子的行为改变是否异常非常困难。例如，哪些表现属于青春期正常的情绪波动？哪些迹象意味着孩子需要专业的帮助？如果你有任何疑虑，务必及时求助。

如果以下任一表现持续超过一周乃至两周，或者你凭直觉感到情况不妙，那就必须立即求助专业人士。以下迹象可能表明，孩子的问题远不止是一段短暂的情绪波动：

- 持续悲伤或担忧，流泪不止
- 对周围事物漠不关心
- 异常疲惫（包括过度嗜睡）
- 失眠
- 不再关注个人卫生和仪表，例如不再洗澡或更换衣物
- 社交退缩，不与朋友交流，闭门不出，或彻底孤立自己
- 饮食习惯发生明显改变，进食量远低于或远高于平常水平
- 持续烦躁或易怒，包括突发性的暴怒
- 被发现或主动透露过度饮酒或滥用药物

来自孩子们的心声
反馈篇

小H，女，21岁

我与心理疾病的斗争已经持续了许多年。在初中时，我遭受了长达数年的严重霸凌，这导致了焦虑和抑郁问题，这些问题至今仍困扰着我。我在香港度过了从小学到初中的七年时光。在那里，由于谈论精神健康话题

会受到歧视，我从未真正理解过自己的感受，也不知道自己为何会有这样的感受。当时我10岁，感觉特别孤单。因为我无法向朋友倾诉这件事，也不敢告诉父母我在学校被人欺负。我害怕他们会说我情绪不稳定——在我家里，父母经常这样指责我。因此，我只能独自承受这些创伤。

幸运的是，我的姑姑察觉了这一切，她是通过我的表弟了解到我的情况的。我的表弟跟我上同一所学校，他还把这件事告诉了我的父母。得知这个消息后，我的父母决定让我回到加利福尼亚州。在那里，我的情况逐渐好转了。我想，他们当时一定已经意识到我正在变成他们不愿看到的样子，认为让我回到我拥有更多归属感的地方，会对我的成长更有利。

几年后，读高中的我又一次遭遇了创伤——在毕业那年遭受了性侵。那时，我的心理状况比以往任何时候都要糟糕。对我来说，学习一直是一件轻松的事，现在却变得异常艰难。生平第一次，我在考试中得了好几个C。我不得不成为另一个人，不再是过去那个充满活力和情感外露的孩子。我仿佛成了一具行尸走肉，只埋头学习，不敢直面自己的遭遇。然而，这一次情况有所不同：我不再感到孤单。我向父母和最好的朋友坦白了这一切。对他们来说，听到这样的事情发生在他们的女儿和密友身上，这样的现实无疑是难以接受的。一开始，这确实不是一个让人舒服的话题。然而，这也成为了我们家中首次公开讨论精神健康问题的契机。

我开始接受心理治疗，父母也开始认真对待我的情绪问题。在优秀的心理医生、关爱我的家人和朋友的支持下，我学会了如何表达自己的感受，并逐渐接纳了自己的创伤。尽管这个过程漫长而艰难，但我最终能够与同龄人、父母以及信任的成年人分享我的经历。我不再因为与心理疾病的斗争而感到羞耻，而且，我也不再孤单地去面对这些问题。能够与身边的人谈论这些问题，是我克服创伤的关键。我能够依靠那些愿意帮助我、从不评判我的朋友和家人。正是他们的支持，让我生平第一次真正拥有了安全感。

遗憾的是，所有人都会遇到不幸的事情，重要的是及时发现孩子在情绪和性情上的变化。在我看来，我的父母一开始并不愿意相信，他们的宝贝女儿竟然患上了心理疾病。这种态度对我产生了深远的影响，以至于我开始怀疑自己的感受，这非常危险。我一直试图从外界寻找对我感受的肯定和接纳，然而，第一个给予我这种肯定和接纳的，却是我非常信任并向其吐露心声的一位密友。但愿你也能够成为肯定和接纳孩子感受的那个人！

回头看去，我认为我的父母在那种情况下已经尽了他们最大的努力。这两次经历对他们来说都非常艰难，但是，与我被霸凌那件事相比，他们在我遭受性侵犯这件事上的态度有了明显的转变。他们接受了来自外部的支持和帮助，并没有因为自己的成长经历而忽视心理治疗和心理健康的重要性。我在高中时最好的朋友，也就是这次经历中最支持我的那个人，正是在重视心理健康的洛杉矶长大的。我是幸运的，因为我得到了如此多的支持。

第四篇

青春期孩子的睡眠、饮食与运动,以及亲子对话指南

第 13 章

睡眠那么重要，为什么常常被青春期孩子忽视？

我们常常把我们的一种生物本能当作奢侈品来看待，是不是有点讽刺？没错，很多时候，我们就是这样看待睡眠的。对于睡眠，似乎每个人都有自己的主张。比如，每天应该睡多久，实际需要睡多久，理想的床垫和枕头是什么样的，房间里应该有多暗，睡觉时门是开着还是关着……这些问题总是被反复讨论。所有人都十分关注睡眠，毕竟它占据了我们生命的三分之一。我们需要睡眠，也渴望睡眠，倘若长时间不睡，身体就会反抗，要求我们休息。虽然不同的人所需的睡眠时长各异，但深度、长时间的睡眠会让人感觉良好，而且对健康大有益处；而断断续续、严重不足的睡眠则会产生相反的效果。

青春期知识加油站
科学篇

睡眠的重要性催生了相关科学领域的快速发展，特别是对理想睡眠量的研究。研究人员反复证实，根据年龄的不同，人在 24 小时内的理想睡眠时长如下（具体视个人情况而定）：

- 新生儿和婴儿：14 ~ 16 小时
- 学步儿：12 ~ 14 小时
- 小学生：10 ~ 12 小时
- 初中和高中生：8 ~ 10 小时
- 成人：7 ~ 10 小时

新生儿、婴儿和学步儿是天生的睡眠高手，因为他们会明确表达需求：如果没有被放到床上，他们就会尖叫和哭泣。有时，新手父母能理解这一点。但是，如果一个宝宝大声哭闹、揉眼睛、拒绝吃奶，还拼命抵制所有逗弄和安慰，那么他很可能是想睡觉了。

随着年龄的增长，我们逐渐忽视了对睡眠的需求。有时，我们因事务繁忙而不得不熬夜；有时，我们为了夜生活而推迟入睡。由于生活（尤其是上学和工作）通常遵循从早晨开始的固定时间表，要想获得所需的睡眠，我们就必须做出一些牺牲，否则就得承担相应的后果。

在我们自以为"无所事事"的梦乡中，我们的身体其实非常忙碌。然而，这一切却常常被我们忽视，因为我们并不知道身体到底在忙些什么。如果孩子不了解睡眠的重要性，我们就得给他们讲讲，睡眠对身体到底有哪些关键的作用。不过，睡眠的作用实在太多，详细解释会显得冗长复杂，反而不利于引导孩子改变生活习惯。

为了简化说明，下面列出了睡眠对青少年和 20 多岁年轻人的四大关键影响。把这些要点讲给孩子听，或者邀请他们阅读相关内容，以便让他们更早地上床睡觉。

1. 睡眠是记忆的整理师。在睡眠中，大脑会整理一天中的事件和信息，筛选出哪些值得留存，哪些应当舍弃。有些信息被存放在易于调取的记忆库中，有些则深埋于长期记忆的深处，还有些可能被完全抹除。因此，熬夜苦读不如安眠一场，因为缺乏睡眠会使大脑无法有效整合临时抱佛脚的知识并形成长期记忆，从而导致第二天难以回忆起相关信息。

2. 睡眠是情绪的大医生。我们每个人都经历过睡眠不足所导致的情绪波动，然而重要的是，我们还要给孩子讲清楚这一点，特别是在孩子的情绪波动有多种原因的情况下。睡眠不足或质量欠佳时，有人焦虑不安，有人抱怨连连，有人沉默压抑。当然，还有一些人调整能力极强，但也坦承自己不在最佳状态。我们都有这样的经历。

3. 睡眠是新陈代谢的大管家。长期以来，发胖与睡眠时间短或质量差之间存在一定的关联。过去，人们往往将发胖归咎于夜宵——认为熬夜的人必定会吃东西。这一解释确实适用于一些人，但它并不是大多数睡眠不足者发胖的主要原因。实际上，这种现象主要受两种激素调控：一种是由脂肪细胞分泌、使人产生饱腹感的瘦素，另一种是由胃分泌、使人产生饥饿感的胃饥饿素。这两种激素在人体内的作用，就如同两个人在玩跷跷板。

在清醒状态下，瘦素水平下降，胃饥饿素水平上升；而在睡眠过程中，瘦素水平上升，胃饥饿素水平下降，从而使二者之间的平衡得以恢复。如果睡眠质量不佳或睡得不够，瘦素水平的上升和胃饥饿素水平的下降就会不足，导致第二天更易感到饥饿。因此，充足的睡眠直接影响着我们的饥饿感和饱腹感。

这两种激素还能在细胞层面发挥作用，影响细胞对能量的利用。瘦素能增加能量消耗，使人体能够有效利用新摄入的热量；而胃饥饿素的作用则恰好相反，它能降低能量消耗，以便将食物中的热量储存起来供日后使用。因此，当睡眠充足时，瘦素水平较高，胃饥饿素水平较低，人体能够自由地将食物中的热量用于日常活动。这样一来，你就会感到精力充沛、充满活力。相反，睡眠不足时，瘦素水平不够高，胃饥饿素水平不够低，身体便会发出信号，以脂肪的形式储存热量，以备不时之需。这是因为，身体担心其主人照顾不好自己，导致吃不好或睡不好，于是便采取措施来为未来储备能量并减少能量消耗，但这样就会让我们感到疲惫不堪。

4. 睡眠是长高的魔法师。 或许，父母催促孩子早点入睡的首要动力是，睡眠能促进长高。生长激素由垂体腺分泌，该腺体也负责分泌黄体生成素和卵泡刺激素。有趣的是，尽管名为生长激素，但它在人体内的作用却非常多，其中许多与生长发育无关，而是涉及心脏功能、葡萄糖平衡以及骨矿化等诸多方面。

睡眠能够触发特定的生长激素释放模式。当体内生长激素达到一定基础水平时，便会发生生长现象；随后更多的生长激素迅速释放，浓度达到足以促使长骨生长的程度。（需要注意的是，此时生长板必须处于未闭合状态——若已闭合，则长骨无法长长。）生长激素水平的激增主要发生在睡眠期间，因此父母可以向孩子解释，他们是在睡眠中长高的——不是在晚上或躺下的时候，而是在真正入睡的时候。

在探讨睡眠的生物学机制时，褪黑激素是一个绕不开的话题。这种激素由位于大脑深处的松果体分泌。**随着外界环境逐渐变暗，松果体便会释放褪黑激素，向身体发出即将进入睡眠状态的信号，而光亮则会抑制褪黑激素的分泌。**这些反馈机制共同构成了我们的昼夜节律和睡眠／清醒周期的基础。

褪黑激素的作用并非像开关那样简单直接，而是更类似于调光器。褪黑激素水平的上升可能需要数小时，之后身体才会逐渐感到困倦。然而，对一些人而言，生理上的放松是入睡的关键，但在现代社会，这一点却可能成为问题。由于现代生活严重依赖各种照明设施，褪黑激素的分泌受到了严重的影响。即使室外已经一片漆黑，人在明亮的环境中时，大脑仍会保持清醒和警觉。此外，音乐、电视、咖啡因和糖分等各种刺激因素也会与褪黑激素产生竞争，使人处于兴奋状态。随着各种电子设备的日益便携化和普及化，研究者特别关注屏幕使用对褪黑激素分泌的影响。手机、平板电脑和笔记本电脑屏幕发出的蓝光，已被证实会显著降低褪黑激素的分泌，从而导致大脑难以进入睡眠状态。研究表明，将屏幕光线调整为黄色（即"夜间模式"）可以有效减少这种干扰，从而有助于维持正常的昼夜节律。此外，无论屏幕发出的光线颜色如何，许多人还会因为屏幕上的内容而熬夜，比如与朋友发短信聊天、观看视频、浏览社交媒体帖子，或是不断滚动刷新负面新闻。所有这一切都促使我们将矛头指向各种电子设备，鉴于它们对儿童和成人入睡过程的诸多干扰，这种指责无疑是合理的。

青少年的褪黑激素分泌有一个特点，即松果体在一天中释放褪黑激素的时间会逐渐推迟，这就是许多青少年抱怨即便按时上床也依旧难以入睡的原因。<mark>尽管体内褪黑激素的释放延迟了一两个小时，但他们仍然可以通过主动训练松果体来适应自己的作息节律</mark>。因此，一个通常在午夜左右才上床的青少年，如果某晚决定提前至10点上床，那么他很可能不会轻易入睡；但如果这个孩子每晚都坚持在10点左右刷牙、换上睡衣并调暗灯光，久而久之，褪黑激素的释放就会逐渐适应这一作息时间。

睡眠至关重要，缺乏睡眠可能会带来诸多问题。最新研究数据显示，睡眠不足与大脑结构的物理性变化密切相关，这种变化会削弱个体的注意力和自控力。特别对于那些每晚睡眠时间不足9小时的中小学生来说，这种情况尤为明显。研究表明，随着这些睡眠不足的孩子逐渐长大，他们将更容易遭受抑郁和焦虑的侵扰，更易冲动行事，并在解决问题和决策方面遭遇重重阻碍。毋庸置疑，在我们撰写此书与你阅读这段文字的时候，还会有更多数据来佐证高质量、长时间的深度睡眠所带来的种种益处。对此，研究者和儿科医生们常以"睡眠卫生"一词来描述——不妨记住这一时下流行的健康理念。

过去 20~40 年
变迁篇

在过去的几十年中，人们对睡眠的重要性逐渐有了深刻的认识。相关研究可以追溯至17世纪，但在20世纪50年代，随着快速眼动（REM）睡眠的发现，研究取得了重大突破。在此之前，对睡眠的研究主要集中在理解梦境上。然而，到了20世纪末，许多研究者开始转变研究方向，着手探究嗜睡症、睡眠呼吸暂停和失眠等睡眠障碍，进而极大地丰富了我们对睡眠的生物学意义的理解。

与此同时，昼夜节律的概念也逐渐明晰。在我们成长的过程中，"生物钟"这一术语开始广为人知。它所表达的理念是，人的整个身体都与某种为期 24 小时的节律保持同步，这在逻辑上是合理的。然而，如今研究者们已经发现，人体内每个器官都有独立的生物钟。有的循环周期是 24 小时，有的则为 23 或 25 小时，还有的会随季节或日照时长变化而调整。总体而言，睡眠（尤其是褪黑激素）在维持人体生物钟同步方面发挥着核心作用。

然而，最大的变化是，睡眠已经变得备受推崇——甚至大过人们对睡眠益处的理解的变化……至少对年长者而言是如此。虽然孩子们自小就被反复告知睡眠非常重要，但直到 21 世纪，这一观念才被社会广泛接受。如今，睡眠已然大受重视。工作周开始缩短，鼓励职员休息的激励措施也越来越多。同样，许多学校也在尝试推迟上课时间，以便学生们能够起得晚一些。加利福尼亚州等一些州甚至以法律的形式明确了这一点。当整个世界都开始重视睡眠时，说服孩子按时上床睡觉就变得容易多了。

如何与孩子对话
实操篇

从一开始，睡眠就可能是个大难题。从竭尽全力让新生儿入睡，到哄学步儿上床睡觉，这些比起督促上小学的孩子早睡，或制止青少年熬夜学习或玩耍，似乎都不算什么。在睡眠问题上，各年龄段的孩子都有其特有的发育和情境影响因素，但青少年的睡眠问题似乎尤为复杂。原因包括社交媒体的频繁使用、社交活动的增多（线上和线下皆有）、学业压力的增大以及褪黑激素分泌的延迟。更不用说，成年人已经无法再命令孩子去睡觉，因为现在的孩子往往睡得比大人还要晚。

我们无需更多数据来证明睡眠的重要性，毕竟没有任何研究声称睡眠不重要或不必优先考虑。因此，问题就变成了：我们怎样才能以孩子喜闻乐见的方式传达睡眠的重要性？如果孩子从内心里抵触我们制定的规矩和提出的建议，我们该如何说服他们按时睡觉呢？

关键在于强调孩子真正关心的问题：长高

大多数青少年都对自己未来的身高很在意，尤其是男孩。部分原因在于社会更加看重男性的身高，而具体的期望身高则因地区和家庭而异。你无法向孩子保证只要每晚睡足一定时间就一定能达到理想的身高，尤其是当父母的身高也距离理想值较远时。不过，我们可以告诉孩子们，充足的睡眠有助于发挥他们的遗传潜力，进而长得更高。你无需长篇大论，事实上，简短而精炼的表达更为有效。当你想起这件事，同时环境又比较安静时（而不是在激烈争论应该几点上床睡觉的时候），你就可以这样对孩子说："我最近读到一篇文章，才知道身高其实是在睡眠中增长的，所以你要是想长高点的话，就得早点上床睡觉。"

如何应对孩子熬夜学习

我们总能听到父母反映，孩子上床晚与学习压力大密切相关。为了取得好成绩，孩子们承受了巨大的压力，常常熬夜至凌晨，写作业、备考或赶项目。这种压力不仅危害孩子的身心健康，还会导致他们无法获得充足的睡眠。睡眠的四大益处——促进记忆存储、助力恢复状态、平衡新陈代谢和促进长高——在频繁熬夜的情况下难以实现。因此，我们需要鼓励孩子按时睡觉。你可以用科学知识来说服孩子（因为你的观点可能无法做到这一点），例如："你睡觉的时候，大脑实际上在形成记忆。所以学到一定时候，你还不如去睡觉，把你刚学到的知识储存到脑袋里，而不是继续学下去。"

打赢与电子设备的战斗

如今，各种电子设备强烈吸引着孩子们的注意力，同时也对他们的生活造成了严重的干扰。一方面，孩子们可以借助电子设备进行社交，例如浏览社交媒体、视频聊天和短信交流。这些工具对他们的重要性，丝毫不亚于电话在我们这代人心中的位置。孩子们的电子设备以我们无法理解的方式将他们联结在了一起，尤其在经历了严重影响社交互动的疫情之后，许多父母开始反对将电子设备妖魔化，因为他们已经意识到了电子设备的积极作用。然而另一方面，数据表明，孩子们应该至少在睡前一小时（或两小时）关闭屏幕，以便让大脑摆脱刺激和蓝光的影响，从而促进褪黑激素的分泌。更重要的是，所有电子设备——不仅限于手机，还包括电脑、平板电脑和游戏机等——都应在卧室外充电，以此来避免通知和提醒的声音干扰睡眠。（这一点不仅适用于孩子。）

然而，执行这些规矩并非易事，需要持续监督和强化，因为违规往往多于遵守。对孩子来说，用完成繁重的作业，舍弃夜晚的欢愉来换取更多睡眠时间实为不易。当有趣的事情发生，或者当短信交流变得热烈而令人兴奋时，要让孩子放下手里的设备似乎是不可能的。尽管如此，你仍旧需要每周（甚至每天）重复提醒孩子，因为他们需要你不断提醒为什么要远离电子设备。你可以这样说："我知道我可能听起来像是在唠叨，但是确保你的健康并让你获得充足的睡眠是我的职责，所以现在要放下设备，准备睡觉了。"同时，你也要以身作则，给孩子做好榜样。

让孩子知道睡不好会影响情绪

睡眠不足会影响我们第二天的状态，比如让我们变得暴躁易怒、效率低下。因此，当发现孩子表现出这些情绪时，我们就要怀疑孩子是不是没睡够。与其指责孩子的行为表现，不如带着好奇去了解晚上关灯之后发生了什么。有的孩子会偷偷玩电子设备，有的会捧起书本阅读，还有的则会躺在床上辗转反侧，思绪万千。你或许一眼就能看出孩子心情不好的原因（没睡好！），但孩子可能还没有意识到这两者之间的关联。因此，我们需要耐心地跟孩子解释，睡眠不足会给情绪带来怎样的负面影响。如果你能用自己的亲身经历来现身说法，效果会更好。比如："记得上周我对你发火吗？那是因为我前一天晚上熬夜看网剧，结果第二天就变成了一个行走的火药桶，因为我没有睡够！有时候，我能看出你没睡好，你能看出吗？"

在一些人眼里，睡眠永远都是个大难题。不过，理解这一切背后的原因对于培养主动性至关重要，比如为什么睡眠很重要，它如何让我们神清气爽，又如何给我们的活力和学业（或工作）加分。最终，这些理解将帮助许多孩子和父母养成更好的睡眠习惯。在此之前，父母需要做好被孩子嘲笑的心理准备，每晚反复提醒："到点了，该睡觉了。嘿，说你呢，到点了，睡觉！"

来自孩子们的心声
反馈篇

小E，女，21岁

在读高中的时候，我并没有把睡眠看得很重要。每天放学回家后，我会先小睡一会儿，或者直接开始做作业，接着去练舞蹈，回家后再继续写作业直到睡觉。到了高三，每晚能睡够六个小时就已经很好了，通常只能睡四到五个小时。要是第二天有重要的考试或者要作报告，我的睡眠时间甚至可能被压缩到三个小时。我总是感到非常疲惫，这也让白天的学习效率大打折扣。

睡眠不足打乱了我的生物钟和睡眠习惯，当然也影响了我的免疫系统，但受影响最大的还是我的情绪。我终日焦虑不安，整个人变得非常敏感。进入大学后，我发现自己依然延续了过去的作息模式。虽然早上可以晚一些起床，总体来看比过去睡得多了些，但我依然保持着晚睡的习惯。你可能不信，我现在很容易就累了，远远不如过去。我在高中时养成的不良睡眠习惯一直延续到了大学，这种习惯显然是无法持久的。现在，我就要升入大学四年级了，我特别后悔，要是上高中的时候能养成良好的睡眠习惯该多好。

好的睡眠不仅是正常生活的必要条件，更是让人保持快乐心情的关键因素！我现在甚至能准确预测，一旦睡不够，我的心情会变成什么样子。在这种状态下，我很难投入到课堂学习中，也很难去跟朋友们一起玩，因为我几乎无法睁开双眼，只想能睡上一会儿。曾经的我总是用"睡眠是弱者的行为"来激励自己，只为了能多学习一会儿，或者多完成一项作业，甚至只是为了在劳累一整晚后用手机打发时间，放松一下。但现在我只想说：去睡觉吧！睡眠太重要了。可是，曾经的我却天真地认为自己不睡觉也能过得很好。现在回想起来，我深刻地体会到，优先保证睡眠质量有多重要，早点养成健康的睡眠习惯有多值得！

第 14 章

如何帮助孩子减少形体焦虑和进食障碍等风险？

青春期的一大残酷真相，就在于它的极度不可预测性。发育过程难以预料，发育的最终结果也同样充满变数。若要挑选一个最能体现这种不确定性的青春期特征，那无疑是孩子的身材变化。

在青春期，孩子的身体会发生显著的变化。单单是在青春期的生长高峰期，孩子们的身高就能猛增 20%，体重则增长得更多。有些孩子的身体似乎在一夜之间就完成了蜕变，而另一些孩子的身体变化却较为缓慢，可能需要数月甚至数年才能显现。这种差异本身就足以让孩子们感到难以适应，更何况，他们的身材还会在一生中持续改变。虽然有些成年人的身材看起来与青春期结束时相差无几，但更多人的身材却与年轻时截然不同。青春期的身体变化虽然有一个明确的终点，相对来说比较容易应对，但身材的变化却恰恰相反，它可能会持续人的一生。

青春期知识加油站
科学篇

形体焦虑是指个体对自己身体的感知与感受。负面的形体焦虑可能源于对身体的不满（不喜欢自己的身体）或躯体变形障碍（即过分关注自己的外表），并可能最终引发某种进食障碍。青春期的身体变化可能引发上述问题是可以理解的，但问题在于，这些痛苦感受可能一直持续至成年，甚至更久。

关于形体焦虑的几个常用术语

身体不满：指个体对自己的身体持续抱有负面想法和感受；这是一种内在的情感和认知过程，且受外部因素影响。

躯体变形障碍：一种心理疾病，其特点是个体认为自身外表存在一个或多个缺陷，而这些缺陷在他人看来可能微不足道或根本不存在。

进食障碍：包括神经性厌食症、神经性贪食症和暴食症在内的一系列心理疾病，其特征为饮食习惯异常或不规律。

- 神经性厌食症：表现为异常低的体重、对体重增加的强烈恐惧以及对体重的扭曲感知。

- 神经性贪食症：反复出现暴食行为，随后通过呕吐、服用泻药或过度锻炼等补偿行为来防止体重增加。
- 暴食症：指短时间内或持续性地摄入过量食物的情况。

（资料来源：mayoclinic.com，uptodate.com，nedc.com.au）

我们的社会倾向于将进食障碍视为女性专属的问题，实际上这是一种误解。不过，这种倾向也可以理解，因为女性更关注瘦身。对自己身体的不满往往源于腰腹部脂肪的堆积，这种情况常见于许多即将或刚刚进入乳房发育阶段的女孩。一些女孩对此毫无察觉，但许多女孩会注意到这一点，并用"胖""小肚腩""肚子大"等词汇来形容自己。随着青春期的进展，她们的身体曲线逐渐显现，从原本较为单薄的身材转变为更加丰满的体态。这时，她们可能会因为身体的曲线而受到性感的赞美，却也可能因为不够苗条而遭到非议；反之，她们如果身材纤细，又可能被嘲笑缺乏曲线美。不过，许多这样的女孩仍旧会被认为是性感的。这是一件非常复杂的事情，不是人人都应对得了，特别是对青春期女孩来说。

另一方面，男孩们在形体焦虑方面也面临着独特的挑战。他们常常承受着要变得更强壮的巨大压力。在青春期，男孩们的身体也会发生显著的变化。有的男孩腰部、臀部和大腿部位会明显增粗；有的男孩体重增长缓慢，身材因此变得更加修长；还有的男孩在进入青春期前就已经发胖。在这类已经发胖的男孩中，有的试图在增肌的同时减肥，这种情况往往被视作"变得更健康"的标志，然而有时并非如此。

因此，我们面临着一个普遍现象，即所有人在身体方面都承受着巨大的压力。而且，这里还有一个长期存在的双重标准：当女性试图减轻体重时，她们往往被贴上病态的标签；而当男性采取类似行动时，他们却被认为是积极健身。直到最近，人们才开始意识到，男性同样面临着形体焦虑的问题。理想化的男性身材不仅真实存在，而且给男性带来了巨大的压力。

研究数据真实地反映了当前形体焦虑问题的状况，其中的部分数据或许会令你惊讶。

- 2022年开展的一项针对8～12岁孩子父母的全国性民意调查报告显示，57%的女孩和49%的男孩对自己的外表感到难为情。而在13～17岁的人群里，相应的比例分别为73%和69%。
- 身体不满的情绪出现得很早，有研究表明，到17岁时，高达78%的孩子对自己的身体感到不满。
- 在形体焦虑方面，男性面临的问题众多，43%的男性报告对自己的外表不满意——例如皮肤、头发、鼻子、生殖器官、身材和肌肉含量。
- 女性面临的形体焦虑问题依旧存在，部分研究报告显示不满程度高达91%，不过也有研究认为该比例接近40%。
- 在美国，接近3000万人患有严重的进食障碍（包括神经性厌食症、神经性贪食症和暴食症），据估计，其中95%处于12～25岁年龄段。
- 在美国，大约有1000万人患有躯体变形障碍，这一数字很可能被严重低估，这也反映出躯体变形障碍是一个新出现的术语，相关数据十分匮乏。
- 进食障碍属于最为致命的精神疾病之一，仅次于阿片类药物成瘾——每年约有 10200 例死亡可归因于进食障碍，且有 26% 的进食障碍患者尝试自杀。

所有性别都有可能遭受形体焦虑问题的影响，这一事实提醒我们，在防范身体不满、躯体变形障碍以及进食障碍时，我们必须给予男孩和女孩同等的关注。事实上，没有哪个孩子能够对这一问题免疫。以下几类孩子尤其需要我们给予特别的关注。

早发育孩子，尤其是女孩：她们的身体比同龄人更早成熟，身高更高，身材曲线也更明显。很多人反映自己感觉比同学要"大一号"，客观来看，她们确实在身高、胸围，有时甚至是腰围上都更为突出。这种情况往往导致她们过于在意别人的看法，并对自己的身体产生不满。一些研究显示，相较于体重秤上的数字，她们对自身体重的主观感受更为重要，这一点凸显了心理感受的关键作用。

运动员：特别是那些需要穿着紧身服、泳衣或在训练中频繁面对镜子，或是需要定期称体重的运动员。体育竞技在塑造身材和对身材的自我认知方面是一把双刃剑。一方面，许多运动员喜欢展现自己强健有力的体魄；另一方面，不同的运动项目往往对身材提出特定要求。例如，足球和冰球运动员需要更加强壮的体格，艺术体操运动员和啦啦队队员则需要保持苗条的身材，而摔跤和赛艇运动员则需精确控制体重。这些压力可能导致他们采取极端或不健康的饮食行为。特别是那些需要穿着紧身服、泳衣或在训练中频繁使用镜子的运动项目（如舞蹈、跳水和体操），往往与严格的饮食限制或催吐行为相关联。而那些强调肌肉量的运动项目，可能会促使年轻运动员使用健身补剂，甚至类固醇。

经常使用社交媒体的孩子： 在浏览社交媒体时，孩子们往往会接触到大量的图片。研究显示，在社交媒体上花费的时间与低自尊感和对自己身体的不满之间存在直接的关联。特别是像照片墙（Instagram）等鼓励自拍和"点赞"的平台，它们所宣扬的完美身材标准往往难以企及，从而加剧了青少年的自我怀疑和对身体的不满。更为严重的是，一些平台通过算法推送关于形体的极端内容，比如支持厌食症的视频资料以及提供所谓"健康饮食"指导的网站，这些都可能误导青少年步入进食障碍的歧途。

如果一个人对自己的身材感到不满，就可能采取措施进行调整。其中，有的人会选择限制食物摄入量，或者仅食用特定类别的食物。取得"成功"后，一些人会继续减重，有时减重量会相当可观。在他们之中，那些对饮食限制最为严格的人就有可能成为厌食症患者。与此同时，也有一些人在尝试限制食物摄入时，却无法抗拒诱惑，反而出现大量进食的情况。还有一些人在节食后暴饮暴食，随后试图通过催吐、服用泻药或剧烈运动来消耗掉多余的热量。在这一群体中，有的人体重减轻，有的人体重增加，还有的人能保持体重稳定，使他人无法察觉出异样。此外，还有人因为渴望增肌而增加热量摄入，有时会超出健康的范围。也有人因为低自尊而陷入"暴饮暴食 — 体重增加 — 对身材更加不满 — 继续暴饮暴食"的恶性循环中。所有这些情况——以及同属于进食障碍的其他许多情形——都涉及深层次的精神健康问题。

最后需要说明的是,"进食障碍"这一术语涵盖了三个方面:

(1)与饮食相关的不良行为;

(2)对食物、身材和饮食方式过度关注,相关念头始终萦绕心头,几乎成了生活里的头等大事;

(3)由于对进食、他人评判或错过锻炼过度恐惧而导致正常社会功能受到损害。对于任何年龄段的人来说,进食障碍都是一项沉重的负担。

过去20~40年
变迁篇

在这方面,既有好消息也有坏消息。从积极的方面来看,如今人们对形体焦虑和进食障碍的讨论比以往任何时候都要频繁。身体不满已被视为低自尊及相关风险的早期警示信号。躯体变形障碍不再被轻易地归结为"完全是她的想象",也不再仅仅被视为女性的专属问题。

多年来,美的标准不断演变,如今对女性而言,理想的身体形象已经不再单一:苗条的身材依旧受欢迎;健康且强壮的体态也被看作性感;得益于众多名人的影响,曲线美已强势回归。大码模特的影响力显著提升,成为时尚界不可忽视的一部分,而苗条的身材也不再是评判名人或成功的唯一标准。身体正能量运动的兴起,改变了人们对体重的看法,有助于消除那些体重超标者在生活中长期面临的隐性偏见。女性如今拥有多种理想的身材形象,这无疑是一种进步,但前行的道路依然漫长。

与此同时,男性似乎仍停留在起点,等待在这一领域取得进展。

男性通常只有一套相对固定的理想形体标准，自20世纪60年代"美国大兵"塑料玩具开始展示其六块腹肌以来，这些标准几乎未曾有过变化：宽阔的肩膀、清晰的肌肉线条、狭窄的臀部、结实的大腿以及从颈部以下光滑无毛的皮肤。如今，美的标准的主要差异在于头顶的发型，过去只有浓密的发型才被视为性感，而现在，剃光头发也同样时髦。

尽管美的定义在过去的几十年里发生了变化，但人们对自己身材的不满却日益加剧。似乎除了自己的身材之外，所有其他身材都得到了更加广泛的接受。数据表明，这一趋势正在加剧。这主要是由于最近人们逐渐认识到，受身体不满、躯体变形障碍和进食障碍所影响的男性数量远远超出以往的认识。如今，厌食症患者中有25%（而非经常被引用的10%）是男性，而在所有类型的进食障碍患者中，有三分之一是男性。在那些试图通过限制食物摄入或强迫锻炼来减肥的人群中，足足有一半是男性。或许，这一数据的上升只是检出数增多，因为更多男性开始注意到这个问题。但是，这一现象也很可能说明，存在形体焦虑问题的男性人数正在增加。

随着健康食品强迫症这个新术语的引入，我们注定会目睹更多人对自己的身材感到不满。目前，该术语在临床上尚未有明确的定义，它主要用来描述个体对健康饮食和锻炼的过分关注，有时这种关注甚至接近于一种痴迷的状态。请保持关注，因为你未来很可能会频繁听到这个术语。

如果要评选近年来加剧身体不满及其所引发的一系列问题的最大驱动因素，那无疑是社交媒体。2021年对照片墙（Instagram）的一项调查显示，这款社交媒体应用非常清楚其对年轻用户的影响。这一曝光事件给照片墙招致了诸多负面报道。当然，照片墙并非孤例，其他一长串社交媒体应用也应对改变用户看待自己身体的方式承担责任。特别是，这些用户中还包括许多本应远离这些平台的孩子。这种在十多年前还难以想象的媒介，竟然一手制造了大范围的精神健康问题，并深刻改变了人们对自身身体的认知。

如何与孩子对话
实操篇

源自青春期的形体焦虑苦恼，可能会伴随人的一生。所有经历过这种挣扎的成年人都明白，家中孩子体重的增加或减少会引发多么复杂的感受。坦白讲，即便孩子的身材只是略微变得有点像自己曾经的模样，那些旧日的感受也会重新被触发。然而，我们都必须学会放下自己过往的包袱，不论这个过程有多艰难。

首先，父母需要记住，**孩子在青春期里，或青春期前后，体重增长都是正常现象**。实际上，除极个别情况外，体重下降对成长中的孩子来说并不是一件好事。如果你需要回顾这方面的知识，请参看第9章。

青春期孩子的身体处在剧烈的变化当中，他们经常需要面对新情况。试想一下，这种感觉该是多么令人困惑和不知所措。在这种情况下，给予孩子爱、支持、肯定和鼓励是有帮助的，而羞辱、贬低和不断指责则毫无益处。要想帮助孩子建立积极的形体认知，父母就需要拥有极高的自我控制力，坚决不说不该说的话，并且始终敞开心扉聆听孩子的心声。

当然，这并不意味着父母的内心毫无波澜。当他们看到孩子体重增加，对着镜子里的自己皱眉头，或者连一丁点食物都要回避时，内心的毁灭性评判便会涌现。正如盛开计划（Full Bloom Project）的联合创始人佐伊·比斯宾（Zoë Bisbing）所说，你对孩子"流露出不接纳的态度是可以理解的"。与其压抑这些想法，不如先搞清楚你对孩子产生了怎样的情绪，然后反思这些情绪的来源。不过要注意，不要把你的这些想法告诉孩子，而是要找可信赖的成年人、朋友、伴侣或治疗师，与他们分享你的这些想法。

以上给父母的建议必须直言不讳，因为它关乎生死。帮助孩子建立积极的形体认知是一项艰巨的任务，同时，应对进食障碍也需要付出巨大的努力。这两者都是我们必须完成的使命，绝不可有所偏废，否则后果可能不堪设想。即便你深知自己过去在这方面做得并不出色，现在也仍然可以学着去积极地看待自己的身体。

以下是不同情形下应对这一问题的最佳做法。

不要说"你不胖，你很美"

当孩子回到家大呼"我太胖了！"时，父母往往会反射性地回应类似"你不胖，你很美"这样的话。说孩子很美并没有错，但在这种情况下，如此回应却可能适得其反，因为你无意中传递了一条错误的信息：胖人都不美。更重要的是，这种回应只是针对表面的抱怨，而没有触及更深层次的问题。更有效的回应方式是展现出好奇心："咦，这话你是从哪里听来的？有点意思，你为什么这么说？"这样的回答不是用空洞的安慰来否定孩子的感受，而是试图理解孩子产生这种想法的根源。

引导孩子批判性地看待媒体中的理想身材

我们都知道，孩子们整天都要遭受社交媒体和诱人点击的图片里那些不切实际的理想身材轰炸——我们自己也在大量接触这类内容！虽然推迟孩子接触电子设备的年龄、设定屏幕使用时限以及只允许他们使用特定应用程序和平台都有助于减少这种影响，但现实是，这些理想身材无处不在，甚至连传统的电视节目和纸质杂志也无法幸免。而且，学校居然还在教孩子们使用图像处理软件！因此，最好的应对方法是，你要告诉孩子（或者要求大一些的孩子为你解释）网红是如何通过大量照片精心打造出所谓的"完美身材"，或者编辑是如何利用修图软件来制造"理想身材"的。这样做可以促使孩子批判性地看待这些内容。提升认知有助于减轻压力。如果孩子能够意识到，这些理想身材实际上并不现实，他们或许就会放弃追求相应的目标。抓住某个教育契机，用简单明了的方式讲述事实，而不是展开冗长的说教。

不要用体重秤上的数字来衡量理想身材

我们曾经认真讨论过，在青春期，青少年的体重增长是正常且必要的。然而，这个过程并不一定需要通过体重秤来记录。尽管体重增加是健康的，也是预期当中的，甚至在大多数情况下是必要的，但是在我们的社会中，体重增加却往往引发焦虑，尤其是在孩子的体重达到三位数，即 100 磅（约 45 千克）时。当减重成为目标时，体重秤可能会带来更大的麻烦，因为它会助长人们对苗条或瘦削身材的渴望。如果家里有人出于健康原因确实需要监测体重，那就要把体重秤藏起来，用完后立即收好——不过也请相信我们，孩子们迟早会发现体重秤的存在。因此，如果可能的话，最好彻底放弃在家中使用体重秤，改去别处称体重。尽管对我们当中的一些人来说，放弃以体重秤上的数字来衡量理想身材的观念很难，但这并不是一个健康的习惯。所以，我们应该借机停止向下一代传递这种不健康的习惯。

瘦子也有可能对自己的身材不满

我们倾向于认为，瘦子会对自己的身材感到满意，但事实并非总是如此。有些瘦子会因为自己的身材而感到很不自在，尤其是在每个人都认为自己有权对此发表意见的时候。他们会说："你命真好，这么瘦！""哎呀，要是我的新陈代谢能跟你一样快就好了。"这种情况在青少年男孩中尤为明显。他们告诉我们，如今瘦子并不吃香。同时，我们也需留意那种追求增肌，力求"结实"或"强壮"的压力，尤其在运动员当中。顺便说一下，这种现象并非仅限于男性。如今，女孩们也会抱怨自己的臀部不够丰满，这在 20 世纪八九十年代极为少见。如果你看到孩子因为身材瘦削而受到轻率的评论，那么请及时介入并表达你的看法。这些不经意的评论可能会对孩子产生深远的影响，导致他们对自己的身体产生不满，甚至引发更严重的心理问题。

密切关注"追求健康"的热潮

进食障碍专家们经常指出一个常被父母忽视的关键现象：孩子一向对自己的身材感到不满，却突然开始挑食、过度锻炼，或者刻意限制饮食，美其名曰"追求健康"。有意识地在饮食和运动方面做出改变一般是有益健康的。孩子们几乎总能自发地做出更加健康的选择，无需我们过多唠叨。然而有时候，这种改变却是一个危险信号。我们这样说可能会让你感到不安，但你绝不能对此视而不见。以下是一些具体的沟通建议，必要时请进一步咨询医生。

第 14 章　如何帮助孩子减少形体焦虑和进食障碍等风险？

对于开始挑食的孩子："嘿，我发现你最近晚上都不怎么吃我为你准备的意大利面，发生了什么事情呢？"

对于开始沉迷锻炼的孩子："我发现你最近老去健身房，一去就是好几个小时。锻炼好是好，但是我想知道你的营养是不是能跟得上。"

对于开始不吃早餐的孩子："我发现你最近经常不吃早餐，是不是想换换口味，吃点别的？"

如果你偶然在抽屉里发现空的零食包装

孩子偶尔吃点咸、甜或巧克力口味的美味零食是很正常的。这些食物要么能带来愉悦感，要么能安抚情绪。然而不幸的是，有时候人们只能偷偷地享用它们，因为它们被贴上了"垃圾食品"的标签。

在解决孩子偷吃零食或暴饮暴食的问题时，我们很容易让孩子对自己的食欲感到羞愧。但是，哪位父母不会在劳累一整天后吃点巧克力或冰激凌呢？我们可以采用一种更温和的方式，在不妖魔化零食的同时，解决他们偷吃零食的问题。比如："我发现你床头柜的抽屉里有些零食包装，那些零食确实很诱人（我也爱吃！）。偶尔吃一点完全没问题，但我们需要约法三章。首先，没必要在家里偷偷摸摸地吃，谁都想吃好吃的东西，这很正常，不用藏着掖着。其次，作为家长，确保你的身体获得足够的营养是我的职责，所以，我希望你能参与决定什么时候吃零食。你觉得这个提议怎么样？公平吗？"

神经性贪食症有时没有明显表现

很多疾病都有明显的症状，比如发烧、呕吐或皮疹，但进食障碍有时很难察觉，特别是在体重没有明显变化的情况下。神经性贪食症就是典型的例子。很多神经性贪食症患者能够维持体重的稳定，表面上看不出任何节食的迹象。不过，如果你仔细观察，可能就会发现一些蛛丝马迹。比如，他们进食后立刻去洗手间（可能是为了催吐或使用泻药），对自己的外表感到极度不满，或者通过过度锻炼或禁食来惩罚自己的暴食行为。长期催吐可能导致喉咙反复发炎、指甲受损以及牙齿釉质的侵蚀。随着时间的推移，尽管从外表看，神经性贪食症患者似乎并无大碍，但实际上他们却可能因营养不良而面临严重的健康风险。此外，神经性贪食症患者也更容易患上物质使用障碍、焦虑症和心境障碍等心理疾病。

这是一个让人紧张的话题，因为一不小心，你可能就会让孩子把心门关得更紧，导致沟通更加难以进行。然而，鉴于神经性贪食症等进食障碍对身体和心理的严重影响，我们必须换个角度来重新看待这个问题。此外，孩子很可能也渴望得到帮助，只是不知该如何启齿；或者，他们正在为自己的行为感到羞耻或自惭形秽；又或者，他们只是需要一些不带评判的支持来帮助自己改变现状。建议你多与医生交流，以便获取各种资源、支持和指导，因为对抗进食障碍需要多方协力配合。同时，告诉孩子下面这句话也能起到重要作用："无论什么时候，只要你愿意，都可以来找我说话，我绝对不会怪你的。"

确保孩子穿着合身的衣服

孩子们反映，随着身高和体重的变化，穿着合身的衣服至关重要，这会让他们感到更加自信和舒适。是的，我们知道你不久前刚为孩子购买了新衣服，但是，积极的形体认知也意味着欣赏自己的身体，并且通过穿戴和身体的活动来展现自己。如果衣服过小，上述目标就会无法达成。一句简单的询问："你想要买些新衣服吗？"说不定会带来意想不到的效果。

来自孩子们的心声
反馈篇

小C，男，16岁

谈到形体焦虑

作为一个天生瘦削且身材比例独特的人，形体焦虑对我来说是个颇为微妙的话题。我身高约5英尺11英寸（约1.8米），腿却比我那位6英尺3英寸（约1.91米）高的哥哥还要长。我的躯干比较短小，臀部很宽，肋骨外翻，还有瘦人特有的腹肌。不过，因为平时并不怎么运动，所以我的腹肌并不是练出来的。当然，我也渴望拥有别人所拥有的特点。比如宽阔的肩膀、发达的胸肌和健壮的胳膊。不过，我对这些并不是特别在意。

每天浏览社交媒体时，总能瞧见几个拥有六块腹肌加一口白牙的帅气男生摆出各种酷炫的姿势。我承认，他们确实太帅了。换作是我，大概也会忍不住摆个造型拍两张照。然而，社交媒体上的形象往往存在虚假的一面。现实中，他们的肌肉可能远没有看起来那么发达。在社交媒体上，我们只能窥见一个人生活的片段，而那些片段往往是在最佳光线下拍摄的，有时甚至是在锻炼后即刻拍摄的，以此来展现那所谓的"泵感"，即锻炼后肌肉短暂胀大的状态。

考虑到那些为了完美外表所花费的时间、精力和努力，我只能说，我消耗不起。作为一个甜食爱好者，网上那些严格的饮食计划简直是我的噩梦。在纽约寒冷的冬天里，我和妈妈几乎每天晚上 10 点左右都会一起享用杏仁巧克力，它们成了我驱散冬夜寒冷的温暖慰藉。而到了夏天，毫无顾虑地享用一杯焦糖奶昔也能带给我很多幸福感。当然，我并不是在提倡无节制地吃垃圾食品且不锻炼，因为那样做显然不利于健康。但话说回来，偶尔放纵一下、尽情享受生活的乐趣也是非常重要的。

我有个朋友在过去一年里成功地从一个胖子转型成了一个肌肉男，但他在谈及这段经历时表示，尽管他为此感到自豪，但整个过程中也有很多艰辛。他的精神健康状况在那段时间里甚至出现了明显的下滑。从表面上看，拥有一副迷人的身材似乎很不错，但随之而来的负面影响也是不可避免的。

身为父母，有几件事应该让孩子明白。首先，不要总是想着模仿那些网红，因为他们的真实形象往往与网上展示的有所不同。其次，要多运动并注重健康饮食。不过，有时适度享受一些"不健康"的食物反而更有益于身心健康。真正健康的人并非一定要拥有最壮硕的手臂或最完美的腹肌，关键在于保持快乐的心态和积极有序的生活方式。最后，孩子还需要明白，有些身体特征是人无法改变的。例如我之前说过，我的肋骨有些外翻，这就是我无法改变的事实。其实，最好的应对方式是接受现实，并自信地展现自己的独特之处。

小 N，女，22 岁

谈到进食障碍

上周，我与朋友们一同前往海滩。车刚停稳，我便迅速将毛巾铺在沙滩上，并迫不及待地冲向那冰冷的大西洋。这样的情景对我来说并不陌生——每当酷暑难耐时，游泳便成了我们首选的消暑方式。然而，在我潜入水中的那一刻，我的思绪不禁飘回了 4 年前。

那时，我与朋友们一起来到海滩学习冲浪。但遗憾的是，我仅仅坚持了不到十分钟便不得不放弃。当时，我正深受进食障碍的困扰，我的身体失去了许多应有的功能，甚至连基本的保暖都无法做到。人们很少谈及进食障碍的这一负面影响，我要是能提前知道这一点就好了。那时，我的心率持续偏低，焦虑和烦躁情绪时刻伴随着我，头发也大量脱落，整日疲惫不堪却又难以入眠。

回想成长过程中，大海曾是我最钟爱的地方——各种游泳方式都能带给我无尽的欢乐。但是进入初中和高中后，我开始更多地关注我在海滩上跟同学们相比美不美。我感觉，我的朋友们总能收到关于外表的赞美，并且似乎从不为外表的事焦虑。于是，我开始更多地关注自己的饮食和运动习惯，但是很快我就迷上了这些事情。又过了一段时间，我发现除了食物和身材，我的脑子里已经装不下任何其他事情。我失去了欢笑，不再与朋友们一同嬉戏，无法专注学习，甚至无法专注地做任何事情了。我时刻被焦虑所困扰，深信只有拥有特定的外表才值得被爱、被关心。

虽然一路走来充满艰辛，未来的道路也布满荆棘，但我希望能让 4 年前的自己看到，我是多么自豪能够重新关爱和欣赏自己的身体。在这个过程中，我获得的远不止一个健康的身体（尽管这一点已经足够令人欣喜），我还重新找回了笑声、海滩的乐趣，以及与亲朋好友共享的美食。我想对过去的自己说："你看，这一切又回来了，我为此感到无比幸福和满足。"

小 W，女，21 岁

谈到进食障碍

在大学入学前的那个夏天，我听到许多关于"新生增重 15 磅"的担忧和议论。所谓"新生增重 15 磅"，指的是大学一年级新生可能会增加 15 磅体重。尽管这种说法其实并没有什么根据，但它却成了我的梦魇。

记得在大一上学期，我原本天天穿的那条合身的牛仔裤突然变小了。于是，我开始穿那些宽松的裤子，然而它们很快也不再宽松了。我不禁心想："哎呀，难道'新生增重 15 磅'真的来了？"那种感觉就仿佛天要塌了一样。

春假回家时，我明显感觉自己的身材有了变化。我开始渴望拥有一副我从未拥有过，甚至不知该如何得到的身材。一直以来，人们都说我又瘦又小，医生也屡次说我体重过轻。我原以为胖一些才是我应该有的模样，但现在我却有了截然不同的感受。不久后，由于新冠疫情，我被困在家中，满脑子都是自己的身材问题。那些压抑已久的情绪终于爆发，我坐在厨房地板上向妈妈哭诉了我的烦恼。

我花了一年时间寻找提升自信的方法，最终决定请一位教练。从小学习舞蹈的我，渴望重新找回那份力量和自信。教练为我制定了一份包括饮食计划在内的健身方案，希望我能学会如何均衡饮食、保持健康。然而，我却把"均衡饮食、保持健康"变成了"节制饮食、暴饮暴食"。我通常会节食一整周，然后借机大吃一顿，总是吃到恶心才罢休。我意识到这样下去不行，必须停止这种饮食方式。可当我试图重新回到过去的饮食习惯时，却发现节食和暴饮暴食的习惯已然根深蒂固。我原本只想提升对自己身材的自信，谁知却变得更加关注身材，还养成了不良的饮食习惯。

幸运的是，我辅修了营养学。在我对自己的身材和饮食习惯感到最不满意的那个学期，我恰好参加了一门关于如何合理饮食的课程。在这门课上，我了解到，节食会影响新陈代谢，而暴饮暴食则会干扰激素分泌，进而影响心情。当我意识到这些不良习惯对身体所造成的伤害时，我发现我必须用新的态度来看待食物和我的身材。我非常感激能参加这样一门课程，它让我了解了营养与健康之间的联系，以及如何通过合理的饮食习惯来维护自己的健康。

第 15 章

青少年运动当然很重要，但也要注意适度

以下两句至理名言，深刻揭示了锻炼的真谛：

> 凡事皆需适度，包括适度本身。
>
> ——奥斯卡·王尔德

> 腾不出时间锻炼，就得腾出时间生病。
>
> ——罗宾·夏尔马

既然几乎无人会对这两个观点提出异议，那么青少年在锻炼方面究竟遇到了什么问题呢？

青少年的锻炼原本是一项既有益身心又充满乐趣的社区活动，然而如今却演变成了一个无底洞。它不仅导致众多孩子退出团队运动（甚至最简单的运动形式），还使那些仍旧参与其中的孩子面临受伤、疲劳和精神耗竭的风险。尤其是在高中和大学阶段，许多青少年运动

项目几乎完全摒弃了适度的原则。

本章讨论的话题涉及范围极广，在社会和经济领域都很重要，足以单独写本书。实际上，这样的著作已经存在，那就是迈克尔·刘易斯（Michael Lewis）所写的《为赢而战》(*Playing to Win*)，这本书对青少年体育产业进行了深入剖析。然而令人费解的是，青少年运动过度专业化的议题在健康类图书中却鲜有提及。这似乎颇为荒谬，毕竟，包括各种运动项目在内的身体活动对青少年的生长发育以及激素水平的变化具有深远影响。现在，让我们开始讨论吧！

青春期知识加油站
科学篇

从最宏观的角度来看，健康有四大支柱，分别为锻炼、营养、睡眠以及卫生。当然，还有许多其他要素能够促进健康，但这四者奠定了自我关爱的基础。

只要做到定期锻炼、均衡饮食、夜间享有充足的深度睡眠，同时注意皮肤、头发和口腔卫生，任何年龄段的人都能显著降低患病、受伤甚至被排斥的风险。更为重要的是，这些日常习惯不仅能提升整体健康水平，还能让我们身心舒畅，甚至提升颜值。

实际上，若忽视这四大支柱，追求健康的其他一切努力都将徒劳无功。即便摄入再多的维生素，做再多的冥想，戒掉炸薯条等所有垃圾食品，倘若做不到定期锻炼、均衡饮食、充足睡眠和保持良好卫生习惯，你仍旧无法保持健康。

研究显示，越早建立以上健康习惯，这些习惯就越能稳固且持久地融入日常生活。这一良性循环在锻炼方面尤为显著：当锻炼成为习惯并使人乐在其中时，锻炼便成为一种享受；而若将其强行塞入日常生活，成为一项必须完成的任务，锻炼就会让人苦不堪言。锻炼的益处不胜枚举，我们都已耳熟能详。例如有助于维持体重、增加肌肉力量与骨骼密度、释放愉悦激素，以及从整体上改善心情。

提到锻炼，大多数人首先想到的便是运动训练。然而，儿童的锻炼形式则有所不同，主要分为玩耍和体育运动两大类，二者既有明显不同又有所重叠。我们往往容易忘记，玩耍同样能带来高强度的锻炼。回想一下你上一次与孩子们一起气喘吁吁地玩捉迷藏、扔飞盘或枕头大战时的情景，这些活动不都是伪装成玩耍的心肺功能训练吗？除了锻炼身体，自由玩耍对孩子的成长也至关重要。由于没有大人发号施令，孩子能自由地创造性思考。这种非正式、无组织的松散环境，迫使孩子们去设定目标、制定或调整规则、相互协作、解决冲突并培养共情力，这些技能对他们日后的社交互动同样至关重要。未能掌握这些技能的孩子，往往会被排除在游戏之外。

正式的体育运动在促进社交和改善身体健康方面，与自由玩耍同样有益，只是它们的规则和观众有所不同。与自由玩耍一样，体育运动也有助于社交和情感发展，激发创造性思维以及培养解决问题的能力。然而，如今的体育运动往往高度结构化、受到严格管理，并且常有成年人参与。

这并不意味着正式的体育运动毫无价值，实际上，它们的价值非常大！它们为孩子们提供了锻炼身体和社交互动的机会；教授了从基础到高级的精细运动技能和大肌肉运动技能；创造了培养友谊和领导才能的环境；锻炼了孩子们的团队协作能力；并且让孩子们能够与教练建立师徒关系，从而获得后者全方位的指导。

任何形式的体力活动——尤其是正式的体育运动，包括热身、训练以及目标明确的运动技能训练——都有助于促进肌肉生长，提高手眼协调性，增加灵活性，改善步态，提升反应速度，增强力量、耐力和毅力。更重要的是，总体来看，参与体育运动的孩子通常比不参与的孩子拥有更高的自尊心和更强的自律能力。

从理论上讲，参与体育运动应当是百分百的好事。回顾一下之前提到的种种益处，实际上，我们很难夸大孩子们在方便社交的安全环境中参与体育活动的积极影响，特别是对那些生活在贫穷社区的孩子们，以及那些如果不参与正式的体育活动就会沉迷于电子设备的孩子们来说。然而，"适度为宜"的原则本应在这里得到贯彻，却由于现代社会的过度专业化而未能得到充分的体现。

过度专业化（在青少年体育领域，这一术语与"专业化"一词可互换使用，这本身便很说明问题）并无明确的界定，有时指过于频繁地参与单一运动，有时则指在某项运动中重复司职同一位置。这两种情形都存在问题，原因如下：

- 过早地专注于单一运动会增加受伤风险，导致孩子们可能需要接受诸如"前交叉韧带重建术"和"尺侧副韧带置换术（汤米·约翰手术）"等曾经只针对成人的手术治疗。
- 在特定运动中的过度专业化，可能引发身体或精神上的疲劳，甚至倦怠。
- 许多孩子被期望达到专业水平的年纪越来越小，并为此承受了巨大的心理压力。
- 过度专业化可能会削弱团队合作所带来的正面影响，研究显示，一些年轻运动员变得不太愿意与同伴互助和协作。
- 有时，过度专业化会导致孩子过早地完全放弃某项运动。
- 专注于特定运动的运动员罹患进食障碍、抑郁症和焦虑症的风险更高。

上面这份清单——特别是最后一条——解释了为何美国心理学会（APA）会郑重指出："应在青春期后期之前避免高强度专注于单一运动，以便提高取得运动成就的概率，并降低受伤及承受心理压力的风险。"美国儿科学会（AAP）也发布了类似提醒："过早在运动上专业化的孩子，更容易发生倦怠、焦虑、抑郁和退出。"专业的儿童权益倡导组织几乎一致认为，推迟运动专业化——一般推至青春期后期（18～21岁）——能够提升取得运动成就的概率。

青少年运动专业化的普遍程度究竟如何？这取决于具体的运动项目，但简单来说就是：非常普遍。例如，2011年的一项研究调查了519名美国网球协会的青少年选手，结果显示，70%的选手在10.5岁时就已开始专注于网球训练。这项研究距今已十多年，但专业化比例却有增无减。此外，多项针对其他运动项目的研究也表明，随着对单一运动的专注度提升，孩子从运动中获得的乐趣反而有所下降。

这一现状的形成，很大程度上源于孩子的父母。在对教练进行的关于父母行为及参与度的调研中，近四分之三的教练表示父母们高度参与，约三分之一的教练感受到来自父母的巨大压力。然而，必须明确的是，问题并不仅限于父母层面。尽管过度专业化可能首先源于父母对某一运动的偏爱，但教练及其代表的专注于特定项目的机构，也在深刻地影响着孩子们的成长。他们不断要求孩子投入更多时间，展现出更高的竞技水平，并且对达不到要求的孩子实施惩罚，如削减上场时间或直接开除。总之，在这一令人遗憾的局面中，许多成年人都负有一定责任。

过去20~40年 变迁篇

总的来说，变化很大。

近年来，青少年体育在全国范围内蓬勃发展，形成了一个个受孩子们喜爱的微型社区。众多体育联盟已经成立多年，现已步入制度化运作的阶段。有些联盟甚至在孩子们踏入幼儿园之前，就开始吸引他们加入。得益于1972年美国联邦教育修正案第九条，女孩们的参与度大幅上升，尤其在入门阶段。令人瞩目的是，网球、高尔夫、体操和橄榄球等运动各自在全国范围内吸引了超过一百万名6~12岁的注册者。美国青少年足球组织（AYSO）在全国850个体育联盟中拥有40万名小学生球员，尽管这一数字相当可观，但相较于220万青少年足球运动员的总数，仍只是冰山一角。而随着孩子们年龄的增长，棒球和篮球的参与人数更是分别超过了400万。

然而，在这看似繁荣的表象之下，阿斯彭研究所（Aspen Institute）于2016年发布的《儿童游戏状况报告》（*State of Play*）却揭示了一个令人担忧的趋势：在过去的15年间，定期参与体育活动的青少年所占的比例实际上是在倒退的，从2008年的44.5%降到了2015年的40%。报告特别强调，在美国的各大人口群体中，有色人种女性的体育活动参与率最低。于是，尽管许多社区已经为青少年提供了优质的体育项目以学习基本技能，但这显然还不足以解决问题。随着时间的推移，青少年体育已经陷入了两大困境：一是过度专业化，二是资源不足或参与度低（或两者兼有）。

随着体育活动参与度的下降，让孩子们尽享童年乐趣的理念也在逐渐淡化。不知从何时起，我们开始热衷于鼓励孩子在越来越小的年纪"选择"他们的运动项目。这导致了一种现象：那些在赛场上表现出"天赋异禀"的孩子——往往在七八岁的年纪就被冠以这样的称号——被迅速发掘出来，并被引导着走上一条越来越狭窄的成功之路。近几代人的时间里，这一趋势愈演愈烈，越来越多的运动队开始选拔天才儿童，并邀请他们参加更高级别的比赛。对孩子们来说，跟一群大孩子（通常也更强壮）处于同一支队伍是一种荣誉，但这也往往给他们带来身体和情感上的压力。然而，周围的成年人似乎并不在意这些，他们忙于将孩子们推向联赛冠军、全明星队，甚至俱乐部和巡回赛队。或许大人们看到了孩子们的潜力；或许他们在追寻自己童年的梦想；或许他们在为孩子未来的大学奖学金做打算；又或许，他们只是想在与其他父母的竞争中胜人一筹。无论出于何种原因，越来越多的成年人都在推动孩子通过更多的训练和比赛来提升技能，即使孩子的天赋并不出众。

不知从何时开始（很难确定这一转折发生的具体时间，因为这种变化是在数十年间缓慢且悄然发生的，并且因运动项目的不同而有所差异），没有经过专业化训练的孩子，几乎不可能在青少年体育项目中脱颖而出。最终，原本可能每周只需训练两三天，并在周六早晨进行比赛的体育活动，已经演变成了一周需投入四至五天的重要事务，周末和假日还需奔波于各地参加巡回比赛，持续时间也从一个赛季延伸至近乎全年，而这一切早在小学阶段就已开始。那么，这一切究竟是

第15章 青少年运动当然很重要，但也要注意适度

为了什么呢？实际上，在这些孩子中，能走上职业道路的寥寥无几。目前，能够继续参与大学体育一级赛事的高中运动员只有不到2%。

这便是美国社会的现状：青少年体育几乎完全丢失了自由玩耍的元素。曾经在附近公园即兴举行的娱乐式比赛已经成为回忆。一方面，大量孩子同时在多个运动队之间疲于奔命，以致身心俱疲，没有时间和精力自由玩耍；另一方面，大量正式体育活动占用社区资源，导致场地紧张，维护不力，孩子们缺少安全的自由玩耍空间。这一系列问题已经变得难以解决。更为荒谬的是，许多成年人似乎并不介意这种转变，他们认为自由玩耍会妨碍孩子们迈向卓越（尽管这种想法大错特错），仿佛孩子嬉戏打闹不训练就无法成功。然而，事实恰恰相反，因为享受运动和交叉训练，正是孩子在体育领域获取成功的两大关键因素。

如今，过度专业化的现象引发了一个严重问题：如果运动员在初中或高中阶段还未精通某项运动，那么此时再去尝试新项目往往为时已晚。即便能够跻身入门级别，他们也必须立即适应高强度的训练和比赛安排——每周多次训练，全年无休地参赛，并且需要同时兼顾学校运动队、地方俱乐部队伍，甚至巡回赛队的训练与比赛。因此，无论是前交叉韧带受伤的足球前锋，还是肘部动了手术的棒球投手，抑或多次遭受脑震荡的橄榄球四分卫，想要尝试新的运动项目都变得异常艰难。最终，许多这样的孩子从体育达人变成了重度运动缺失者。

青少年运动的过度专业化还带来了另一个日益严重的问题：只有经济条件较好的家庭才能承担得起相关费用。通常情况下，参与这些运动项目每年需要支付数千美元的费用，这就是所谓的"付费参与"模式。过去的几十年间，富裕社区与贫穷社区之间的社会经济差距在不断拉大。如今，往往只有那些父母既具备经济能力支付相关费用，又愿意抽出时间陪伴孩子参加比赛，同时能够妥善照顾家中其他孩子的家庭，孩子才有可能参与其中。

此外，大学招生也在其中扮演了推波助澜的角色。在1980～2020年间，普通四年制大学的学费（在剔除通货膨胀因素后）上涨了180%，并且这一上涨趋势至今仍未见到减缓的迹象。对于那些无力承担高昂学费，又未能获得丰厚奖学金等经济资助的家庭而言，体育奖学金无疑是一个极具吸引力的选择。毕竟，天下没有不为子女着想的父母，如果孩子能通过体育运动接受大学教育并得到更美好的未来，那么为何不在孩子的运动方面增加投入，以便在招生时获得更多优势呢？而对于那些志在将孩子送入顶尖学府的父母而言，倘若专业化训练能显著提升录取概率，那么为何不这样做呢？当然，我们不能只看入学时的竞争优势，因为孩子们为此在身体和心理上也付出了巨大的代价。实际上，仅有不到7%的高中运动员能够在大学阶段继续参与校队级别的运动比赛。一旦考虑到大学体育的高要求，对这些高中运动员来说，这些付出可能就显得过于沉重了。

职业运动员收入的持续飙升，已经成为一股强大的推动力量。他们享受着传统意义的美国梦式的富足生活，这一切所有人都看得清清楚楚（得益于社交媒体的传播）。倘若成为职业选手意味着巨大的财富与名望，那么早期在专业化训练上的投资就显得非常值得。一些大学也嗅到了商机，宣扬一种从学生时代起就能顺利进入体育职业生涯的美好愿景。同时，一些公司也在大力推动青少年运动的专业化，帮助孩子们进入美国国家大学体育协会（NCAA）成员院校。特别是在足球、网球、棒球和排球等领域，参加巡回赛队和展示赛事已经成为迈向更高级别比赛的必经之路。这一过程的代价可能会极为高昂，并且也充满了荒诞，比如年仅 12 岁的孩子就已经开始受到大学一级联赛队伍的青睐。尽管如此，至少有一部分孩子最终会成为高收入和高曝光度的名人，对这些极少数幸运儿来说，早期的投资确实获得了丰厚的回报。

青少年运动的过度专业化之势如雪球般愈滚愈大，承诺的回报越来越高，而与之相伴的风险也与日俱增。总的来说，参加团队运动的孩子不仅享有经常锻炼的各种好处，还能提升自尊，降低抑郁和焦虑的发生率。但是，在运动方面过度专业化的孩子，却会在身心两方面都遭受更多不利影响。关于身体负担的部分，我们已在本章前文讨论过，不过这里仍需再次强调：曾经主要是职业棒球选手才会接受的汤米·约翰手术，如今在青少年运动员中却变得更为普遍。此外，倦怠、抑郁、焦虑以及进食障碍等心理健康问题，也在青少年专业化运动员群体中频繁出现，以至于研究者已经将这一特定群体标记为高风险人群。2022 年，几起大学学生运动员自杀事件相继发生，引起了广泛的社会关注，这也进一步凸显了专业化学生运动员所面临的巨大压力。

青少年体育领域的变化可谓翻天覆地。如果以上信息令你感到应接不暇，不妨想想那些正在承受所有这些压力的孩子们。统计数据表明，**家庭在青少年体育运动上的投入越多，孩子们感受到的压力就越大，运动带给他们的乐趣也就越少**。重要的是，研究表明，无论是过去还是现在，成为一名多项目运动员而非单一项目运动员，都是通往大学赛场乃至职业比赛的更佳选择。过度专业化往往无法帮助孩子们实现他们的目标。例如，在美国大学男子橄榄球一级联赛中，高达 71% 的球员在高中阶段是多项目运动员。

如何与孩子对话
实操篇

我们在这本书中所写的一切，都是有科学依据的。同时，这些内容也深深贴近我们的心，因为它们融合了我们在抚养青少年过程中的个人经历与感悟。

瓦妮莎一生致力于运动事业。作为1972年美国联邦教育修正案第九条的受益者，她在高中时便是三栖校队成员，并在大学期间参加了女子三级足球联赛（她最终领悟到，运动的真谛在于享受过程）。成年后，她一边引导两个较大的孩子接受早期专业足球训练，一边创立了"活力女孩（Dynamo Girls）"公司，致力于通过运动提升女孩的自尊心，而非培养精英运动员。"活力女孩"倡导跨项目运动，注重情感与社会能力发展，实际上践行的是反专业化的教育理念。然而，在指导学龄女孩们单纯享受运动的乐趣之余，瓦妮莎也耗费大量时间驾车接送自己的孩子参加训练与比赛，甚至牺牲节假日一家人团聚的机会，陪同孩子们前往各地参赛。她和丈夫并不希望这种身份上的冲突继续下去，直到孩子们相继进入高中并退出了俱乐部的足球队，因为他们都渴望在不同赛季尝试不同的运动项目，进而实现了从专业化到多样化的转变。坦白讲，瓦妮莎家中仍有一个孩子坚持在俱乐部踢球，但她衷心希望这个孩子能在大学阶段做出不同的选择。

卡拉在过去的25年里一直担任儿科医生，她始终在倡导——甚至偶尔激情呼吁——停止运动的过度专业化。她曾无数次将孩子们推荐给运动医学专家，以治疗那些本可避免的重复性劳损。她还负责接听关于脑震荡后何时能够重返赛场和课堂的咨询电话。然而造化弄人，

第15章 青少年运动当然很重要，但也要注意适度

她的儿子在即将升入八年级时却迷上了一项运动——划桨（双桨）。受新冠疫情影响，他在八年级下学期和众多同龄人一样被迫居家学习。在卡拉居住的洛杉矶，疫情限制措施持续了长达 16 个月。在此期间，她的孩子们通过视频会议网站在家上网课，而她的儿子也得以继续划船训练——因为划桨可以单人进行。相比之下，那些选择单桨划船项目的孩子们则没有这样的条件，除非他们愿意绕圈划行！划船成为了她儿子在这段特殊成长时期的一大爱好，也使他逐渐成为卡拉曾经发誓绝不鼓励的那种青少年专业化运动员。

这会不会显得我们很虚伪呢？希望不会。一方面，我们一直坚持认为，孩子们应该进行交叉训练，以此来保护他们的身体；另一方面，和你们一样，我们的孩子也同样深受追求成就的社会文化所带来的心理压力的困扰。尽管我们清晰地看到运动专业化所带来的种种问题（比如抑郁、焦虑、自尊心低下、形体焦虑以及进食障碍），我们也同样清楚地知道缺乏体育锻炼所带来的负面影响（与上述问题惊人地相似）。

那些被自己曾经的运动员经历（或这种经历的缺失）深刻塑造的父母们可能会发现，要防止自己的情感"包袱"影响孩子并非易事，我们在第 2 章里详细讨论过这一点。在引导青少年参与体育运动，乃至为孩子做其他一切事情时，最重要的是要记住，这一切都是为了孩子，而不是为了我们自己。孩子们有权书写属于自己的故事。除非他们主动提及，否则，请将你在体育运动方面的"光辉历史"抛在脑后。你所讲述的过往经历可能会激发出一种敬畏之情，这种情感有可能迅速转化为压力，哪怕你的本意并非如此。同样，请将你在体育方面的不自信也留在过去。孩子来到这个世界，并不是为了弥补我们的不足。

在孩子的运动方面，我们很容易陷入过度专业化的陷阱，特别是在体育成绩备受重视的今天，它既是功成名就的跳板，又能兑换体育奖学金，缓解经济压力。因此，看到孩子与队友们建立起深厚的友谊并取得优异成绩，进而展现出真正的快乐时，我们很容易倾向于支持他们在自己擅长的项目上一路走到黑。

不过，运动的专业化也并非一无是处，关键在于要适度。没错，你可以让孩子专注于某项运动，同时在生活中找到平衡点。但要做到这一点，你就需要调和一些外部因素，以确保孩子的身心健康不受损害。无论你的孩子是顶尖运动员还是业余爱好者，你都可以参考我们在下面提出的建议。

请在场边保持安静

我们指导各种水平的孩子已经有数十年了，因此自信地说，不管孩子的年龄和能力如何，父母在场边对孩子进行指导通常是无效的。

这主要有两个原因：

1. 教练有独特的体育理念和系统的训练方法，并且会在整个赛季按照计划精心实施。如果你也在场边指导孩子，那么不管你的技能和经验如何，孩子都会感到无所适从，不知道该听从谁的意见，或者更直接地说，不知道该讨好谁。请不要干扰教练的工作。如果你有顾虑或疑问，最好等到训练或比赛结束后，再与教练平和地沟通。如果你同时担任教练的角色，那么请把你对队伍里其他孩子的理解和宽容同样给予你的孩子，并且在离开场地后及时放下教练的身份，不要把它带到回家的路上或者家里。

2. 尝试和犯错是最高效的学习方式。诚然，我们口头上都认同这一点，而实际情况也的确如此。尝试、失败、再次尝试，这一系列的身体动作对于构建身体与思维之间的联系至关重要。我们是通过试错来学习，而不是通过被动地听从他人的指令。当父母在场边过度干预孩子时，孩子实际上无法真正掌握他们本可以学会的身体技能或战术知识。

如果孩子有伤病迹象，请务必关注

你是否曾鼓励孩子忍着疼痛继续比赛？千万不要这样做。孩子的身体还在发育阶段，他们的生长板（长骨两端的软骨部分）使得骨骼更易受伤，韧带也像橡皮筋一般弹性过高，导致关节稳定性不足。孩子并不具备成人的身体条件，因此不应以对待成人的方式来对待他们。一旦孩子受伤，请立即将其带离场地，并及时就医。切勿在他们完全康复之前强迫他们重返赛场。毫无疑问，孩子的健康远比任何比赛、表演和招募机会更为重要。

如果教练存在虐待行为，请务必寻找新教练

那些在 30 年前参与竞技体育的父母们，早已习惯了那种极其严厉，甚至带有虐待倾向的教练。然而，我们如今已经认识到，虽然这种教练能在短期内激发孩子的潜力，但同时也可能给他们的心理健康造成长期的负面影响，更不用提那些短期的恶果了，例如失去继续训练的动力。毫无疑问，孩子的健康和安全是最重要的，而且在很多情况下，你是孩子最大的保护者。如果教练存在言语或心理上的虐待行为，请立即更换教练，这一点无需多言。

请成为孩子的避风港，而非最苛刻的批评者

对于众多竞技运动员来说，他们的自我价值常常与比赛表现密切相关。然而，青春期带来的身体变化会显著影响他们的表现：力量、速度、敏捷性和耐力都可能出现大幅波动，从而影响他们的排名、位置、上场时间和自尊心。因此，切勿再额外施加压力，以免让孩子感到更加沮丧。相反，你应该成为他们黑暗中的明灯、风暴中的庇护所。无论他们的表现如何，请给予他们支持和爱。从长远来看，你在那一刻的关怀，远比他们得到的上场时间更为重要。

这是孩子的梦想，不是你的

这是一件特别困难的事，实在是太难了。想要从借助孩子来实现自身期望的泥潭里挣脱出来是极其困难的。关键在于，孩子必须自发地产生追求某个目标的愿望，不管这个目标是什么。这一动力应该源于他们内心的热情，驱使他们愿意为所钟爱的运动付出努力和牺牲，来提高竞技水平乃至建立功勋。如果孩子这样做仅仅是为了取悦我们或实现我们的梦想，那么这一切最终只会导致他们怨恨我们，并对运动产生厌恶。这绝不是危言耸听。然而，如果孩子真心渴望成功，我们的职责便是帮助他们找到生活的平衡状态，而不是给他们添加额外的压力。

这一章可能显得有些说教，因为我们深知运动专业化可能给孩子造成巨大的身心伤害，并且了解现有体制对富裕者的偏向。我们也清楚，要避免深陷其中需要付出非凡的努力。因此，如果你允许甚至鼓励孩子走专业化的道路，那么请带着清醒的认识和开放的心态去做，并力求在过程中保持平衡与适度。

来自孩子们的心声
反馈篇

小A，女，20岁

作为一名常春藤联盟国家大学体育协会（NCAA）一级赛事的曲棍球运动员，我已投身于这项运动近十年之久。此外，在我的童年时期，我还踢过6年足球，打过7年网球和棒球，划过3年船，并且进行过4年的举重训练，以增强力量和体能。

在进入国家大学体育协会之前，我每周平均要投入10～15个小时用于曲棍球训练。然而，随着时间的推移，我的训练时长逐渐增加，到大学第一个赛季前的夏天，我每周的训练时长达到了大约20个小时——这与常春藤联盟曲棍球运动员在赛季期间的训练时长相当。

身为运动员，我深知父母对青少年运动员的影响之大。他们是支付费用和接送我训练及比赛的人，因此拥有很大的影响力。然而很多时候，父母们会滥用这种影响力，给孩子带来过大的压力。鼓励孩子在身心健康的基础上发挥最大潜能，与不顾孩子的身心健康、盲目追求极限是完全不同的。后者可能导致孩子出现倦怠、焦虑、抑郁、自卑和失望等情绪，承受巨大的压力。在孩子的运动道路上，父母的支持应当是默默无闻的。要让孩子自己掌舵去追寻他们的目标，父母只需为他们提供必要的鼓励、建议和资源。

父母、教练和教师需要认识到，专注于一项运动的孩子在处理日常事务时，可能会在时间、精力和动力上表现出与普通孩子不同的特点。人们常常误以为，运动员在学业、杂务和工作等方面表现懒散，但事实并非如此。这只是因为，他们在注意力、心理资源和体力的分配方式上，与普通孩子有所不同。

此外，父母们还需要明白，专注于运动的孩子需要充足的睡眠和休息。过度逼迫孩子，分散他们的精力和体能，不仅会影响竞技表现，还可能损害他们的身心健康，并降低他们对运动的热爱。

值得注意的是，运动员（尤其是女性运动员）常常会受到形体焦虑方面的困扰。这一点必须引起重视。我多次听到别人说："我之所以没有发胖或严重超重，是因为我是运动员，能消耗掉多余的热量。"而我内心深处总有一个挥之不去的疑问：如果减掉两磅体重，我的成绩是否能再提高两秒呢？

进食障碍是青少年运动员身心健康的严重威胁。千万不要强迫孩子通过某种节食措施来"提升"或维持他们的运动表现。运动员确实需要保持健康的饮食，但频繁提醒并无助益。请相信我。仅仅因为孩子第二天有比赛，就剥夺他们在生日那天吃蛋糕的权利，这么做既不公平也不恰当。要相信孩子能够在饮食上做出正确的选择。尽量不要对孩子吃了什么或者吃了多少发表意见。有时候，哪怕只是一个细微的表情或者一句不经意的评价，就有可能让孩子对某些食物产生抵触情绪。没有什么比偶尔放纵一下——比如外出时点一大份冰激凌，却听到父母说"你怎么能吃冰激凌？你明天不是有比赛吗？"更令人烦恼了。我恳求你，除非孩子的健康真正受到威胁，否则请不要对他们的饮食选择发表意见。

对于青少年运动员，信任和理解至关重要。如果孩子决定专注于某一项运动，那么最佳做法便是全力支持他们的决定。无论孩子选择继续坚持还是退役，你都应当让孩子亲自经历这个过程并做出抉择，同时要在孩子需要时给予支持和建议。有时候，青少年运动员所需要的，仅仅是父母的一点鼓励、一个倾诉的肩膀，或者在现场为他们加油助威。

第五篇

青春期孩子的友谊与性,以及亲子对话指南

第 16 章

换一种方式看待孩子的友谊和同伴影响

在初中和高中阶段,孩子的交友圈会发生改变,这一现象背后有许多原因,但从成长的角度来看,这完全是正常现象。进入青春期后,孩子们自幼儿园以来的"死党"通常会有所更换。这其实并不奇怪。孩子们虽然年龄相仿,但身体发育的节奏却各不相同。他们需要应对激素水平的剧烈波动、尚未完全成熟的大脑,以及日益繁重的学业压力,同时还要处理与家人的关系。即使对成年人来说,友谊的维系也绝非易事。因此,对青少年来说,这些因素叠加起来,很可能导致他们的社交关系发生巨大的变化。

不过,最重要的是看待问题的角度。进入青春期后,孩子们可能会发展出新的自我认同,进入新的学校环境,并形成新的兴趣爱好。这些变化会使他们与一些人的联系愈发紧密,而与另一些人渐行渐远。

因此，父母们或许会认为孩子的友谊飘忽不定，但孩子们却只是觉得自己在寻找新的友谊。

我们撰写这一章的主要目的，是引导父母换一种方式来看待孩子的友谊和来自同龄人的影响，从而能够更加有效地保障孩子的安全与健康。毕竟，这才是我们的职责所在，而不是去干预孩子该与谁做朋友，在聚会中紧紧盯着他们，规定孩子应该喜欢谁，或者对他们处理友情问题的方式指手画脚。我们的职责是帮助孩子们认识友谊的重要性以及朋友对他们的巨大影响，以此来保障他们的安全和健康。

青春期知识加油站
科学篇

在深入探讨关于社交的科学知识前，我们先来补充一些有关脑科学的基础知识。这本书里反复提到青少年大脑的不成熟，如果你只是匆匆略过，不妨将其中的重点内容回顾一番。

边缘系统位于大脑中部，掌管着冲动、冒险和快感体验。在中学阶段，孩子的边缘系统已经接近发育成熟，能够迅速地发送和接收信号。然而，负责理性思考和后果评估的前额叶皮层则还需要 10～20 年才能完全成熟。因此，它接收信息的速度较慢，往往无法及时响应以跟上边缘系统的步伐。这一现象为青少年容易出现冲动和冒险行为提供了一个简单的解释。（更多关于大脑发育的信息详见第 10 章。）

到目前为止，我们还没有充分探讨同龄人群体对孩子边缘系统的影响。研究表明，**朋友的存在能够增强与冒险、寻求刺激和奖励相关脑区的活动**。这一现象不仅存在于孩子们在现实生活中的相处、搭伴闲逛和聚会，也存在于他们在虚拟世界的互动中。实际上，这并不是孩子所特有的现象。你是否有过这样的经历：在与他人畅谈时（无论是在现实生活中还是在虚拟世界里），你发现自己无法冷静思考？是的，我们也有过类似的经历，最近的一次就在上周。不过，相较于孩子，我们成年人的大脑通常能够更快地从这种状态中恢复过来。

同龄人群体对孩子的影响已经得到了充分的研究。友谊对孩子的学业成绩、总体幸福感以及许多其他方面都有积极的影响，能使他们拥有更加精彩的青春岁月。此外，友谊也能降低孩子罹患抑郁症的风险。研究者认为，这些好处不仅能使孩子在成年后具备更为健全的社会心理功能，甚至还可能延长寿命（当然，这两者之间也存在密切的联系），从而为其一生带来无尽的福祉。

友谊究竟是如何影响大脑中神经元的结构和功能的呢？这个问题在过去的几十年里激发了大量的研究。科学家们通过在不同情境下观察大脑的不同区域，并运用从问卷调查到磁共振成像等多种方法来衡量友谊的影响。其中一种常见的研究设计，是让一组参与者在有朋友陪伴和独处的情况下进行相同的活动。当研究对象是青少年时，这种行为往往是玩电子游戏。在这些研究中，朋友的陪伴有时是实际在场的，有时是通过虚拟方式提供的，还有时候，研究者仅仅暗示朋友在附近观察，尽管他们实际上并不在现场。无论朋友是真实存在还是仅仅被主观认为在场，这两种情况都会导致青少年的边缘系统活动增强。

最经典的实验设计是让孩子们玩一款赛车游戏。当有朋友加入时，赛车的平均速度会提高，事故率也会上升，而为了拿到高分并赢得比赛的冒险倾向也会显著增强。有趣的是，速度的提升导致事故率增加，反而常常使平均车速降低，从而降低游戏得分。然而，边缘系统往往只追求即时的愉悦，而不考虑稍后可能产生的后果，例如两三分钟后在终点线可能获得的分数。

群体思维（思维趋同）这一概念，在父母中引起了相当大的担忧。毕竟，他们清楚地记得孩子们在聚会上的狂欢场面：饮酒、吸烟、随意交往（过去称为调情）。在智能手机普及之前，这种常见于周六晚上的情景（伴随着一群人高喊"喝！喝！喝！"之类的狂欢声）一直是父母们担忧的焦点。然而现在，社交媒体成为他们新的担忧来源。

也许通过屏幕交流的孩子们并没有真的聚在一起（否则会被视为"鬼混"），但他们有可能会发送不雅照片。也许他们不再像过去那样一杯接一杯地喝啤酒，但他们有可能会参与一些由算法推送的极其愚蠢甚至危及生命的挑战。例如，晒伤艺术挑战、牛奶箱挑战[1]、蒙眼挑战[2]、吞食汰渍洗衣球挑战、插座挑战等等。仅凭这些名称，无需深入了解具体内容，你就足以意识到它们的荒谬程度。然而，大量孩子却热衷于参与这些挑战。

这类行为常常被归咎于同辈压力，这一明显带有负面色彩的术语在 X 世代（大约出生于 20 世纪 60 年代中期至 70 年代末期）的成长历程中占据着重要地位。然而，同辈压力显然也有积极的一面：学习

---

1 该挑战的参与者需要在一系列堆叠起来的牛奶箱（或其他类似的塑料箱）上保持平衡。参与者首先从底部一层层地爬到顶端，再用同样的方式回到地面。该挑战因其危险性而引起争议，因为一旦失去平衡，参与者就可能因为跌落而受伤。——译者注

2 源自 2018 年电影《蒙上你的眼》（*Bird Box*）的网络挑战活动。在电影中，主角们必须在看不到某种神秘生物的情况下生存，否则就会遭遇不幸。该挑战的参与者通常会蒙上眼睛，尝试完成一些日常任务，比如做饭、购物，甚至开车，以此来模仿电影中的情景。该挑战在社交媒体上迅速传播，但因为其潜在的危险性而广受批评。——译者注

小组帮助所有人取得更高的成绩，团队锻炼和健身挑战转化为更好的健康状况和体育成就，优秀学生代表激励其他孩子参与服务项目。积极影响的事例不胜枚举，它们将"同辈压力"这一概念升华为了更具积极意义的"同辈影响"。从生物学角度来看也是如此。

朋友的存在犹如一把双刃剑，通过激发孩子的边缘系统，既能煽动不良行为的火苗，也能点燃奇思妙想的火花和团队协作的热情。所有抚养过孩子的成年人都深谙此理：如果你希望孩子做某件事（例如阅读、洗碗、按时上床睡觉等），那么最简便且行之有效的办法，就是找一个正在做这件事的其他孩子来做榜样。在这些积极的同辈影响案例中，前额叶皮层远未成熟几乎不会造成任何妨碍，因为无论从短期还是长期来看，这些影响都是积极的。

我们知道，朋友能激活青少年的边缘系统。那么，你知道谁无法激活它吗？是成年人。这就形成了父母们长期以来的困扰：孩子们往往将目光投向同龄人正在尝试的新奇事物，而对我们所制定的老规矩置若罔闻。他们把与同龄人的社交互动置于首位，而将家庭、学业、体育、社区参与以及陪伴祖母等责任抛诸脑后。于是，争执便接踵而至，事由如屏幕时间、限制外出、家庭作业、撰写感谢信以及回复信息等等。如果孩子的社交生活占据了主导地位，后果或许会不堪设想。以尝试尼古丁、酒精或各类毒品为例，在这种情形下，同龄人的影响举足轻重。尽管许多青少年都会尝试这些东西，并较少遭受影响，但仍有部分孩子会深陷成瘾的泥沼。

关于如何做决定的谈话可能会让孩子觉得有些重复（毕竟这些谈话的确需要反复进行）。然而，有确凿的数据表明，通过反复进行这类谈话，尤其是利用角色扮演来学习如何应对特定的社交场景，我们确实能让孩子的大脑形成某种类似肌肉记忆的反应机制。我们可以采用一些策略来削弱同辈影响对边缘系统的作用,例如让孩子在做出冲动决定前稍作停顿,或者预先准备针对常见提议(如"要不要发照片?"或"想不想吸一口?")的回答。如果你们已经针对特定情形一起练习过,那么在实际遇到这种情形时,孩子就不必依赖他们反应相对迟缓的前额叶皮层来做出回应。如此一来,源自同辈的负面影响便会大大减弱。

在我们继续深入探讨之前,请花一点时间思考一下,孩子到底需要多少朋友?实际上,一个好朋友足矣。只要拥有一份坚如磐石、深厚诚挚的友谊,孩子便足以远离孤立之境,并得以享受友情的益处。你或许会认为,这种观点与电影中所展现的青少年生活大相径庭,但事实确实如此——这样的朋友,一个便已足够。

2008年的一项研究发现,**对于青少年来说,拥有一份具有支持性的亲密友谊,也就是一份高质量的友谊,比拥有朋友的数量更为重要。**值得注意的是,虽然拥有更多的朋友可能会增加一个人拥有高质量友谊的概率,但只有一个亲密的朋友也足以保护孩子免于遭受缺乏朋友所导致的社会心理健康问题的负面影响。

过去20~40年
变迁篇

在过去的几十年里,友谊的本质并未发生显著变化。然而,与过去相比,社会环境的总体状况已经发生了翻天覆地的变化,让人感到陌生。智能手机对孩子们的社交活动产生了深远的影响,但影响并不全是负面的。现代科技使得青少年之间能够进行有益的社交互动,这一点在新冠疫情肆虐的艰难时期表现得尤为明显。当时，各种屏幕设备成为了孩子们（以及成年人）相互保持联系的生命线。然而，这些工具确实也可能加剧孤独感，特别是在青少年用户群体中。例如，部分应用程序能让孩子们看到他们的朋友在没有自己参与的情况下聚会，还有些应用则能呈现出一幅表示所有人正欢聚一处的地图。受到负面影响的并非只有青少年，成年人的感受也同样强烈。尽管孩子们可能难以客观地看待这一切，但今天的大多数父母和关注青少年的专业人士，对电子设备既心怀担忧，也认可它们的益处。

然而，社交媒体这一点值得单独提及。数据明确显示，对于社交困难的孩子来说，社交媒体可能会让情况更加糟糕。2019 年，一项发表在《精神病学纪要》（*JAMA Psychiatry*）上的研究表明，每天在社交媒体上花费 3 小时或更久，会导致心理疾病发病率增加。同时，倡导组织"常识媒体（Common Sense Media）"也在那一年报告称，青少年平均每天使用这些应用程序的时间在 5 ~ 7 小时之间。换言之，在社交媒体使用方面，几乎所有青少年都面临潜在风险。

社交媒体的开发者们对此心知肚明。2021 年，《华尔街日报》曝光了脸书内部关于照片墙对青少年影响的一项研究，例如，研究发现："在自述有自杀想法的青少年中，13% 的英国用户和 6% 的美国用户将自杀念头归因于照片墙。"这并不意味着所有社交媒体应用都极其有害，也不是说这类应用毫无优点可言。实际上，当前的每一条负面数据，似乎都有同样有说服力的正面数据与之相对。例如，有数据显示，人们在网上可能并且确实会相互联系、彼此支持和表达善意，这些行为的重要性不言而喻。不过，不同的应用会产生不同的影响：照片墙注重美丽和点赞的氛围，往往对青少年（尤其是女孩）危害极大；而抖音那种以短视频形式呈现的滑稽搞笑内容，则兼具娱乐性和趣味性。（当然，前提是孩子没有陷入算法推送的负面视频之中。）

所有社交媒体应用都有一个共同特点，那就是极其详尽且不间断地播报其他人的动态，而浏览者自身的情况却不在其中。于是，青少年们便会发现，SnapMap[1]显示他们曾经的密友在跟别人约会，抖音显示他们的队友在跟别人拍短视频，照片墙显示同学聚会却没有邀请自己。社交媒体的这一特性给友谊的稳固性带来了前所未有的考验。在过去，朋友间的不愉快要等到周一早上上学时才会被讨论；而如今，这些冷落和变动都在实时上演，除非孩子们删除应用，否则根本无法获得片刻的喘息。

使用电子设备的另一大弊端，在于它催生了霸凌文化。过去，言语和肢体攻击多发生在学校的走廊、卫生间和停车场。而现在，这些攻击却通过群聊信息迅速蔓延，使得羞辱以更快的速度、更远的距离传播开来。从不雅照片到恶毒的嘲讽，这些信息正以惊人的速度在社交圈甚至整个网络社区中肆意流传，其后果不堪设想。这也正是过去的15年来，特别是智能手机普及后，越来越多的组织致力于提高人们对霸凌危害认识的原因所在。然而，残酷的事实是，虽然被霸凌孩子的父母通常会介入其中，但霸凌者的父母却往往对这种行为视而不见或矢口否认。特别是，发生在屏幕上的霸凌行为很难被发现；如若再加上密码和虚假账号的掩护，想要发现霸凌行为就更是难上加难。即使手机未设置密码且易于访问，跟踪孩子在网上的行为也可能比肩一

---

[1] SnapMap 是色拉布（Snapchat）中的一项功能，它允许用户查看朋友在地图上的实时位置，并了解他们正在进行的活动。——译者注

项全职工作，而我们中的大多数人都没有精力每天去检查每一条信息和每一个应用程序。

法律一直在竭力跟上技术的快速发展。在处理霸凌案件时，法律能够为受害者撑起保护伞，并让施暴者承担后果。然而，法律的某些领域却存在一些模糊地带。以儿童色情方面的法律为例，这些法律最初是为了保护儿童免受成年人的侵害，但如今，它们却常被用来对付孩子自身，例如用来惩罚甚至起诉那些发送或分享他人不雅照片的孩子。鉴于法律的制定和修改进程非常缓慢，而技术的发展却日新月异，现有的法律规则无法充分保护所有孩子免受霸凌的伤害。因此，学校和父母需要承担起教育孩子关于拍摄和分享不雅照片等敏感问题的责任。

回想一下你十几岁时的情景：你能想象自己和父母讨论这样的话题吗？你能想象拥有一部属于你自己的电话吗，而且，这部电话还不用接电话线，不仅能拍照（而且是清晰度极高的照片），还能播放你最喜欢的音乐？你能想象暗恋对象发来消息或申请加好友时你的激动心情吗？能想到你接下来的回应方式吗？如果你正在疑惑，这一章不是在讨论友谊吗？怎么话题转到手机上了？没错，电子设备正是这一领域在过去几十年里发生变化的关键因素。电子设备的入局，导致友谊的建立和经营方式发生了巨大的改变。这一混乱局面给所有人（包括大人和孩子在内）都带来了数不胜数的难题。

如何与孩子对话
实操篇

如果大人对孩子频繁更换朋友的现象感到费解，那么孩子们又有着怎样的感受呢？在初中和高中阶段，一些孩子不再一起玩耍是有诸多合理缘由的，但这并不意味着他们不会因此而受到困扰。如果他们的青春期遵循完全不同的时间表，例如一个孩子的各项生理指标都开始快速增长，而另一个孩子的身体却毫无动静；或者一个孩子已经开始对异性萌生情愫，而另一个孩子却对异性毫无兴趣，那么这时，他们的共同话题就会减少。孩子们的友谊也会因为某些事情而亮起红灯，例如在尝试吸烟、饮酒或进行冒险行为（例如小偷小摸）时产生分歧，或者仅仅因为对音乐、电影或游戏的喜好不同而产生矛盾。但是，这并不意味着分开的孩子将永远不会再成为朋友，而只说明目前他们对彼此的吸引力有所减弱。

青少年的友情风波也常常会波及他们的父母。父母的心中一般都有孩子"理想朋友"的样子，因此，孩子朋友的变化也常常牵动着父母们的心。如果两家人因为孩子是好朋友而关系较为密切，那么当孩子的友谊出现问题时，气氛就会变得尴尬。这时，大人不应让自己的想法主导孩子的友谊——尽管可以尝试，但结果往往不尽如人意。那么，怎样做才是有效的应对之策呢？

表达共情

即使孩子在面对友情风波时情绪激动、大声宣泄，我们也应避免轻描淡写地回应："这没什么大不了的……克服它……等你长大了，你都不会记得有这回事。"对孩子而言，这是一件意义重大的事情，而且他们长大后也很可能会清晰地记得这段经历。更恰当的方式是，用共情的态度小声回应："看你这么难过，我心里也很不好受……这种事确实太让人伤心了……你要是需要，我就在这里陪你。"随后在一旁坐下，静等孩子敞开心扉。

不要审问

当你发现孩子不再频繁地与好友一同外出时，切勿立即刨根问底，而是要带着一颗好奇心开启与孩子的交流，并为之后进一步的谈话预留空间。你可以尝试这样表达："我发现你们最近好像不常一起出去玩了，是不是发生了什么事情？"如果孩子回答："一切都好。"那么你就可以接着说："如果你有话想说，就随时找我。"

不要强迫

尽管解决孩子问题的方法看似一目了然，特别是在面对关于友情危机的问题时，但大人不应贸然为孩子解决问题。强行干预反而可能弄巧成拙，比如安排孩子的旧日挚友来家里吃饭。有时候，做孩子的倾听者而非主动干预者会更有效。要了解孩子是否愿意听听你的建议，如果答案是否定的，请尊重孩子的选择。

分散注意力

当一个孩子被另一个孩子无情地抛弃后，随之而来的往往是伤害、孤独和困惑的连锁反应。孩子或许不愿找人倾诉，但适当地分散注意力可以帮助孩子缓解负面情绪。你可以试着安排一些活动，但不要表现得过于热情，例如一起去打保龄球、看一场电影或拜访孩子的老朋友，以便帮助孩子走出情绪低谷。

监控电子设备的使用

不幸的是，社交媒体的存在使孩子们能够实时追踪好友与别人一起玩乐的动态。这种对社交媒体内容的过度反刍，往往会产生不好的后果。因此，父母们应当介入其中，制定屏幕使用规则并严格执行。一些小措施，比如规定夜间电子设备只能在卧室外充电，可以防止孩子因为发现自己受到"冷落"而失眠。

如果你不喜欢孩子的朋友

也许，孩子的某个朋友（或某一群朋友）缺乏礼貌、行为不端（例如喝酒、吸毒），或行事鲁莽。然而，你对这一情况的清晰认识并不一定有助于解决问题。如果你不假思索地说出自己的感受，结果很可能适得其反。还记得父母曾反对你与某人约会，而那个人一下子就成了你的真爱吗？在这种情况下，控制情绪和谨慎言辞显得尤为重要。然而，当你只想大喊"那个孩子真是混蛋，绝对不能和他交朋友！"时，你可能会觉得这几乎是不可能克制的。如果你感觉自己快要失控，不妨尝试以下几个技巧：

反思你的反应：思考一下，为什么你会有如此强烈的负面反应？合理的原因有很多：过去的情感或经历被唤起、出于保护孩子而产生先入为主的判断，或是因为听闻了某些传言。即使你的本能反应是正确的，这样的反思也能帮助你调整措辞，让事情朝着更有益的方向发展。

认清现实：别人家的规矩不一样。当一个家庭的规则与另一个家庭的规则大相径庭时，冲突便有可能产生。实际上，没有哪两个家庭的规则会完全相同，因此尽量不要对其他家庭妄加评判。除非你打算终止孩子的这段友谊，否则你就得接受这个现实：孩子在别人家可能不会遵守你家的规则。这对父母来说可能很难，尤其是当孩子回家后还要求你修改家规时。

解决重大担忧：当孩子的某个朋友让你感到不安时，向孩子表达这种担忧是完全合理的。当你察觉到孩子的朋友出现涉及心理疾病、霸凌或药物滥用等问题的警示信号时，跟孩子谈谈你所观察到的情况。记住，不要指责！你可以试着这样说："我在想，你有没有觉得那谁谁最近看起来有点不对劲？我注意到……为什么他最近很少来咱们家了？"

如果你怀疑孩子正在遭受霸凌：在这种情况下，你可能很难从孩子那里了解到事情的真相。孩子可能会因为觉得羞耻、害怕遭到报复或担心被称作"告密者"而不愿告诉你。切莫一开始就激动地说："我要杀了那个欺负你的兔崽子。"这么做很可能会让你的孩子紧闭心扉。不妨尝试一种更为温和、不指责、不批评的沟通方式，比如："你看起来好像有点不对劲。"然后耐心等候孩子的回应。孩子需要感受到我们的支持，因此务必确保沟通渠道畅通无阻。你可以说："你要是有话想说就随时来找我。"这么做可以减轻孩子的压力，让他知道不必立即将一切和盘托出。如果问题严重，你可以向心理健康专业人士求助，或是与孩子的学校取得联系。要知道，霸凌问题并非总能自行消失，它对孩子心理健康的影响可能会持续非常久。

如何帮助孩子应对同辈影响（或同辈压力）

有句老话："如果大家都在跳桥，你会跟着跳吗？"如果他们完全诚实，青少年很可能会回答"会"。以下方法能帮助孩子们顶着同龄人的压力，做出更加明智的决定：

数到 10 或深呼吸 3 次：这个方法适用于大人和孩子。它强调了停顿的重要性，让孩子能够在被周围人大声催促和鼓动时，先停下来考虑片刻再行动。这么做也能使他们的前额叶皮层有时间做出反应，从而帮助他们做出更加理智的决定。

练习委婉措辞：与孩子讨论可以使用哪些适合他们年龄的委婉措辞，来巧妙地摆脱不舒服的情境。要预料到你最初的一些提议可能会被直接否定——这完全没关系！你们终究会找到更加契合孩子认知和情感体验的语言。

角色扮演：虽然大家普遍不太喜欢这个建议，但实践之后都不得不承认它很有用。所以不如换个名字，叫它"练习"如何？角色扮演能提升孩子在容易随波逐流时表达拒绝的能力。你可以从简单的问题练起："如果……，你会怎么做？""假如遇到……情况，你会怎么处理？""要是……，你会说什么？"在……处填入时下的热门话题（比如撒谎、偷窃、吸烟、约会等等）。角色扮演的最佳方式，是把你们选定的表达方式和话语融入其中，好让孩子亲身体验并感受这样做的效果。

利用手机：在特别棘手的情况下，孩子可以给朋友（即使对方就在他们身边）或信任的大人发信息求助。为了达到最佳效果，孩子可以提前与对方约定一个暗号，好让收到信息的人知道要放下手头的事情来帮助孩子解围。

去洗手间：这是个老办法，但很有效，可以让孩子暂时从当前的情境中脱身。

明确实际使用的语言：青少年通常知道该做什么，却常对行事之法、措辞之道茫然无措，生怕言语之间伤了友谊。他们常常担心惹朋友或恋人不高兴，因此宁愿冒险（抽电子烟、喝酒或发生性关系），也不想让对方失望。我们的本能反应通常是："如果你的朋友告诉你，他们会因为你不做某件愚蠢的事情而生气，那么你或许就得考虑一下是否还要跟对方在一起，而不是怀疑自己的决定。"

为了帮助年少者摆脱同辈压力，年长的青少年提出了以下建议：

- 有人提议抽电子烟时，你可以回答："不了，我现在不需要。"
- 有人提议喝酒时，你可以说："那可不行，教练要是知道了，我就死定了。"
- 有人提议发生性关系时，你可以说："哦，对了，五分钟后有人来接我。"
- 有人提议尝试毒品时，你可以说："哎哟不行，我父母会定期给我做药检。"

来自孩子们的心声
反馈篇

小 H，女，21 岁

我深知，人既能如天使般善良，也可似恶魔般歹毒。我也知道，与那些不太友善的人打交道只是生活常态。

从小到大，我一直是个普通的孩子。我喜欢读书（我会骄傲地说起在某个夏天读了20本书的经历），喜欢和哥哥一起玩电子游戏，也喜欢周末和亲戚家的孩子们一起出去玩。然而，我总觉得自己在香港显得"美国味"太浓，而在我的出生地洛杉矶又显得"美国味"不足。我6岁时搬到了香港，不过每年夏天都会回洛杉矶。这种两边都缺乏归属感的状态，一直让我痛苦不堪，特别是在五年级时。

我就像个局外人。我的普通话不太好，英语也一般。我既渴望与外国孩子为友，又希望融入香港本地孩子的圈子。这两种念头相互拉扯，对一个五年级的孩子而言，实在是一种煎熬。幸运的是，我一直有两个最好的朋友陪伴在我身边。

在学校，有一群女孩很讨厌我。我不清楚其中的缘由，只记得她们总是嘲笑我"胖"（对一个10岁孩子来说，我的体重其实非常正常），还歧视性地称我为"鬼佬"，这个词一般指白人，或者泛指外来者（然而我是百分之百的中国人）。我和她们差别很大，因为我的"美国味"太浓了。可与此同时，我也无法融入非中国孩子的圈子，因为我的确是个中国人。

尽管我还没有达到拥有脸书账户的年龄要求，但我还是申请了一个，只因大家都有。我仍记得第一波网络评论如潮水般涌来时的情景，每天都有恶意评论纷至沓来。他们对我的体重、外貌、性格等方面说长道短。随后，这些评论演变成了学校里一些人当面的恶语相向，以及走廊中无数充满恶意的目光。有些话至今仍然让我心痛。我明白了并非每个人都会站在我这边，并且要相信那些一次又一次善待我的人。

这段经历给了我深刻的启示。我意识到两点：第一，我绝不想像他们对待我那样对待其他人；第二，我必须珍惜真正的朋友。这段痛苦的经历让我学会了同情他人，同时也开始真正珍视我生活中的真挚友情。

孩子们有时真的很残忍！如果我能更坚强一些就好了。我也后悔没有早点把这件事告诉别人。霸凌行为一直没有停止，有时候即使大人介入也无济于事。有一天，我姑姑成为我的脸书好友，她看到了那些恶意的评论后，便去询问我的表弟（他与我在同一所学校），表弟就把他所知道的情况都告诉了她。接着，我姑姑把这件事告知了我的父母，他们又进一步向我表弟了解了详情。听完这些后，他们非常震惊，意识到我那些他们之前无法理解的古怪行为，其实都是因为这些孩子的霸凌造成的。他们不愿让我在一个让我感到格格不入的文化环境中成长，于是决定把我送到美国。刚到美国时，我感到非常紧张，因为学校里大部分是美国人，我仍然觉得自己是个外人。不过，最终我的情况还是逐渐好转了。我找到了几个能与我产生共鸣的亚裔美国孩子，并且在亚裔美国人群体中找到了归属感。

我真希望父母当时能了解我的情况有多么严峻，但他们总是对我的话置若罔闻，因为在他们看来，这些行为只是初中孩子常有的恶作剧。如果他们当时亲眼目睹那些充斥着种族歧视和性别偏见的言论，或者亲耳听到我在学校所遭受的言语攻击，或许事情的结果会截然不同。

小E，男，21岁

友谊是一种极为特殊的纽带，很多人低估了友谊对一个人生活的影响和性格的塑造。友谊的独特之处在于，它并非建立在血缘关系或义务的基础之上。你们真心珍惜彼此的陪伴，并希望能为对方提供支持。在人生旅途中，友谊对我们价值观的塑造和兴趣爱好的培养有巨大的作用。因此，学会甄别损友和益友十分重要。我深信，那些能够激发我们的潜力，为我们营造包容氛围以便我们展现真实自我的益友，将会让我们终生受益。

然而在生活中，我确实遇到过许多损友，特别是在我的童年时期。这些关系往往萌生于嫉妒、追求朋友数量或者逃避不安等负面因素的土壤。我在与他们相处时感觉很好。我甚至告诉自己，这就是我理想中的朋友类型，而非我理应结交的那种。

其中有个女孩，她似乎有一种魔力，能让身边不少人对她言听计从。她是那种典型的坏女孩，待人冷漠，而这种冷漠的根源是她内心深处那深深的不安全感。不过，要识别这类人倒也不难。我感觉，那个年龄段的电影都在讲述那些高中坏女孩自食其果的故事，而且在现实生活中，她们往往也过得很不如意。那么既然如此，为何这种高中坏女孩至今仍对青少年具有如此大的吸引力呢？

没错，她那样子就是典型的"坏女孩"。她有一头漂染金发和深色眼线，穿着打扮让她看起来比同龄人成熟许多。她也是我生活中那个让我觉得自己与众不同的人。她会向我透露我身边人的一些秘密。我们有一门课是一起上的，她总是迟到20分钟，下课又第一个走。当她想和你说话时，就会直接开口，仿佛老师根本不存在。她似乎对周围人的生活漠不关心，眼中只有自己。她总是对别人的言谈、穿着，乃至上课积极举手发言的行为指手画脚。星期三早上，她会跟我炫耀昨晚三点才回家，而她的父母却似乎毫无察觉。然而，这些炫耀的背后，却隐藏着她深深的不安和家人情感支持的缺失。

她对别人有负面情绪时，总是先来找我倾诉。显然，这让我觉得自己无比重要。但是，我很快就察觉到，即便她不在我身边，那种评判和负面的氛围也依然如影随形。她对他人的看法，渐渐地也影响到了我。

同样，她做事情的方式也对我产生了影响。她经常对父母撒谎，无论是他们问她在哪里、做什么，还是和谁在一起。慢慢地，我也开始效仿她。起初感觉很有趣，就像在玩某种刺激的游戏。在她的影响下，我第一次喝了酒，并开始参加派对，而我父母却以为我只是在朋友家过夜而已。

不奇怪的是，经历了她的评判和仇视后，我才意识到这段友谊并不健康。我原本以为我们之间可以相互信赖，然而，她并没有保守我告诉她的许多秘密。我这才明白，在这段关系中，我的付出并没有得到相应的回报。在我当面与她对质时，她立刻矢口否认了一切，并迅速抛弃了这段我曾认为无比重要的友谊，而这一切对我来说，其实并不意外。

在那之后，我开始将精力投入到与别人的友谊中。我发现，我的思维方式再一次开始改变。在与这些新朋友相处时，我不再过度关注自己的外貌，也不再那么在意自己在特定社交场合中的表现。我有了形形色色的朋友，朋友的数量也增多了。我意识到，之前那段友谊在许多方面都束缚了我。它既让我无法结交新朋友，也不允许我展现真实的自我。而这些新朋友则促使我展现出了自己的个性，而非去迎合那些所谓"酷"的行为方式或努力融入某个特定群体。与此同时，我还开始尝试摄影和写作。

我现在的那些好朋友，都是因为我本身的特质才喜欢我。他们知道我总是忧心忡忡，明白我会努力保护身边的人，也了解我看待世界的方式，他们喜欢我身上的所有特质。如果他们想去做某件事，而我表示不想去，他们也从不会生气。这些友谊都建立在尊重和忠诚之上。

然而，我也发现，要找到这样的朋友并不容易。很多时候，我们以为自己清楚想要什么，但我们的判断往往会受到外界因素的干扰。那种想"受人欢迎"的欲望永远不会真正消失，而且很多时候，我们很难认清到底什么才是最符合我们长远利益的选择。因此，在结交新朋友时，我总是会问自己："与这个人在一起时，我的感受如何？"或者，"对方能否激发我最好、最积极的一面？"

这一切告诉我，只有亲身尝到高中坏女孩带来的痛苦和被背叛的滋味，才能真正从中学到教训。我也发现，父母对孩子朋友的看法，往往会产生相反的效果。每当我妈妈告诫我不要跟某个人交往时，我反而更想跟那个人一起玩。高中坏女孩的吸引力，主要来自做一些叛逆和新鲜的事情所带来的刺激。然而，一旦她们与你翻脸，或者你自己吃到苦头，你就会意识到叛逆的感觉并不像你想象的那么有趣。

有一次，我被拉去参加派对，结果却不得不为一个喝得烂醉如泥的朋友呼叫警察。那人倒在地上不省人事，我向她求助，她却把我一个人丢下，让我独自应对这糟糕的局面。最初的兴奋感褪去，我才发现，在真正需要帮助的时候，我却孤立无援。在那一刻，我深刻领悟到，对父母撒谎和隐瞒行踪只会带来长远的负面影响。

我认为，我的父母本可以更加宽容地看待我的冲动行为和我交的朋友。做父母的需要明白，每个青少年都会有想要打破常规的冲动。通常，父母越是试图控制孩子的叛逆行为，孩子就越想反抗。以我的经历为例，如果我妈妈能开车送我去参加派对，或者和我谈谈我和朋友喝多少酒比较合适，或许当晚的情形就会完全不同。如果我妈妈事先知情，我可能就不会想要去参加，更不会偷偷溜出去了。

我从那次经历中学到了一项重要的技能，那就是根据朋友圈子的重要性来判断友谊的亲疏程度。我曾经认为，我想要交往的每一个人都必须成为我最好的朋友。我那时觉得，最好的朋友是那些能让自己有冲动去打破常规、走出舒适区的人。我想让我喜欢的每一个人都成为我的挚友。然而，我逐渐意识到，要同时维系十几个这样的朋友是非常困难的。最后，我发现经营重要性有所不同的朋友圈子更为实际，例如从三四个至交好友到许多普通意义上的好友，再到大量的熟人。

如今，我最亲密的朋友也是我核心的朋友圈子。他们是无论在何种情境下都能陪伴我的人，是我永远可以信赖的伙伴。再往外一个圈子是好朋友，我很喜欢与他们在一起，但可能不会向他们透露我内心最深处的秘密，也可能不会向他们寻求建议。通过这种模式，我学会了接受不同类型的朋友，并找到了维系众多朋友的方法。而其他的朋友圈子则可以用来区分工作、学习伙伴和在路上偶遇时打招呼的熟人。在判断友谊的重要性方面，我深刻领悟到了合理设定对他人期望的重要性。

第 17 章

如何与孩子
谈论与性相关的话题？

我们两人都花了不少时间在家里开展性教育，其中一人还依稀记得曾经在一间挤满了人的教室里向她的孩子传授相关知识。她觉得那次讲得很好，可她的孩子却窘得要命。虽然那次出了点小插曲（姑且称之为挫折训练），但随着孩子逐渐长大，我们发现我们不仅和自己的孩子，甚至和他们的朋友也常常会谈到性话题。而且最不可思议的是，这些话题并不总是由我们率先提起。如今，我们在餐桌上讨论避孕或衣原体感染，就像讨论周末的安排一样稀松平常。不过我们也很清楚，我们家中的情形只是特例。

虽然这并非普遍现象，但它完全有可能成为常态。我们希望到这一章结束时，你会发现这其实并不难做到。只要遵循一些基本原则，一段时间过后，这些话题谈起来就会容易得多，也有效得多。一开始，你要主动提到一些基本术语，提出一些不带评判色彩的问题，清晰而直接地表达你所了解的情况，然后倾听孩子的回应。孩子问什么，你就答什么。孩子不问，就不要主动提及你过去的经历，只需用心倾听即可。如果你做到了这些，你就会收获许多宝贵的信息（包括学到一些新名词）。而且你还会成为孩子的倾诉对象——我们保证，一定会的。

青春期知识加油站
科学篇

与孩子谈论性，必须兼顾两个重要方面：科学知识与文化内涵。若偏废任何一方，都可能给孩子带来严重的身心影响。许多父母在给孩子进行性教育时陷入困境（稍后会详谈），往往是因为难以平衡这两者。他们要么拿不准在知识层面解释到什么程度，要么在谈论关系、尊重和知情同意时词不达意。许多父母告诉我们，他们往往只谈到一半就感觉谈不下去。还有人说，他们小时候，这种话题在家里是禁忌，这使得他们在成年后，无论是在科学知识还是情感文化方面，都难以自如地应对性话题。

即使是一些对性话题驾轻就熟的父母，也需要关注性文化发展的新趋势。例如，随性交友文化（即不以感情为基础的较为随意的性行为）的流行，以及色情制品（往往十分露骨，在笔记本电脑和手机上随手可得）的泛滥。今天的社会环境已经与过去大相径庭，我们更需要与孩子就性这一话题进行实事求是的坦诚对话。

科学方面的性知识是简单而明确的。在生物学层面，我们一般会这样介绍："性行为有四种，分别是阴道性交、口交、肛交和自慰。"

这样的开场白可能会让一些孩子感到不适甚至尖叫着跑出房间，但它却几乎总能促使你与孩子开启一场富有成效的谈话，即使这需要一些时间。如果你能清晰而客观地解释性，孩子就能掌握谈论性话题的准确语言。当他们有疑问时，就能够用恰当的词语来提问，而你也能给予精准的回答。

在结束本章的科学部分之前，还有几个术语值得一提。首先是"禁欲"，指选择不进行性行为。然后是"安全性行为"，指能够避孕并预防性病的性行为。要做到这一点，至少有一方必须使用避孕套，除非是自慰（第18章会专门讨论避孕和性病）。接下来是"强奸"，指未经同意的性行为。这里要注意，阴道性交、肛交和口交都涉及插入，即物品或身体部位进入另一个人的身体，这是强奸行为的核心要素。如果不涉及插入，未经同意的性相关行为则应被称作性侵犯。换句话说，任何未经同意的性相关行为，不论是身体上的、言语上的、听觉上的还是行为上的，都可以被视作性侵犯，但强奸必须涉及插入。最后是"色情制品"或"色情内容"，指专业或业余制作的、旨在激起观看者性欲的视觉内容。观看或浏览色情制品的行为虽然只是窥阴性质，但它也可能直接影响一个人发生性行为的年龄和方式。对天真单纯的青少年来说，色情制品可能会先入为主地影响他们对性行为的预期。

过去20~40年
变迁篇

过去几十年间，性观念和性行为的演变，更像一条蜿蜒曲折的河流，而非一条直线。避孕方式花样迭出，有避孕泡沫、避孕凝胶、子宫帽和避孕环，也有宫内节育器（IUD）和皮下埋植剂。而避孕药更是经过了数十次的迭代和配方更新，使用了各种类型的雌激素和孕酮（合成孕激素），并以不同剂量来满足不同药物敏感度人群的需求。避孕套也发展出了无数种颜色、形状、尺寸、口味和质地，且在几乎所有药店甚至超市都有大量展示。虽然我们将在第 18 章深入探讨每一种避孕方式，但有必要在这里强调，这些避孕方式的多样化以及怀孕风险的降低，极大地推动了性行为的文化变迁：婚外性行为普遍增多，至少其社会接受度已经大大提高。

这就引发了一个疑问：如今的孩子通常在什么年龄开始发生性行为呢？根据美国疾病控制与预防中心 2021 年发布的《青少年危险行为调查》，与上一代相比，今天高中生发生性行为的人数要少得多。1991年，超过一半（54.1%）的美国高中生报告曾经发生过性行为，但是到了 2021 年，这一比例已降至 30%。需要注意的是，2021 年的研究是在新冠疫情期间进行的，当时实施的远程教学和社交距离措施可能对这些数据产生了影响。

不过，这项研究的数据存在一项重大缺陷。研究者询问接受调查的孩子是否有过"性接触"或"性交"，却没有解释这两个术语的具体含义。那么，孩子的回答是否真的反映了研究者想要了解的内容？在这项调查开展的 30 多年里，孩子们对调查题目的理解是否始终一致呢？在其他研究中，研究者在询问孩子是否发生过性行为时，也很少使用"阴道"一词，尽管他们通常指的就是阴道性交。这种笼统的提问方式容易造成混淆，导致数据质量下降。只有提出明确而具体的问题，例如，"你有过阴道性交吗？有过口交吗？有过肛交吗？"如此得出的结论才扎实可信，从而准确判断孩子们是否真的在推迟性行为，还是仅仅改变了性行为的方式。

并非所有研究者都会犯这种错误。例如，美国疾病控制与预防中心在 2018 年发表了一项研究，特别询问了青少年关于口交和肛交的情况。结果显示，39%的被调查者有过口交经历，11%有过肛交经历。这至少表明，很多青少年完全愿意回答涉及亲密行为细节的问题。此外，有过肛交经历的青少年的比例也远超人们的想象。

在《青少年危险行为调查》等大多数现有研究尚未涉及的领域中，随性交友文化无疑是当下亟待深入研究的重要课题。然而，这一主题极具挑战性，因为它涵盖了一系列难以界定且突破传统性爱观念的新行为和新理念。在过去，人们的亲密行为通常是通过多次接触逐渐升级的，这一过程被形象地比喻为"跑垒"：从亲吻（一垒）到爱抚（二垒），再到用手刺激性器官（三垒），最终达到性行为（本垒，通常指阴道性交）。然而，如今的随性交友文化几乎摒弃了这种渐进式的发展模式，充满了随机性和不确定性。

对于"随性交友"这一概念，人们的理解存在显著差异。有些人认为它指的是发生性关系，而另一些人则认为它包括除性关系之外的一切行为。这种理解上的分歧给沟通带来了巨大的困难。一些孩子自称"只是随性交友"，但实际上他们可能已经频繁发生性行为，且持续了数年，而父母却对此一无所知。而另一些孩子可能只是亲吻或拥抱，却被误解为行为不检。随性交友文化打破了传统语言体系、社交界限和性爱观念，使这些概念变得不再有序和清晰。我们年轻时的约会模式——先约会一段时间，确认关系后再发生性行为——如今已不再适用于许多青少年。如今，我们常常听到十八九岁甚至二十几岁的年轻人说，他们与某个特定对象的性关系已经持续了好几周甚至数月，之后他们可能会去约会，也可能不会；他们可能会进入"性专一"状态（即不再与其他对象发生性关系，但请注意这与传统意义上的约会有所不同），最终可能确定关系，也可能不会。这些步骤的组合方式多种多样，几乎无法预测。

随性交友文化还催生了一些新潮的术语。虽然"性伴侣"这一词汇仍然被广泛使用，但它正在逐渐被"情境关系（situationship）"所取代。这是我们在撰写本书时学到的一个新词，它生动地反映了如今青少年对亲密关系的模糊态度。情境关系是不确定的，就算当局者也难以捉摸。它涵盖了除忠诚恋爱关系之外的所有关系类型，例如随性交友，以及一些你可能未曾听说过的称呼：约素炮（指不发生性交的约炮）、纯爱战士（指不涉及性的纯粹爱情）和四一九（英语"for one night"的谐音，指一夜情）。在所谓的"约会"关系中，双方可能处于以上任何一种关系状态。

在探讨性文化变迁时，我们无法忽视过去 20 多年来色情内容的泛滥。**互联网的普及使得任何拥有电子设备的人（无论是成年人还是青少年）都能轻松接触到色情制品，这极大地冲击了人们长期以来形成的性观念。**尽管色情制品已经存在了数百年，并随着每一次技术革命（印刷机、摄影、电影、互联网）不断演进，但免费的线上色情内容首次将其普及到了如此广泛的程度。即使孩子们意识到，这些性行为仅仅是"表演"，但海量的信息依然深刻地改变了一整代人对性的想象，无论是它的画面、声音，还是感受。也许他们知道这是假的（也许他们太小，尚未意识到这一点），但只要看多了，色情制品就可能以假乱真。

曾经，色情制品只是少数大胆的人在谈论性话题时才会小声提及。然而如今，它已经成为一个无法回避的话题，成为父母和性教育课堂上必须面对的重要内容。因为，绝大多数青少年都曾浏览过色情内容，而且很多人还会反复观看。

以下数据显示，在过去的几十年中，网络色情制品的普及程度显著增加，已经借助笔记本电脑和智能手机广泛渗透到中学生群体：

- 男孩首次浏览色情制品的平均年龄仅为 12 岁，女孩的情况也大致相当。
- 15% 的青少年表示，他们首次接触色情制品时年仅 10 岁。性教育界人士普遍认为，到高中的最后一年，85%～95% 的青少年都浏览过色情制品。
- 孩子们浏览色情制品的原因多种多样，包括有人拿给他们看（非主动寻找）、出于好奇主动寻找、辅助自慰、纾解压力或负面情绪。此外，孩子在谷歌等搜索引擎上搜索信息时，由于打错字而意外搜索到色情内容的情况较少，更常见的是通过搜索特定关键词（例如"裸体""乳房"），或点击社交媒体中的链接而接触到色情制品。
- 逾半数浏览过色情制品的青少年表示，色情制品中包含暴力或攻击行为。研究表明，青少年浏览色情制品与实施性侵犯行为存在关联，因此，不少人对这些青少年未来的性爱状况忧心忡忡。

一些研究者推测，网络色情制品的广泛传播可能正在推迟青少年涉足人与人之间真实亲密行为的时间。他们认为，一边浏览色情制品一边自慰的行为可能已经取代了真实的性爱尝试。然而，这种观点是否属实还很难说。一方面，这种推测似乎合情合理，尤其是考虑到如今借助手机交换裸体照片和视频的现象越来越普遍，似乎为上述因果关系提供了一定的依据。但目前尚无确凿证据表明，青少年发生人与人之间真实亲密行为的年龄已经普遍延后。因此，在解释原因之前，我们应该回归基本事实，提出更明确的问题，先把这一现象准确记录，然后再考虑浏览色情制品所造成的影响。

性观念的转变、随性交友与色情制品等因素将如何影响孩子未来的亲密关系，乃至人们对婚姻等确定的长期伴侣关系的理解，我们的社会尚未达成一致。但我们已经知道，由于随性交友意味着一个人可能有多个性伴侣，这必然会导致性病感染率上升。这一点将在第18章中详细讨论。

我们都希望孩子未来能够进入一段有爱、有共鸣的亲密关系，并在彼此知情同意的基础上享受愉悦的性生活。但要实现这一目标，我们需要以一种与时俱进且包容的方式与他们讨论性与亲密关系，哪怕这个过程会让我们感到难堪、纠结甚至不适。

如何与孩子对话
实操篇

接下来，我们将直接介绍关于性、随性交友和色情制品的关键内容。由于涉及面比较宽，我们将分成几个部分来讨论。

如何谈论性

我们最重要、最一般性的建议是：关于性的谈话，不能像20世纪80年代那样只谈一次，而应是一个持续多年、循序渐进的过程。随着孩子年龄的增长，谈话内容应逐步深入，使用更复杂的语言，提供更丰富的信息。那些希望能够一次性解决这个问题的父母可能要失望了。

在开始谈话之前，你需要确保孩子同时了解男女两性的基本解剖学和生理学常识。过去那种仅让孩子了解自身性别信息的旧方法，如今已不再适用。

随着谈话的逐渐深入，你必然要谈及性行为的具体方式，这时你就可以参考我们先前对"四种性行为"的介绍。当然，你也可以按照自己的方式来谈。对于性话题，大人和孩子如何谈不仅取决于孩子的个性、气质和沟通风格，还取决于环境（比如周围是否有其他孩子在听）等因素，我们的建议仅供参考，但有一点需要特别注意：不要预设孩子什么都懂，不要被他们的成熟外表所蒙蔽。一个有用的方法是：如果孩子坚持说他了解什么，那就让他来"教教你"。

除了以上基本注意事项之外，你还需要运用一些通用策略来与孩子谈论性。不过在开始介绍之前，我们还要给你最后一条建议：不要担心会谈崩！还记得"再谈一次"的力量吗？如果有件事你几乎肯定会用到这种能力，那就是在谈论性的时候。所以，你可以先尝试用一种方式沟通，如果效果不好，就改变方式再谈一次。一旦孩子发现你并没有回避这个话题，他就会说得更多，至少也会听得更多。

- **不要过早地把性与孩子联系起来**

我们的社会上存在一个矛盾的现象：一方面，人们认为性教育不宜过早开展；另一方面，却又在同样早的年龄把孩子与性联系起来。你有没有听过有人把3岁孩子的好朋友称作"小情人"，或者问9岁的孩子有没有女朋友？我们希望改变这一局面，让人们能够接受把适龄的性知识教给孩子，同时又不会过早地把孩子与性挂钩。

- **不要轻视孩子的情感**

我们很容易忘记，不管在哪个年龄段，迷恋和吸引都会激起强烈的情感，所以不要低估浪漫情感对孩子可能产生的巨大影响。不管孩子是为之欢喜还是为之忧愁，你都要认真对待他的强烈情感。你不可以说"这只是中学阶段——振作起来！"或者"这有什么大不了的？你还没到谈恋爱的年纪！"这种不屑一顾的态度，会破坏你们未来关于如何建立理想亲密关系的对话。同时，轻视孩子的感受也会妨碍他与你交流他的社交或情感状况。

- 知情同意要早提，常提

尽早向孩子传授知情同意原则，哪怕他们对性还没有概念。你可以利用日常生活中的各种情境来练习发出请求和表达同意或拒绝，例如吃一口三明治、坐到别人腿上、触摸别人的头发、借别人的衣服等。这些练习能提前培养孩子体贴他人和寻求许可的意识，锻炼体会他人感受的能力，从而在未来的人际交往中做出尊重他人的选择。只有这样，孩子长大后才能拥有更好的沟通能力，也不会在面对性相关的话题时出现极端反应[1]。

- 女孩也需要了解快感

在过去的几代人中，男性和女性在谈论快感这件事上的差异并没有太多改变：男孩往往能听到许多这方面的信息，而女孩听到的却少之又少。坦率地说，这不太公平！因此，不管是男孩还是女孩，你都

---

[1] 青少年心理学家丽莎·达穆尔（Lisa Damour）在讨论青少年对性的态度和行为时，提到了"攻击性态度"和"防御性态度"——前者过于开放轻率，后者过于保守回避，这两种极端态度都不利于青少年的健康发展。——作者注

要给他/她讲讲那些在被触摸时感到舒服的身体部位。尽可能放下你的羞耻感，将这些信息传递给孩子。不要指望学校的性教育课会涵盖这些内容，因为阴蒂和自慰通常不在讲授范围内。所以，你需要找机会亲自告诉孩子。

为了避免尴尬，你可以不与孩子对视，例如边开车边谈，或者在与孩子并肩行走时谈。如果不知如何开口，你可以尝试这样说："你知道吗？我们身体有一个部位，它唯一的作用就是让人在被触摸时感到舒服，是不是很有意思？"（注意：有阴蒂的人有权知道这一点！）

- **态度中立，不预设**

除非孩子明确说明了自己的性取向，否则不要做任何预设。同时，反思自己语言中可能存在的异性恋思维定式。虽然改变旧习惯很难，但使用更加中立的语言可以避免让孩子感到被评判或羞耻。这么做能极大地促使孩子继续向你敞开心扉。此外，这件事做起来其实比你想象的容易得多！你可以这样问孩子："有没有哪个孩子让你觉得特别喜欢？你心目中的理想伴侣是什么样的，你知道吗？你明白你在跟别人亲热时要尊重对方吗？"

- **准备被孩子问及你过去的性爱经历**

或许有一天，孩子会问起你过去的性爱经历。有时孩子会问得比较笼统，有时则可能非常具体。对此，你要有所准备。提前想好哪些事情不能说（你有权对孩子保密），以及你要怎样回答才不至于说谎。因为一旦你说了谎又被孩子发现，信任就会受到重创。如果你不想回答，你可以用下面的方式来肯定孩子的问题，同时又无需回答："我很高兴你愿意问我这个问题,但这其实是我想要保密的事情。你随时都可以问我任何问题,但有些问题我可能会选择不回答。"如果你觉得可以透露一部分内容,那就要确保你透露的信息适合孩子的年龄[1]。虽然这些内容说到底都是你想让孩子知道的事情,但时机或许还不成熟。最后,你要避免答非所问。如果你不太确定孩子到底在问什么,你可以这样回应:"这个问题有意思,你为什么问这个?"这么做能帮助你更好地理解问题的背景,从而缩小回答的范围。

如何与孩子谈论随性交友

在与孩子谈论随性交友时,你一定不能做出任何评判,否则孩子就会对你守口如瓶,你也就没有机会给他提供建议来保护他的安全和健康了。以下是一些既能与孩子一起谈论他的亲密关系,又能表达你的期望的方法。

● 谈谈爱

有时候,围绕"性"的谈话可能仅仅停留在生物学层面,但我们也需要跟孩子谈谈爱,以及人与人之间的连接。告诉孩子性有多么美好可能会让你觉得难以启齿,但这些重要观念必须传达给孩子,特别是,你能用这些美好来平衡他或许已经在色情制品中看到的那些东西。例如,你可以这样说:"我知道,你已经了解了性爱的生物学原理,甚至也了解了其中的乐趣,但性也可以是两个相爱的人之间非常特别的

---

[1] 一定要避免过度分享,年幼的孩子几乎从不需要你自以为他想知道的大量信息。——作者注

东西。"

- **告诉孩子，性爱中是可以讲话的**

不管是在浪漫喜剧片还是色情片里，性爱往往被描绘成无声的场景，双方似乎能通过心灵感应直觉地知道如何让对方达到高潮。请立即向孩子纠正这种错误观念！否则孩子一定会大失所望。剧透一下，第一次性爱时，由于他的性伴侣读不懂他的心思，他不会自动达到高潮，哪怕他非常喜欢或爱对方。正常看待性爱中的沟通，有助于双方持续而热烈地表达让性爱进行下去的意愿。例如，"你觉得这样可以吗？这样感觉还好吗？你想继续还是想停下来？"这样做也能让孩子明白，性爱像一趟公路旅行，如果车上没有人说话，旅程就会变得索然无味。

- **避免落入"我的孩子绝不会这样"的陷阱**

孩子在身体、感受、态度和亲密关系方面的变化非常迅速，常常快得让人目瞪口呆。他们似乎刚刚还坐在儿童椅上，满脸糊着食物，转眼间却已经进入青春期。我们必须跟上他们在社会、情感和性方面的快速转变，同时诚实地讨论眼下的实际情形。当谈到一般意义上的性爱，特别是随性交友时，不要只因孩子没有提及就低估他在性与情感互动上的发展。记住，除非被问到，否则许多孩子是不会说的——而且哪怕不带评判、友好地多次询问，有些孩子也仍旧不会开口。理想情形是，在孩子涉足性爱前，你就已经跟他沟通过重要事项。你不必担忧谈论这一话题会鼓励他去尝试，因为事实恰恰相反：教给孩子性知识实际上会减缓他实施性行为的步伐。你可以这样说："我不确定你有没有遇到这个问题，但我想在你遇到前先跟你聊聊，把你该知道的告诉你。你随时都可以跟我详细聊，今天先简单聊几句。"如果你担心谈得晚了，那么现在就开始谈吧，"我知道我们还没有认真谈过这个话题，但我一直在读关于随性交友和情境关系的文章。我不确定我有没有理解这两个概念，你能给我解释一下吗？"

- 不靠审问了解孩子的情况

想不靠审问就了解孩子在性方面的成长状况是很难的。首先，你要摆脱那种恐慌、指责、相互对立的互动方式，转而用轻松和好奇的态度面对孩子。例如，你可以这样说："我正在读一本书，上面提到了……""我听了一个播客节目，里面提到了……""我看到了一则头条新闻，不知道你听说了没有……"想进一步了解具体信息的话，你可以试着问孩子："你有没有在学校里注意到这个问题？""你的朋友有没有说起过这种事？（但不要问是哪个朋友！）""你在运动队里有没有听到过这种事？"这里的关键是：如果孩子决定说出来，你就要保持冷静，耐心听，即使你紧张得直冒冷汗。不要过于激动并对孩子大发雷霆，除非你想让他立即闭嘴。

如何谈论色情制品

色情业对性爱的描绘往往十分不堪。不管我们是否喜欢，如今的孩子们接触色情制品的程度远超以往：他们不仅更早接触到这些内容，而且看到的通常是视频而非静态图片，其中充斥着暴力与攻击性行为。如果孩子在10岁之前还没有接触过色情制品，我们建议提前与他就色情制品的话题简单谈谈；如果孩子未满10岁就已经接触过色情制品，那么就要在发现这一点后立即与他谈话。尽管大多数父母很难接受自己与10岁的孩子谈论这种话题，但是想到一整代人都由色情业——一个充斥着由身材不切实际的专业演员出演的、侮辱女性的暴力视频的行业——来实施"性教育"，这更令人反胃。无论这个话题会造成多少尴尬、不适或难堪，它都已经成为一个不容回避的问题。以下是关于如何与孩子开启色情制品话题的几条建议。

- **明确定义术语**

在讨论复杂话题时，明确定义你所使用的术语非常重要，以免发生混淆。例如，如果你在定义色情制品时使用了"性"这个字眼，那就还要解释"性"是什么。对一些人来说，这可能会很难，因为单单解释"性"就可能耗光孩子的注意力。所以，为了能够进入正题，解释一定要简洁。或者，谈话也可以分两次进行，第一次只谈性，下一次再谈色情制品。你可以这样介绍："性行为的其中一种方式是让一个人的阴茎进入另一个人的阴道。"

- **不要假定孩子知道色情制品是什么**

许多孩子在校巴上或朋友家里听到过"色情制品"这个词，于是便觉得自己应该知道它是什么意思。大多数孩子都能推断出它不是个好词，然而这就是他们对这个话题的全部了解了。第一次谈论色情制品时，你可以先问一个简单的问题，比如，"我想知道你有没有听说过'色情制品'这个词？"如果孩子回答"听说过"，那就请他说说这是什么，然后你再澄清或详细解释。如果孩子说不知道，那就从最简单的谈起："色情制品就是有些人拍的自己或他人的性爱照片或视频。"

● **告诉孩子为什么色情制品不能看**

如果不给性行为本身蒙上一层羞耻和评判色彩的话，我们很难说清楚为什么孩子不应该浏览色情制品。要想让孩子们最终拥有理想中的性关系，我们就得帮他们区分色情制品与真实性爱之间的区别。你可以这样说："你长大以后，性爱可能会是一种非常美妙的体验，它发生在彼此尊重对方感受和身体的两个人之间。"这与充满暴力、侮辱女性的色情制品截然不同。对于孩子们来说，重要的是要理解，色情制品并不是性的全部，而只是性爱世界的一处小角落。我们可以为孩子可能已经看到的色情制品作一些解释，但最理想的情形是，孩子能在成长过程中根据自己的亲身体验和感受来形成自己对性爱的看法，而非仅靠别人在网上发布的那些内容。

● **色情制品对形体焦虑的影响**

专业色情演员，不论男女，往往都包装到了极致，展示了一种完美得不切实际的裸体形象。这种包装有丰乳、阴唇整形（外阴手术）、阴茎增粗和肛门漂白等。强调正常的身体可以降低孩子对性爱的期望："你的乳房和阴唇都不是完美对称的——它们的大小和形状略有不同是正常的。"或者，"色情演员是根据阴茎大小来挑选的，他们的阴茎不是平均尺寸。"信不信由你，实际上非常重要的一点是，你要明确告诉青少年，生殖器上有毛发是自然且正常的，因为那些提早看过色情制品的孩子，可能会在第一次面对真实的性爱时感到惊讶。话虽如此，但在此问题上要小心措辞，因为孩子可能已经背着你偷偷去除了大量毛发，你的言辞可能会让他感到羞耻。

- **放下评判，保持沟通渠道畅通**

很多父母有意或无意地在孩子首次接触色情制品后，才开始跟孩子谈这个话题。如果我们这时严厉地说："如果你看色情网站，就永远不许出门！"那么孩子就很难承认自己已经看过。而且，如果我们在孩子接触色情制品前明确禁止他浏览色情网站，例如，"绝对不可以看色情网站。"那么孩子看过后就不太可能回头向父母提问或表达担忧。与孩子谈论色情网站的诀窍在于，在表达你的担忧的同时，不要去评判，这样孩子就会知道，他可以找你倾诉。你可以这样说："我们已经谈过为什么色情网站不适合你看，不过如果你看了，你也还是可以来找我，任何时间都可以。我不会大惊小怪的。"

- **依赖色情网站自慰**

所有人都有权了解自己身体的某些部位在被触摸时会有快感。自慰并没有错，它是性行为的健康组成部分！然而，有些人却为了自慰而开始依赖色情网站。受此影响的主要是男性。这种依赖可能导致各种影响性爱和亲密关系的问题，例如勃起功能障碍、不看色情网站就无法达到高潮、与现实生活中的伴侣疏远，以及对画面刺激度的要求越来越高，这就是色情制品成瘾。与孩子讨论这个话题很重要——不过最好在深入交谈时才提及。

是不是有些累了？这是一段漫长的旅程。在这一路上，别忘了保持适当的节奏，尊重孩子，多听少说。这件事本来就不容易，何况你的过往经历很可能与今天的孩子截然不同。不过，只要勤加练习，你就会感到越来越轻松。

与成年人谈话不会这么困难，但你仍然要跟孩子聊这些话题，这很重要。与谈话时的尴尬相比，奉行鸵鸟政策、假装问题不存在所造成的伤害要大得多。而且，如果问题实在难以解决，你还可以求助他人——比如孩子的哥哥姐姐、辅导老师等——来与孩子谈话。色情内容可能会给孩子造成心理创伤。我们无法完全阻止孩子接触到这些内容，但只要保持沟通渠道畅通，我们就能帮孩子正确理解他所看到的内容。

在与孩子谈论敏感而尴尬的话题时，所有父母都会有自己的方式。但无论采用什么方式，下面这几件事都很重要，必须牢记在心。第一件事是，永远不要否定孩子的情绪，例如悲伤、愤怒、快乐、恐惧等。就算孩子对性和浪漫关系一无所知，不够成熟，或者大脑还没有发育完全，他也仍旧有自己的感受。对孩子来说，第一段恋情可能是他生活中极其重要的事情，所以不要否定他的感受。

来自孩子们的心声
反馈篇

S.H. 男，19 岁

谈到性

就我自己的体会，跟父母谈论性和性健康话题确实挺尴尬的。虽然他们认可我在性健康方面的习惯和看法，可是这种谈话还是让我觉得不舒服。比如高中最后一年时，父母允许我和女生交往。我和两个女生出去玩过，她们碰巧都是娇小型的。有一次，第二个女生去开她的汽车时被我妈妈看到了。那天晚上，我妈妈问我："你是不是喜欢娇小的女生？"父母这样评论我的伴侣，让我感到很不舒服。我发现，在讨论性健康话题时，我会觉得更自在，但一旦跟父母谈到性的其他方面，我就常常会感到尴尬。

我弟弟比我小三岁。他告诉我，他跟我聊关于性的话题，要比跟父母聊自在得多。有时候，我甚至觉得自己在充当教育者的角色，因为他会跟我说起他的经历，却不好意思跟父母说。我认为，父母对孩子的性爱习惯所流露出的否定、担忧和不接纳，可能会让孩子不想再与他们沟通。有时，孩子只能向兄弟姐妹或朋友倾诉。

第 18 章

给孩子
更全面的性教育

美国性教育中的一大问题——坦率地说,这几乎是我们在几乎所有场合与孩子谈论性时的最大缺失——就是对健康、正常、愉悦的性活动谈得过少,而对其可能引发的各种问题谈得过多(尽管这些问题确实重要)。长期以来,性教育一直带有性恐吓的色彩。

这并非没有理由,因为性的两大负面后果——意外怀孕和性传播感染(STI)——都非常现实,并且可能改变人的一生。然而这种做法掩盖了重点,即性本应成为成年人生活中不可或缺、激动人心的部分。所以我们才把关于避孕和疾病传播的信息单独成章,以便与上一章(对性的一般性讨论)区分开来。

许多我们欣赏的性教育工作者特别推崇荷兰在教授性、浪漫关系、尊重和知情同意方面的做法。他们虽然也会涉及性行为可能引发的问题,但不会一谈到性就揪住这一点反复强调。与美国的性教育相比,荷兰的性教育要全面得多,且把握得恰到好处。数据也证明了这一点：荷兰青少年的怀孕率和堕胎率要低于美国青少年，性传播感染的患病人数也更少（荷兰性传播感染总人数中仅有10%是青少年，而美国的这一比例为25%）。从整体来看，荷兰人在性方面的满意度高于美国人。

荷兰已经证明，在预防性行为可能导致的严重后果方面，提供全面性知识的做法更为有效。现实中的例子也证实了这一点。顺便提及，荷兰人并非回避性的负面影响，他们只是从不同的视角来看待整件事。他们的态度是乐观的（性是美妙的！但要知道这几点……），而美国的态度似乎更倾向于悲观（性可能导致所有这些恶果！）。在性知识的普及方面，我们应该努力向荷兰学习。

青春期知识加油站
科学篇

我们将在这一章里讨论两个与性密切相关的重要话题：避孕和性传播感染/性传播疾病。与本书其他章有所不同，这一章更多的是以罗列信息，而非分析叙述的方式来呈现内容，因为需要谈及的重要信息实在太多。关于避孕，我们会详细介绍各种类型的避孕方法，包括它们的作用原理以及各自的避孕有效性。然后，我们将深入探讨每一种性传播感染（STI）和性传播疾病（STD）：它们是如何从一个人传播到另一个人的，常见的症状有哪些，哪些是可以治疗的，以及具体的治疗方法。我们的目标很简单：既然知识就是力量，那就准备好变身绿巨人吧。

避孕

我们在这里介绍的每一种避孕方式都以防止怀孕为目的,但同时能预防性传播感染的避孕方式只有一种,那就是屏障避孕法(即各种男用和女用避孕套)。我们都认为,最重要的信息要放在前面,所以如果你想在这里"一石二鸟",那么唯一的选择就是屏障避孕法。当然,你也可以选择禁欲,完全放弃性行为,可以说,这是避免怀孕和性传播感染最可靠的方式。然而,这一章的内容旨在为那些拥有或计划拥有性生活的人士提供指导。禁欲则意味着彻底告别性生活。

● **屏障避孕法:避孕套和口交用橡皮障**

男用避孕套由乳胶制成,用于紧密包覆阴茎头和阴茎体。(单独使用时,"避孕套"一词通常指专为阴茎设计的屏障器具。)避孕套单独包装,卷成边缘较厚的薄饼状。使用时,先将阴茎头部放入圆圈中心,再将避孕套沿着勃起的阴茎体展开。

按理说,女用避孕套应该改名为"内置避孕套",因为它是放在体内的。这种避孕套专为阴道性交和肛交而设计,也是乳胶材质,但它的形状是锥形,一端是一个较厚的封闭的小环(插入端),另一端是一个较薄的开口的大环。女用避孕套像一只交通锥,不过只有不到20厘米长,锥体也只是一层纤薄的乳胶。使用时,挤压封闭端的小环,使其成为长筒状,大环则留在外面。当用于阴道时,大环正好环绕在大阴唇周围。

第三种避孕套是为口交设计的口交用橡皮障。它的结构在三种避孕套中最为简单——只是一块薄薄的长方形乳胶。使用时,将其覆盖于阴户或肛门，以此来保护一方的口腔和另一方的生殖器，阻断性传播感染的传播路径。由于设计简单，口交用橡皮障可以由多种材料制成，例如聚氨酯，甚至塑料薄膜。不过，我们不推荐使用任何未经权威部门批准的材料来预防性传播感染或避孕，所以请从正规商店购买口交用橡皮障，而不是用厨房用品自制。不过，你还是可以将一个标准的阴茎用避孕套纵向剪开，剪成矩形，并用于口交。

这些避孕套有不同的颜色、质地、形状，当然还有不同的香型。带香味的避孕套的发明者大力倡导用它们来口交，如果有人想尝试，请不要嘲笑他们！时至今日，避孕套仍然是预防感染的唯一可靠方式，因为它们能物理性阻隔血液、精液、阴道分泌物和唾液等体液的交换，而许多性传播感染的病原体正藏在这些体液中。只要使用避孕套，性行为就会变得更安全。

然而，避孕套并不完美。首先，它可能会撕裂，所以使用前一定要目视检查（克制想要去撕它的冲动，因为你真有可能把它撕坏）。其次，避孕套也会老化，所以包装上都印有有效期。请在有效期内使用！老化的乳胶容易在性爱中破裂，就算外观完好，也要避免使用。最后，乳胶和许多用来代替乳胶的材料在接触某些化学物质时会形成孔隙，尤其是杀精剂（壬苯醇醚-9）和各种油性产品（如婴儿润肤油、食用油、凡士林等）中的活性成分。因此，不要在性爱中使用油性润滑剂，而要使用专用的成人用品。

如果只靠避孕套来避孕，失败率是不低的。男用避孕套有13%的失败率，女用避孕套的失败率甚至高达21%。不过，当避孕套与其他避孕方式结合使用时，避孕失败率会趋近于零。无论是避孕套加宫内节育器，还是避孕套加口服短效避孕药，还是避孕套加本章涵盖的其他几乎所有类型的避孕方式，只要结合使用，并且其中一种是避孕套，怀孕就几乎没有可能。因此，儿科医生、妇科医生和性教育工作者都强调结合使用避孕套和本章提到的几乎所有其他方式。

性爱过后，小心取下避孕套并扔进垃圾桶。不要试图偷偷地把避孕套冲进马桶，以免堵塞管道。

- **阴道隔膜、宫颈帽和阴道海绵**

阴道隔膜、宫颈帽和阴道海绵也是常见的屏障避孕器具，但它们只在宫颈口起阻挡作用。也就是说，它们通过阻止精子到达子宫及更深处来物理性地预防怀孕，因而无法阻止阴道内的体液交换。（阴道是一条长长的肌性管道，其顶端是子宫颈，子宫颈上方依次是子宫、输卵管，最终连接到卵巢。）使用阴道隔膜和宫颈帽时，需要将它们塞入阴道，放置在靠近宫颈的位置。阴道隔膜通常由硅胶制成，呈浅浅的穹顶状。宫颈帽比阴道隔膜小，但更深。这两种避孕方式与杀精剂结合使用时，效果会比单独使用更好。

如今，宫颈帽已经不太常见了，但阴道隔膜仍然在使用，尽管其避孕失败率高达17%。失败率高的原因或许是：阴道隔膜不仅需要与杀精剂一起使用，而且必须在性交后放置至少6小时，但不能超过24小时。市面上有如此丰富的避孕选择，难怪用它的人越来越少。

阴道海绵的作用原理与阴道隔膜类似，不过它自带杀精剂，这是一大优点。然而，阴道海绵同样存在使用时间上的不便，即必须在性交后放置至少6小时，但不能超过24小时。阴道海绵的避孕失败率在14% ~ 27%之间，甚至高于阴道隔膜！

阴道隔膜和宫颈帽都可以洗净后重复使用，但阴道海绵只能使用一次，用后就要扔掉。

- **杀精剂**

顾名思义，这类产品可以杀死精子。杀精剂有各种剂型，例如泡沫、凝胶、自溶解膜、膏剂、栓剂和片剂。使用时，需要将杀精剂直接放入阴道，但必须在性交前一小时内放入；放置过久会降低效果。

杀精剂通常与其他避孕手段（如阴道隔膜或宫颈帽）结合使用。有些剂型适合与避孕套一起使用，但有些会导致避孕套分解。单独使用时，杀精剂的避孕失败率约为21%。

- **激素避孕法：口服短效避孕药、阴道环、激素埋植和激素注射**

要想理解激素避孕法的作用原理，你需要了解月经周期的基本知识。如果想不起来，可以回看第5章。你需要知道的要点有：激素水平以月为单位发生周期性变化，这些变化促使卵子成熟和排出。如果卵子未受精，身体就会将其排出，随后再排出子宫内膜。在这一过程中，起主要作用的激素是黄体生成素、卵泡刺激素、雌激素和孕激素。简单来说，激素避孕法的原理是通过维持雌激素和/或孕激素水平的相对稳定，来抑制激素水平的周期性变化。这种相对稳定的激素水平能够阻止大脑发出指令来调节黄体生成素和卵泡刺激素的水平，从而使卵巢收不到排卵信号。同时，它还能阻止子宫内膜增厚和脱落，甚至能增加宫颈黏液的黏度，使精子无法通过。虽然不同的激素组合和剂量以各自的方式影响这一过程中的每一个步骤，但总体而言，月经周期完全依赖于激素水平的升降——没有这些起伏，月经周期就会停止。这就是激素避孕法的奥秘所在。

注意：使用激素避孕法可能会引发点滴出血或类似经期的出血，但这并不是真正的经期，因为子宫内膜并没有因为卵子的成熟和排出而脱落。也就是说，许多人通过是否有出血来判断自己是否怀孕的做法是不可靠的。

● 口服短效避孕药

最常见且讨论最多的激素避孕方式是口服短效避孕药，但其药物成分各不相同。有的避孕药含有一种或多种雌激素（例如雌二醇、炔雌醇，以及新成分雌四醇，它是一种具有雌激素活性的类固醇，能够调节雌激素受体），同时含有合成孕激素（合成形式的孕酮）。"迷你避孕药"仅含合成孕激素。多年来，人们研发出了大量的口服短效避孕药，因为人体对激素配方的改变和剂量的微调非常敏感。

口服短效避孕药中的激素与人体分泌的激素具有相同的作用，能让大脑误以为卵巢已经分泌了特定数量的雌激素和孕激素。为了达到最佳效果，你就要在每天的同一时间服用，以保持激素水平的稳定，使大脑感知不到激素水平的下降。如此一来，已被明显抑制的固有激素周期就不会恢复，排卵也不会发生。最后，要特别警惕血栓。服用激素会增加血栓形成的风险，而吸烟会进一步增加这种风险。因此，使用口服短效避孕药的人不能吸烟，也不能吸电子烟，否则可能引发危及生命的血栓（可发生于腿部、肺部、心脏或大脑）。

使用口服短效避孕药期间出现的阴道出血并不是真正的月经，也不代表子宫内膜发生了脱落，因此也不能用作未怀孕的依据。相反，这种出血是由激素引起的点滴出血或"撤退性出血"，实际上是子宫内膜在服用避孕药期间仍然会少量生长而导致的轻微脱落。这种轻微脱落通常与服用口服短效避孕药包装中的安慰剂（糖丸）在时间上相吻合。由于假性月经没有好处，如今大多数口服短效避孕药包装中每月只有两天、三天或四天的安慰剂，还有许多根本没有安慰剂。

口服短效避孕药相当可靠，失败率约为7%。然而，如果每天在同一时间服药，并且没有服用影响药物代谢的其他药物，失败率可以降至0.3%。不过请记住，口服短效避孕药并不能预防性传播感染。

- 阴道环

雌激素和合成孕激素可以通过阴道环给药。这种灵活的环形装置可以放置在阴道深处（位置较深，因此一般不会有感觉或引起不适），持续使用三周，然后取出扔掉，一周后再塞入一个新的。这种方法与口服短效避孕药有相同的优缺点，但也有一个显著的不同之处：无需每天服用。不过，阴道环还是需要在三周后取出，这需要你提前做好计划。当然，你还需要准备新的阴道环！阴道环的使用风险与口服短效避孕药非常相似，例如可能会增加血栓的风险，以及出现一些不规律的阴道出血。因此，同样建议不要吸烟或吸食电子烟。阴道环的优点是：撤退性出血持续时间更短、出血量更少（疼痛也更轻），而且阴道环与体重增加没有关联，而有些口服短效避孕药会导致体重增加。然而，阴道环的缺点是：阴道环中的激素可能会使阴道壁变薄，从而使一些人在性生活中感到疼痛。

- 激素埋植

激素埋植的作用原理与口服短效避孕药相同，只是无需通过口服摄入激素（也无需每天记得服药）。植入物一般呈棒状，小巧且柔韧，其中预装有激素，埋植于非优势侧上臂内侧的皮下组织中。这种避孕法仅使用孕激素，激素会随着时间缓慢释放，其避孕效果通常可以保持三年。

这种避孕方式有几大优点，首先是无需记得服药或插入器具，因此失败率极低，仅为约 0.1%。其次，这种方法尤其适合那些不能服用雌激素的人群，因为埋植剂里只有合成孕激素。然而，这种方法也有一些缺点。植入物必须由专业医疗人员放置，而且在放置过程中可能会引发不适或感染（任何植入体内的异物都可能产生这样的副作用）。此外，激素埋植并不是屏障避孕法，因此无法预防性传播感染。

- 激素注射

激素注射法与激素埋植法的作用原理几乎完全相同。不同之处在于，激素注射是通过每三个月接受一次注射来给药。与激素埋植一样，激素注射剂也仅由合成孕激素制成，由于其剂量不如激素埋植稳定，因此失败率略高，约为 4%。但是，与激素埋植相同，激素注射也无需记得服药（只需记住每年 4 次找医生注射），并且，注射剂中不含雌激素，也适用于那些不能服用雌激素的人群。另外，激素注射也不涉及可能导致感染的植入物，因此不会带来与植入相关的感染风险。

- 宫内节育器

宫内节育器已经应用了几十年，但近年来开始大受欢迎。宫内节育器是一种小型 T 形植入物，放置在子宫内（子宫的大小大约与你握紧的拳头相当）。宫内节育器同时以多种方式发挥作用：（1）它在子宫内占据相当大的空间，从而阻碍受精卵着床；（2）宫内节育器会引起子宫局部的炎症反应，这种炎症对精子和卵子都有毒性，因而不利于着床；（3）宫内节育器还会影响附近的输卵管，降低精子和卵子在那里的存活率。

宫内节育器可以在体内放置长达 10 年之久，目前主要有两种类型：一种是铜制的，一种是带有激素涂层的。铜制宫内节育器通过增强局部炎症反应来降低精子活力，阻碍着床。带有激素涂层的宫内节育器（通常含有合成孕激素）则通过增加宫颈内液的黏稠度，使精子更难通过，进而更难到达未受精的卵子。

与激素避孕法（口服短效避孕药、避孕环、激素埋植和激素注射）中的激素不同，宫内节育器中的激素无法可靠地干扰月经周期。具体来说，铜制宫内节育器完全不干扰排卵，而带有激素涂层的宫内节育器只能阻止部分人排卵。也就是说，在使用宫内节育器的情况下，大多数人的卵巢仍然会排卵，因此她们也仍然会有月经——有时甚至比之前的月经量更大，伴有更多的痉挛和出血，而有时情况却恰恰相反。有些人认为仍然有月经是个优点，因为这会让她们感到安心；但也有些人认为这是个缺点，因为她们想避免每月的阴道出血和情绪波动。

宫内节育器的一大优势在于，一旦放置就不需要再费心，既不用记着吃药，也不用定期就诊。但也有不利的一面，使用宫内节育器的前几个月可能会出现不规律的阴道出血（有时每天都会出血，且出血量较大）。还有大量报告称，使用宫内节育器会导致痤疮增多、情绪波动、头痛以及乳房肿胀或触痛。当然，宫内节育器必须由专业人员放置，而且它并不能预防性传播感染。宫内节育器的失败率非常低：带有激素涂层的宫内节育器的失败率低于 0.5%，而铜制宫内节育器的失败率约为 0.8%。

关于宫内节育器的"尾丝",我想说一点。T形宫内节育器是竖直插入的,其水平部分位于子宫底部,竖直部分向下延伸。底部有一根细线,称作尾丝(其实是一根金属丝!),穿过宫颈。需要取出该器具时,医生会拉动这根尾丝。社交平台上有视频显示,有人意外地取出了自己的宫内节育器。首先,不要尝试这样做!这种操作并不安全,应该在医院由专业人员进行。其次,这种情况并不常见。

- **紧急避孕药**

虽然了解关于紧急避孕药的知识非常重要,但这并非常规的避孕方式,只能在紧急情况下使用,例如避孕套破裂、忘记服药或者未采取任何避孕措施。

一种方法是口服一定剂量的紧急避孕药。这种药物的作用是通过阻止受精卵着床,使子宫本身变得不宜受孕。这类避孕药一般只能在无保护性交后的72小时内使用(而且服用越早,效果越好)。它的作用原理是为人体提供超大剂量的左炔诺孕酮(许多口服避孕药里都含有这种激素)来影响黄体生成素的分泌,从而阻止排卵。需要注意的是,对于体重超过70公斤的人,服用紧急避孕药的剂量一直存在争议,但目前缺少相关研究。

另一种方法是在无保护性交后的5天内放置铜制宫内节育器。这种方法远远不如前者方便,且普及度较低,原因有很多,不过这也是一种可行的方案。

紧急避孕是通过在无保护性行为后几天内服用激素类药物来降低受孕和着床的可能性。这与药物堕胎完全不同,后者是通过口服药物在第一和第二孕期终止妊娠。

紧急避孕不是堕胎

紧急避孕可以防止受精或着床。在无保护性行为后的数小时（有时甚至数天）内服用激素类药物，使精子和卵子难以结合，或者使受精卵难以着床于子宫内膜，这两种方式都能阻止成功怀孕，因为怀孕需要卵子受精，并找到一处宽敞、营养丰富的环境来生长。

而堕胎通常发生在受精和着床后的几周。手术堕胎，也称为扩张和刮宫术（D&C），需要物理性去除子宫内膜。药物堕胎则靠口服药物使子宫排出其内膜，与月经非常相似。在这种情况下，卵子已经受精并着床，开始在子宫内膜上生长。此时的受精卵称作胚胎或胎儿。

异位妊娠堕胎往往能挽救胎儿母亲的生命。异位妊娠是指受精卵在子宫外着床，最常见的情形是在输卵管中着床，但也可能在宫颈、腹腔甚至卵巢着床。输卵管的直径约为1厘米，大约是一颗豌豆的宽度，这显然不足以容纳一个蓬勃发展的生命。如果受精卵在这里着床，随着时间的推移，它会逐渐长大，直到撑破输卵管，导致大出血，甚至可能致命。异位妊娠如果发现得早，可以通过药物堕胎治疗；否则，可能需要接受紧急剖腹手术。

永久性避孕或绝育

永久性避孕法是干扰受精的各种手术，即针对女性的输卵管结扎术和针对男性的输精管切除术。

输卵管结扎术：这是一种小型手术，手术过程中会切断并缝合输卵管。这样一来，从卵巢下行至输卵管的卵子就无法再与从阴道游至子宫并进入同侧输卵管的精子结合，因为输卵管已被切断。手术用时很短，无需住院（除非有其他病症），并且可以立即起效，但可能需要数天时间才能完全恢复。输卵管结扎术的失败率约为 0.5%，这主要是因为手术中对输卵管的处理有时不够彻底。

输精管切除术：这是一种针对男性的绝育手术。手术时，医生会在输精管上切开一个小口，输精管是将精子从睾丸输送至阴茎的管道。与输卵管结扎术类似，该手术也无需住院。手术后，精子数量会迅速下降，但可能需要 12 周才能降到零。因此，医生会要求患者进行检查（是的，就是让他们将精液射入容器里）。对一些人来说，术后手术部位可能会出现一定程度的肿胀，导致数天后才能恢复性生活。该手术的失败率约为 0.15%。

性传播感染与性传播疾病

好了，深吸一口气，避孕部分已经讨论完了。现在该谈谈性传播感染与性传播疾病的话题了。与避孕相比，这个话题更难从积极的角度去讲述。但我们还是有一种方法来谈论如何避免各种疣、溃疡和异常分泌物，而不会把性妖魔化，或者把它描绘成让人讨厌的东西。我们稍后会谈到这一点，现在先介绍一些基本情况。

首先，我们来谈谈性传播感染与性传播疾病的区别。"感染"是指细菌、病毒或寄生虫等生物体进入人体，而"疾病"则是指感染导致的有躯体症状的状态。所有的性传播疾病都始于性传播感染，但许多性传播感染永远不会发展为性传播疾病。

比如说，两个人发生了性关系，甲将某种细菌感染传给了乙。这些细菌进入乙的体内，开始生长和繁殖，这就是性传播感染。乙很可能并不知道自己已经感染了细菌，因为此时没有任何症状，但乙确实已经携带了性传播感染，并能将其传染给他人。现在，假设乙开始出现症状：也许是颜色异常的分泌物，或是下腹部剧烈疼痛，或是生殖器某处出现溃疡，那么这时，性传播感染就发展成了性传播疾病。

性传播感染的传播途径一般有两种：一是通过皮肤接触，二是通过体液交换（如唾液、血液或精液）。这种情况并不少见，而是每一刻都在发生。据估计，全球每天约有一百万例性传播感染发生。任何无保护的口交、阴道性交或肛交都有风险，这里的"无保护"指的是未使用避孕套等屏障器具。

以下是一些最常见的性传播感染，我们简要介绍了它们的感染类型、传播途径、发展为性传播疾病时的典型症状以及最常用的治疗方法。如果你想进一步了解，比如某种感染可能会有的各种症状，或者可以采取的各种治疗方法，可以去浏览一些较为专业的网站。我们建议你访问由医院或医学教育中心创建的网站，这些网站的网址几乎都以 .org 或 .edu 结尾，而不是 .com。你可以借机收藏几个可靠的网站，以此来获取医学常识。如果你实在拿不准，还可以找医生为你推荐。

• 衣原体

衣原体感染是美国最常见的性传播疾病之一，由一种名为沙眼衣原体的细菌引起。大约四分之一的女性感染者和一半的男性感染者会出现以下症状：尿痛、阴道分泌物改变或异常出血、附睾炎（一侧睾丸剧烈疼痛）、直肠炎、咽炎和结膜炎。衣原体感染最严重的并发症之一是盆腔炎，感染可累及子宫、输卵管甚至卵巢，引起剧烈腹痛和盆腔痛。如果久拖不治，感染还会导致瘢痕形成并影响生育。

衣原体感染可以用抗生素来治疗。然而，很多人并不知道自己感染了衣原体。其实这种感染诊断起来并不难。用棉签擦拭宫颈、阴道或尿道，甚至采集尿样，都可以检测衣原体。一旦确诊，医生通常会使用某种抗生素来治疗，最常见的是多四环素或阿奇霉素。如果患者体质或病情特殊，医生也可能使用其他抗生素。如果医生在例行检查中检查衣原体，请不要惊讶——这项简单如验尿的检查或许能在症状出现前就帮你识别出感染。

• 淋病

另一种引发性传播感染的细菌是淋病奈瑟球菌，这种细菌能引起被称为淋病的一系列症状。淋病可以独立存在，也可以与衣原体混合感染。有时候一次性行为就可能同时感染这两种细菌。淋病的症状有时与衣原体感染类似，例如阴道分泌物改变、直肠炎（有时伴有脓性分泌物）、阴道出血、一侧睾丸疼痛和肿胀，以及结膜炎等。这使得两种疾病很难区分。（有意思的是，与大多数性传播疾病不同，淋病更容易在男性身上表现出症状。）不过，只需要一根棉签拭子或尿检，医生就能做出诊断，进而对症治疗。所以，不要惊讶于在常规检查中发现与衣原体相关的检测项目。

● 疱疹

这种感染为许多人所熟知，很大程度上是因为疱疹形成的溃疡又显眼又疼痛，而且很多人都得过！

疱疹是由单纯疱疹病毒（HSV）引起的，它是疱疹病毒家族中的一员。有趣的是，虽然不同疱疹病毒引起的非性传播感染有很多（例如水痘-带状疱疹病毒引起水痘，EB病毒引起传染性单核细胞增多症），但只有单纯疱疹病毒引发的疾病被直接称作疱疹。单纯疱疹病毒其实有两种类型，分别为Ⅰ型和Ⅱ型。这两种类型都能通过性行为传播，也能通过皮肤接触传播，包括新生儿与母亲在分娩过程中的接触，新生儿感染的疱疹被称为先天性疱疹。

Ⅰ型单纯疱疹病毒最为常见，全世界超过一半（有些研究显示是三分之二）的人口都被感染过。是的，你没看错！这种感染的普遍程度令人咋舌。最新的预测是，全球50岁以下人群中有37亿人携带Ⅰ型单纯疱疹病毒，另有5亿人携带Ⅱ型单纯疱疹病毒。过去，人们认为口唇疱疹由Ⅰ型单纯疱疹病毒引起，而生殖器疱疹则由Ⅱ型单纯疱疹病毒引起。然而，这种"上半身"和"下半身"的分类法是完全错误的。两种类型的病毒同时存在于这两个部位。过去，人们也认为单纯疱疹病毒只在出现水疱时传播，但现在我们知道，这种病毒也存在亚临床传播。也就是说，即使没有水疱，身体也会排出病毒并感染他人。这也是屏障避孕法威力巨大的另一个原因，因为不仅有生殖器屏障，还有口腔屏障。

感染单纯疱疹病毒后，人通常没有任何症状。发病时，症状首先表现为痤疮样皮疹，随后转变为水疱，最后破溃结痂。该病毒首次发病即为原发性疱疹，通常会引发多处溃疡；而病毒再次激活则为复发性疱疹，有时只有一处溃疡，有时则有多处。皮疹最常出现在口腔周围或生殖器部位。皮疹出现前，患处通常会传来剧痛。疼痛是单纯疱疹病毒感染的典型标志，因为病毒平时潜伏在神经根中，当重新激活时（尤其是人处于压力大的时候），便会沿神经纤维扩散，触发疼痛纤维。所有得过口唇疱疹的人都熟知这种极度不适的感觉。

虽然细菌可以用抗生素根除，但大多数病毒只能顺其自然。有些病毒会随着时间的推移而消亡，但单纯疱疹病毒会在感染者的神经根中终身存活。不过，抗病毒药物（例如阿昔洛韦、泛昔洛韦和伐昔洛韦）还是可以缩短单纯疱疹病毒的发病时间，减轻痛苦。

- **人类免疫缺陷病毒感染与艾滋病**

人类免疫缺陷病毒（HIV），俗称艾滋病病毒，首次被发现于20世纪80年代。由于它可以通过精液、阴道分泌物和血液传播，因此可在性伴侣、分娩时的母婴以及共用针头者之间传播。由于现在的血液制品都会经过专业的筛查，因此一般不会再通过输血传播。

人类免疫缺陷病毒感染的症状常常缺乏特异性，发热、头痛、肌痛、关节痛、皮疹、咽痛和腺体肿大是最常见的症状。随着时间的推移，若不加治疗，该病毒会严重破坏人体的免疫系统，最终使人体无法抵御大多数感染。这时，病毒感染就发展到了获得性免疫缺陷综合征（AIDS）的阶段，俗称艾滋病。

在被发现以来的四十多年里，艾滋病已经从一种"绝症"演变成了一种人类可以与之共存的感染。通过联合运用多种抗病毒药物来控制病情，具体的药物组合会根据患者的需求来设计。现在还有针对此病的暴露前预防治疗，具体用药方案同样也取决于个人的具体状况。

- **人乳头瘤病毒**

人乳头瘤病毒（HPV）感染也是十分常见的性传播感染，传播的亚型超过 40 种。人乳头瘤病毒感染在全球范围内广泛存在，据世界卫生组织估计，仅 2020 年就有超过 60 万新发病例。

虽然一些 HPV 毒株仍然保持良性，但有几种已经与阴茎、宫颈、口腔、咽喉、食管的癌症有关。特别是 16 和 18 型这两种毒株，在 HPV 引发的癌症中占比过半。这种病毒感染也是唯一可以通过接种疫苗来预防的性传播感染。由于这种病毒有致癌性，我们可以说，有一种疫苗（实际上有三种：分别是二价、四价和九价疫苗）可以预防癌症，这是一项了不起的科学成就！虽然这些疫苗只能预防部分毒株，但已覆盖毒性最强的毒株。

人乳头瘤病毒感染通常无症状。其症状主要是各种疣，例如生殖器疣、手指和手掌上的疣、脚底的足底疣，以及面部或腿部的扁平疣。这些疣可以使用外用药（如咪喹莫特或鬼臼毒素）治疗，或者用酸（水杨酸或三氯乙酸）来烧灼。HPV 感染一般通过宫颈巴氏涂片检查来筛查（这是性活跃人群的常规阴道检查之一，需要用拭子擦拭阴道和宫颈以筛查各种感染）。确诊后可采用冷冻疗法、电灼术或宫颈环形电切术治疗。以上操作都需要用到阴道镜，以此来放大图像，更清晰地显示阴道和宫颈内部的情况，以便对可疑部位进行进一步检查和处理。

第 18 章 给孩子更全面的性教育

- **梅毒**

这种性传播感染由梅毒螺旋体细菌引起，可通过直接接触皮疹、在性行为中接触对方体液传播，也可通过血液传播。早期发现时，梅毒可用青霉素轻松治愈。问题是，梅毒很容易漏诊，因为它的症状表现五花八门，常常酷似其他感染，故有"伪装大师"一称。

梅毒极为常见。全球15～49岁人群中，梅毒感染者约有2000万。在美国，梅毒的发病率时起时伏，但过去十年间却稳步上升，特别是在女性中。

梅毒有四个阶段：一期、二期、隐性期和三期。一期梅毒可见小片无痛性溃疡（称为硬下疳），虽然可持续存在3～6周，但易被忽视。二期梅毒的皮疹往往是口腔和生殖器区域的大片疣状溃疡，非常明显，有时伴有肌痛、脱发或淋巴结肿大。这些症状可能持续数周到一整年，但往往因症状的非特异性而被误诊为其他疾病，如流感、复发性口腔溃疡或链球菌性咽喉炎。到隐性期时，梅毒的所有症状都已消退，这种状态有时可持续终身。这时，做出误诊的医生会认为患者已"自愈"。然而，在未接受治疗的情况下，15%～30%的隐性梅毒会发展为三期梅毒，引起脑、神经、血管、眼、心脏、肝脏、骨骼或关节等损害。有时，三期梅毒只影响以上某个系统，但有时也会累及全身组织。这时，这种曾经可以治疗的感染便会对身体造成永久性的损害。

- **滴虫病**

滴虫病是一种由寄生虫引起的性传播感染，多见于女性，且女性更容易出现症状。滴虫病的症状有：腥臭味的黄绿色分泌物（从阴茎和阴道流出）、生殖器发红和瘙痒，以及排尿和性交时疼痛。

滴虫病通常通过口服抗寄生虫药物进行治疗，虽然这种药物疗效显著，但约有20%的患者会在三个月内再次感染。正确使用避孕套可以有效预防滴虫病的传播，但由于这种寄生虫很容易附着在避孕套上，所以取下时要非常小心！

过去20~40年
变迁篇

在避孕方面

在过去的几十年间，避孕技术经历了飞速的发展。1957年，第一种激素避孕药获得了美国食品药品监督管理局的批准。虽然其设计初衷并非避孕，而是调节月经周期，但是到了1959年，使用这种药物的女性已多达50万人，她们充分地利用了这种药的"副作用"来避孕（聪明的女性！）。1960年，美国食品药品监督管理局批准了第一种口服避孕药。随后的5年里，在45岁以下的已婚美国女性中，有四分之一使用过这种药物；全球使用者多达1300万人。60多年来，避孕药的成分发生了巨大的变化，以便尽可能地减少副作用，同时惠及更多的日常使用者。如今，全球使用避孕药的人数已经远远超过1亿人。"变化"二字已经不足以描述这一情形。

在同一时期，历史也见证了其他几种避孕方式的发展。我们已经在这一章里逐一讨论过这些方式，但避孕套除外。关于避孕套的记录最早可以追溯至16世纪60年代，但直到近300年后的1844年，避孕套才正式获得专利。此外，阴道海绵、阴道隔膜、阴道环以及宫内节育器等避孕方式在过去几代人中得到了广泛的应用，产生了深远的影响。

因此在避孕方面，形势已经彻底改变——难怪许多成年人觉得自己跟不上节奏。没关系。但愿你现在懂得更多了，或者至少已经有了不错的开始。继续努力，因为短期来看，避孕手段还会继续发展。

提前帮助孩子们了解本章所讨论的各种避孕形式非常重要，这样他们才能在满足性冲动的同时避免怀孕。

在性传播感染和性传播疾病方面

在过去的几十年间，性传播感染和性传播疾病本身并没有太大变化——人类免疫缺陷病毒（HIV）和人乳头瘤病毒（HPV）虽然是最晚被广泛认知的病毒，但也早已不是新鲜事了。当然，艾滋病在20世纪末引发了强烈的恐惧，这是可以理解的。学校也受到了波及。在艾滋病出现以前，学校的性教育课（如果有的话）主要讲的是预防怀孕，但是在1986年，随着艾滋病的迅速蔓延，美国卫生部部长呼吁进行更为全面的性教育，不仅要讲异性性行为和同性性行为，还要介绍关于艾滋病的具体信息。对怀孕或使别人怀孕的恐惧，已经让位于对感染这种新的性传播疾病并因此丧命的恐惧。

由于艾滋病危害极大，因此，自艾滋病毒出现后，多年来关于如何预防性传播感染的话题已经变得备受关注。学校加强了相关课程，各州也制定了关于性教育的标准。父母也意识到了这些信息的重要性，开始与孩子谈论这一话题，即使在他们小时候，他们的父母并没有或几乎没有给他们做过这方面的示范。然而遗憾的是，性教育仍然是孩子们最不愿意上的课，不少教师也没有接受过正规的训练。还有，尽管各州都为性教育制定了标准，但却几乎没有强制要求讲授这些课程。

在20世纪八九十年代，公众对艾滋病的恐惧一浪接着一浪，但如今，大家对性教育的热情普遍降温，对一些致命的性传播疾病的担忧也已经大大减弱。互联网成为信息的主要来源，而学校也面临一系列问题，例如时间和经费不足、不知性教育该如何进行等。一些性教育工作者表示，人们几乎不再顾虑艾滋病毒感染等性传播感染。不可否认，人类对艾滋病毒的控制已经取得了革命性的进展，但与慢性感染共存，并且每天都要服药以遏制发病也绝非易事。梅毒、人乳头瘤病毒感染、疱疹等其他疾病也是如此。

另一个巨大转变是，人类在避孕方面的科学创新，催生了各种新型避孕产品。与此同时，对于性传播感染的预防却停滞不前，仍然完全依赖传统的避孕套。因此，大多数新近开始性生活的人群不得不同时使用两种手段来保障安全，即宫内节育器加上避孕套，或者避孕药加上避孕套，又或者阴道海绵加上避孕套。虽然这样做安全且可行，但奇怪的是，人类并未倾注同样的热情来改进性传播感染的预防手段，特别是我们常常能听到：避孕套会影响性爱体验。这一领域不该有创新大量涌现吗？

从积极的一面看，几十年来，性传播感染的筛查和性传播疾病的检测已经广泛普及。其中最大的改变或许是引入了尿检来筛查衣原体感染和淋病。其他技术，例如核酸体外扩增检测（NAAT）和聚合酶链式反应检测（PCR），使许多种性传播感染的诊断变得更加容易，不过前提是患者能够获得相应的医疗保健服务。性传播感染的疫苗预防也大为普及，例如人乳头瘤病毒（HPV）疫苗。这种疫苗主要针对

11～14岁儿童，最好能在他们进入性活跃状态前接种。这一章里没有提到乙型肝炎，但这种感染同样会通过性行为和血液传播，也会引发癌症（肝癌），并且也可以通过免疫接种来预防。这些医学创新能够实现性传播感染的早期诊断，甚至能完全阻断感染，堪称奇迹。

我们在上一章已经详细讨论过，性文化已经发生改变。很多孩子在结成专一的长期伴侣关系之前，会拥有多个性伴侣，这种做法提高了性传播感染和性传播疾病的患病风险，这也解释了美国疾病控制与预防中心2019年《青少年危险行为调查》中的发现：衣原体感染、淋病和梅毒的发病率正在上升——新的数据预计很快会公布，但新冠疫情阻碍了数据的收集。

大环境已经改变，这一点已经毫无疑问。因此，上一代人的做法也已不再有效，我们不能刻舟求剑（虽然青少年对性的冲动和欲望依旧未变）。我们与青少年关于性传播感染、性传播疾病和避孕的谈话也需要与时俱进。

如何与孩子对话
实操篇

关于避孕、性传播感染和性传播疾病的谈话确实令人感到不适，因为我们不得不面对孩子总有一天会与他人发生性关系的事实。而且从统计数据来看，这一天的到来可能要远远早于他们的婚礼。也有可能，他们已经有过性行为，这让我们不得不追赶形势的变化，心中又多了几分慌乱。不论你何时进行这一谈话，也不论它让你感到多么不适，你都要记住，与孩子谈论性话题不仅要坦率，还要适合孩子的年龄。你还需要告诉孩子如何避孕和预防疾病，以便给他们足够的信息来保障他们的健康和安全，同时又不会因为信息太多而吓倒他们。记住，我们的最终目标是让孩子与伴侣享有和谐而美满的理想性爱。从各个方面吓唬孩子只会阻碍这一目标的实现，并且很可能会使孩子不再与你谈论任何相关话题。不过，我们还是要让孩子知道应该提防些什么，如何明智行事，这件事是必须要做的。

孩子们很愿意了解自己的身体和大脑的工作原理，所以，请用不批评、不指责的态度给孩子解释相关的科学知识（前面已经谈到很多）。根据孩子的特点调整表达方式和透露细节的程度，这里不仅要看孩子的年龄，还要看他们的成熟度和生活经历。别担心，我们都会不时犯错。不过只要坚持练习，多听孩子表达想法，我们就更容易把握其中的火候。

谈论怀孕就需要谈到性

从怀孕开始谈起，因为这是孩子们从小就习惯谈论的话题。也许他们有弟弟妹妹，或者他们的老师最近刚生了宝宝——怀孕并不是什么新概念，即使他们只知道宝宝是从妈妈的肚子里出来的。有趣的是，在我们的青春期工作坊中，关于性的话题总是很少被谈及，更受关注的是排卵和月经——这些才是青少年感兴趣的话题。然而，对于"婴儿是从哪里来"的问题，孩子们终究还是需要一个科学而准确的回答。如果他们直接向你问起，那就说明他们已经做好了了解这一信息的准备。如果他们没有问，但你觉得他们需要知道，那他们就需要知道！不要说谎或编造信息，同时也要涵盖异性恋之外的性行为。例如，你可以这样谈起：

对特别小的孩子：当精子和卵子相遇，并在子宫里一起生长时，就会慢慢长成一个小宝宝。

对想要了解更多细节的孩子：在性生活里，阴茎会进入阴道，并射出精子。如果精子和卵子结合，就会形成一个受精卵，这样人就怀孕了。

对已经了解或听说基本信息的孩子：性行为有很多种方式，包括阴道性交、肛交、口交和自慰，我会一一给你讲的。需要注意的是，没有保护的，也就是不用避孕套的阴道性交，可能会让卵子受精，导致怀孕。

首先，要确保孩子明白精子是如何通过阴道性交与卵子结合成受精卵的，然后才能继续讨论如何预防怀孕。对于年幼的孩子，这两个话题之间可能需要横跨几个月甚至好几年；而对于年龄较大的孩子，这两个话题可能在一次谈话中就能连续谈及。在谈到避孕话题时，要注意以下几点：

要非常明确地指出，"体外射精"不能防止怀孕。 告诉孩子，在射精发生前，会有少量精液流出，而所有精液中都含有精子。因此，即使在射精前把阴茎抽出，阴道里也仍可能残留精液，从而导致怀孕。

为孩子（不论是男孩还是女孩）示范如何给阴茎戴上避孕套，哪怕他们说已经知道了。 如果觉得亲自示范实在太过尴尬，你们也可以一起观看性教育视频——我们网站的资源部分有相应链接。

对采取口服避孕药或放置宫内节育器等避孕措施的孩子，要经

常询问她们的感受。 不要因为医生给她们开了避孕药（或者在皮下埋植了激素，在子宫里放置了宫内节育器）就认为万事大吉了。你们还要继续讨论服药的时间、吸烟或吸电子烟可能导致的血栓风险，当然还有在不使用屏障措施时感染疾病的风险。如果避孕措施产生了副作用，例如导致孩子体重增加、乳房疼痛、抑郁等，孩子就可能会停止采取避孕措施，进而面临怀孕风险。或者，孩子也可能默默忍受疼痛、不适和大量出血，这对任何人来说都是相当大的痛苦。鼓励孩子把所有的不舒服都讲出来，而不是独自承受。

不要只谈阴道性交

为了保护孩子们的安全，我们必须谈到所有形式的性行为，这点怎么强调也不过分。有些孩子只知道口交和肛交不会导致怀孕，却不知道这些行为中也有体液交换，因而也可能染上性传播感染。扩大讨论范围，把性行为的各种形式都包含进去。这么做能让孩子感受到你对这些行为的尊重和包容，对保持沟通渠道畅通大有裨益。

对许多父母来说，与青少年谈论如何安全地进行肛交尤其棘手。特别是，有些父母认为这是禁忌话题，也许他们从未与任何人谈论过这种事。然而，肛交比许多人想象的要普遍。我们在第17章里提到过，美国疾病控制与预防中心发表于2018年的一项研究报告称，11%的15~19岁受访者（包括男性和女性）曾有过肛交行为。如果绕过这个话题不谈，结果就可能成为安全隐患。例如，肛交通常会导致肛门皮肤的微小撕裂，为性传播感染的病原体进入身体敞开大门。这一信息只要传达到孩子，他们就更有可能会使用避孕套。一些女性还报告说，她们进行肛交是被迫的——她们不想做，但她们觉得没有别的选择。与孩子畅聊这一话题，对孩子的身心安全都极为重要。

接下来还要谈口交。口交往往处于中间地带，即参与口交但未参与阴道性交或肛交的孩子通常被认为是处男或处女。然而，倘若不使用保护措施，这些处男或处女仍旧可能染上几乎所有我们提到过的性传播感染。虽然在性教育课上，口交时使用的口交用橡皮障和避孕套常常成为经典笑点，但理解口交也能感染疾病有助于增加屏障措施的使用，减少疾病传播。

谈话要契合孩子的发育水平

当瓦妮莎带着她12岁的大儿子去接种第一针人乳头瘤病毒（HPV）疫苗时，他非常抗拒（顺便提及，他本来就非常害怕打针）。于是，瓦妮莎向医生求助："您能解释一下这个疫苗为什么这么重要吗？"

医生立刻转向瓦妮莎的儿子，问他："你愿意让你的阴茎上长瘊子吗？""不愿意！"他大声回答。

医生接着说："太好了。这针疫苗就能让你的阴茎不长瘊子。"说完，便给他完成了疫苗接种。

不论聊什么话题，你说的话都要契合孩子在认知、情感和生理上的发育水平，这很重要，特别是在谈论令人尴尬的陌生话题时，例如性传播感染。如果医生当时详细解释人乳头瘤病毒为什么最终可能导致宫颈癌，那或许就不会打动那个坐在他诊室里的12岁孩子。他很可能不知道宫颈是什么。即使他知道，他也清楚自己没有宫颈，况且癌症在他看来似乎是一个非常遥远且可能性非常小的事。然而，一旦谈到阴茎上长瘊子，这就会让他受不了。在谈论严肃（甚至可能令人害怕）的话题时，找准孩子的痛点，往往能取得事半功倍的效果。

不要让尴尬成为障碍

想到孩子可能会发生性行为，我们难免会忧心忡忡。然而，无论我们与孩子讨论的是性相关的内容，还是本书中涉及的其他话题，我们都不能让内心的恐惧主导谈话。向孩子传授关于性传播感染、性传播疾病和避孕的知识是绝对必要的。尽管这些话题可能会让人感到尴尬，但让孩子对此一无所知，是极其危险的。

我们之前已经多次提到，但在这里仍需再次强调：谈论性行为的各种后果要细水长流、循序渐进。一次谈太多只会把孩子搞得晕头转向、疲惫不堪。

你可以从预防感染或预防怀孕这两个话题中，选择对你来说更容易或更紧迫的那个开始谈起。

最后，在与孩子讨论这个话题时，坦诚地表达你的不适是非常有效的。例如，你可以这样说："我谈这个话题很困难，因为我小时候家里从来不谈这种事。但是，为了保证你的健康和安全，我们又绕不开这个话题，它确实非常重要。让我们现在就开始吧！"

最重要的是经常谈

在本书的每一章里，我们都在强调沟通的重要性，但是在这里，这一点尤为关键。只要我们愿意与孩子开启对话，就已经迈出了成功的第一步，因为这为彼此的沟通搭建了桥梁。那些害怕父母发火的孩子，可能会为了避免激怒他们，偷偷做一些相当愚蠢和危险的事。而那些知道父母愿意倾听自己心声的孩子，尽管也会犯错，但他们更有可能及时承认自己的错误，从而避免造成严重的后果。如果你曾经问过某个孩子为什么会做出如此离谱的事，他的回答八成会是："我怕父母冲我发火。"因此，一定要让孩子知道，没有什么比他们的健康和安全更重要。为了保障这一点，他们可以因为任何事情来找我们，哪怕他们认为我们会生气。

谈论避孕和性传播感染，会让许多父母不得不面对自己内心的恐惧。有些父母可能会惊恐地发现，自己的孩子竟然已经发生了性行为，还有些父母则害怕孩子会意外怀孕或感染性传播疾病。在这里，我们想再次提醒父母，我们的目标是让孩子拥有安全、愉悦的性生活。无论孩子是从未有过性行为，还是在我们发现之前就已经有了，我们的职责都是确保他们在任何时候、以任何方式发生性行为时，都能做到安全和健康。

来自孩子们的心声
反馈篇

T.A. 女，19 岁

谈到性传播感染和性传播疾病

我们整个九年级都被要求参加一个关于为什么应该采取避孕措施的报告会，其中还展示了生殖器疱疹的照片。我这辈子都不会忘记那次报告会。一旦你了解了性传播疾病和性传播感染，看到了它们对身体造成的影响，它们立刻就会成为在场所有人心里非常害怕的东西。这种活动参加一次就足够了，哪怕你的孩子只是闭着眼睛，偶尔才瞟一眼屏幕。

那可怕的一天过去两年后，我和一个朋友决定，把生殖系统作为生物课最后大作业的选题。这项作业要求我们设计一款关于某个人体系统的教育性棋盘游戏,同时还要制作一份关于这个系统的某个特定主题的演示文稿。

我们的游戏做得特别出色,如果让我自己评价的话。每位玩家使用一个卫生棉条形状的棋子在棋盘上移动。每落在一个新的方格,玩家都需要拿起一张患者信息卡,这是一张写有病人姓名、年龄、性别和症状的小卡片。接着,玩家要诊断病人患有哪种性传播感染或性传播疾病(或者报告患者怀孕了),如果玩家诊断正确,就可以继续前进。

我们的演示文稿是一部纪实作品。在别人看来,其中的许多照片可能毫无艺术性可言。毕竟我们演示的是性传播感染和性传播疾病方面的内容,目的是提醒同学们不要忘记两年前的那次报告会。我们展示了大量逼真的图片,再次对所有同学的心理造成了强烈的冲击。尽管花了很多时间找材料,可一想到淋病,我还是会不寒而栗。

遗憾的是,很多学校都不讲关于生殖系统的健康知识。如果你不确定你家孩子所读的学校是否讲授这方面的内容,那就最好假定学校不讲。即使你讲的内容和学校重复,也同样有意义(甚至可能会进一步吓倒孩子,不过对于这个话题,这是好事)。

请准备好面对尴尬,但也要学会拥抱尴尬——所有人(不只是你的孩子)都应该通过交流来了解可治愈和不可治愈的性传播疾病之间的区别、使用屏障手段的必要性,以及与伴侣交谈(还有检测)为何如此重要。这对你或许也有提醒作用!

我妈妈多年来一直通过写作和演讲进行青春期教育和性教育,但是性传播感染和性传播疾病这个话题还是让我们两个人都感到非常紧张。不过我们也都知道,谈这个话题非常重要,我也把她告诉我的知识传达给了我的朋友们。通过这些谈话，我们都来守护自己和他人的安全和健康，这难道不是天下所有父母都希望看到的吗？

扫码查看本书参考文献

致 谢

很难想象,我们在写了十几万字之后,竟然还有更多的话要说,然而我们还是想说……

谢谢你们!

首先要感谢图书代理人希瑟·杰克逊(Heather Jackson)和编辑玛尼·科克伦(Marnie Cochran)!这两位才华横溢、心胸宽广的出版界精英,帮助我们以创纪录的速度将这本书变为了现实。还记得那天,你们说可以在 15 个月内完成这本书,而我们说:"如果你们不介意的话,我们希望在 3 个月内完成。"当时你们说:"你们太夸张了吧,不过我们百分之一千支持你们。"从第一天开始,你们就一直在努力为我们提供各种支持,连书名都改了 100 遍。感谢你们的坦诚、支持、业界最快的反馈和无尽的鼓励。特别感谢艺术总监安娜·鲍尔·卡尔(Anna Bauer Carr)和设计师皮特·加尔索(Pete Garceau),为我们设计了一套完美反映了青春期这一人生阶段的封面。

如果没有我们的实习生团队——我们的青春期大使们,这本书最精华、最核心的内容就不会存在了。他们都为"数量级(Order of

Magnitude）"公司的"青春期门户（PUBERTY PORTAL）"项目和这本书贡献了自己的力量。当我们询问是否有人愿意分享自己的故事时，这些勇敢的心灵做出了积极的回应。他们的文字是内心的真实流露，诚恳而真挚。现在，他们都已成为有作品出版的作家了！把这一点写进简历吧！感谢基里安·贝利（Kiryan Bailey）、伯·本内特（Ber Bennett）、塞姆森·本内特（Samson Bennett）、阿曼达·博特纳（Amanda Bortner）、泰迪·卡瓦诺（Teddy Cavanaugh）、佩吉·赫尔曼（Peggy Helman）、伊莎贝拉·黄（Isabella Huang）、瑞·纳特森（Ry Natterson）、塔利亚·纳特森（Talia Natterson）、卡登斯·萨默斯（Cadence Sommers）和丽贝卡·苏格曼（Rebecca Sugerman）。还要感谢极为优秀的贝比·兰道（Bebe Landau）——虽然她是在这本书写作完成后才加入我们的，但却迅速成为我们发布工作中不可或缺的角色。

感谢为我们贡献了时间和智慧的专家们：丽莎·达穆尔（Lisa Damour）、路易丝·格林斯潘（Louise Greenspan）、纳西斯·德梅克萨（Nacissé Demeksa）、玛丽·帕特·德拉迪（Mary Pat Draddy）、阿莉扎·普雷斯曼（Aliza Pressman）、尤格·瓦尔玛（Yug Varma）、米歇尔·科夫曼（Michele Kofman）和贝斯·卡瓦贾（Beth Kawaja）。还要感谢我们在"青春期播客（The Puberty Podcast）"中邀请过的每一位嘉宾，他们的建议进一步丰富了本书的内容：乌朱·阿西卡（Uju Asika）、特里·巴科（Terri Bacow）、梅丽莎·伯顿（Melissa Berton）、丹妮尔·贝扎莱尔（Danielle Bezalel）、斯泰西·比利斯（Stacie Billis）、佐伊·比斯宾（Zoe Bisbing）、米歇尔·博尔巴（Michele Borba）、贝茜·布朗·布劳恩（Betsy Brown Braun）、蒂娜·佩恩·布赖森（Tina Payne Bryson）、玛利卡·乔普拉（Mallika

Chopra）、莫莉·科尔文（Molly Colvin）、乔纳森·克里斯塔尔（Jonathan Cristall）、詹·博伊·柯蒂斯（Jenn Bowie Curtis）、凯莉·弗拉丁（Kelly Fradin）、吉尔·格雷姆斯（Jill Grimes）、莫尼卡·科尔科伦·哈雷尔（Monica Corcoran Harel）、玛丽·德尔·哈灵顿（Mary Dell Harrington）、丽莎·赫费尔南（Lisa Heffernan）、特里什·哈钦森（Trish Hutchison）、凯莉·詹姆斯（Carrie James）、贝姬·肯尼迪（Becky Kennedy）、多莉·克洛克（Dolly Klock）、艾米·兰（Amy Lang）、梅根·利希（Meghan Leahy）、丽莎·刘易斯（Lisa Lewis）、夏洛特·马基（Charlotte Markey）、温迪·莫戈尔（Wendy Mogel）、梅琳达·温纳·莫耶（Melinda Wenner Moyer）、辛西娅·克鲁梅克·穆奇尼克（Cynthia Clumeck Muchnick）、埃贝尔·奥内米亚（Ebele Onemya）、布赖恩·普拉泽（Brian Platzer）、索菲亚·拉塞维奇（Sophia Rasevic）、伊芙·罗德斯基（Eve Rodsky）、瓦洛里·谢弗（Valorie Shaefer）、尼娜·夏皮罗（Nina Shapiro）、娜塔莉·西尔弗斯坦（Natalie Silverstein）、瑞秋·西蒙斯（Rachel Simmons）、希娜·塔利布（Hina Talib）、艾米莉·温斯坦（Emily Weinstein）、杰西卡·耶林（Jessica Yellin）和莎菲亚·扎鲁姆（Shafia Zaloom）。特别感谢尼克·克罗尔（Nick Kroll）和安德鲁·戈德堡（Andrew Goldberg），感谢你们在这段青春旅程中的陪伴，以及亨利和佐伊·温克勒（Henry and Zoe Winkler），你们极为温馨的家庭氛围给了我们许多启发。

有一些朋友的专长是倾听和无条件地支持我们，感谢他们！对瓦妮莎来说，他们是艾米（Amy）、卡伦（Caren）、达娜（Dana）、埃拉娜（Elana）、玛丽·帕特（Mary Pat）、梅格（Meg）、尼基（Nicky）、索菲（Sophie），以及在过去20年中一起分享过最顺利和最艰难时刻的女性们——韦尔斯利学院的朋友们和许多（正式和非正式的）妈妈团体。还有"活力女孩（Dynamo Girls）"的同仁们，所有的教练，尤其是健康教育专家詹·厄德曼（Jen Erdman）和苏·斯坦伯格（Sue Steinberg）。对卡拉来说，他们是安德里亚（Andrea）、艾玛（Emma）、林赛（Lindsey）、丽莎（Lisa）、玛莉卡（Mallika）、迈克尔（Micheal）、苏珊（Susan）、特雷西（Tracy）、瓦（Wah），以及"邓斯特（Dunster）"四人组的艾莉森（Allison）、杰西卡（Jessica）、凯特（Kate）和维基（Wicky）。

感谢我们的工作伙伴肯（Ken）和布莱恩（Bryan），我们一起构思了这本书。我们敢打赌，你们从未想过青春期会出现在你们每周的工作日程中！感谢你们克服尴尬，始终在我们身边支持我们。

感谢我们的听众和读者，每天与我们分享你们的问题和真实感受。感谢你们的诚实和付出的真心——我们一起经历这段复杂而多变的岁月，无论何时，请记住你并不孤单。

如果不是卡拉的挚友艾米·舒尔霍夫（Amy Schulhof）从中介绍，我们——卡拉和瓦妮莎——就不会相识。她以为自己只是在介绍一对可能会一起喝咖啡的人。艾米，你做得真的很棒。

几乎所有致谢部分都会以感谢与作者同甘共苦的人作为收尾，大概是因为当作者沉浸在研究和撰写书籍的繁忙之中时，往往会疏于承担家庭责任。所以，以下是我们的致谢：

卡拉想要——

感谢塔莉娅（Talia）和莱（Ry），你们已经不再对我写关于青春期、性等类似的各种事情感到惊讶了。感谢你们在这件事上，以及另外1000件事上对我的包容。感谢保罗（Paul），随着每个项目的推进，你成了我越来越坚实的后盾，让我越来越确信，这个世界需要我所传递的信息——这给了我强大的动力继续前进，尤其是在晚上9点以后，我的身体已经百分百确定我应该入睡的时候。感谢妈妈、安东尼（Anthony）、格雷格（Greg）和赛斯（Seth），你们陪我一起度过了那段传统的青春期。感谢纳特森家族的所有成员，我绝不可能找到更好的家人了。

瓦妮莎想要——

感谢我在利物浦的家人，我有世界上最好的公婆，能嫁入这样一个支持我的家庭，我感到非常幸运。感谢我亲爱的兄弟姐妹，杰里米（Jeremy）、达娜（Dana）和尼克（Nick）。你们的爱、笑声和那些年夜里偷偷跑出去玩的经历滋养了我，让我精神振奋。感谢妈妈和爸爸，你们在很多方面都走在了时代的前列，这让我变得更好。感谢你们总是陪伴在我身边。感谢罗杰（Roger），你无尽的爱和坚定的信念每天都在激励着我——我很感激能与你一起踏上这段艰辛而又美丽的旅程。最后，感谢我的孩子们，伯（Ber）、奥兹（Oz）、塞姆森（Samson）和锡安（Zion）。能成为你们的妈妈，和你们一起学习，爱你们并被你们所爱，是我一生中最大的荣幸。感谢你们让我的每一天都充满了意义和欢乐。

我们还要感谢彼此。与另一个人一起写下十几万字绝非易事。这不仅需要耐心和灵活的适应能力（这两者都不是我们天生的特质！），还需要尊重、钦佩和海量的幽默……我们都毫不吝啬地把这些给了对方。

青豆读享 阅读服务

帮你读好这本书

《新的青春期，新的挑战》阅读服务：

配套专辑　　4集案例解读音频，带你从孩子的视角重新看待青春期。

趣味测试　　用书中的知识点，测测你对青春期的了解程度。

编辑手记　　本书编辑分享出版幕后故事，为你理解全书提供更多视角。

知识卡片　　6张图片精选书中科学知识，方便你及时更新对当代青春期的认知。

书友热议　　快来看看，本书的书友们在讨论些什么吧！

……

（以上内容持续优化更新，具体呈现以实际上线为准。）

每一本书，都是一个小宇宙。

扫码进入
正版图书配套阅读服务